数字员工

打造组织创新新引擎，释放数字化转型新动能

刘杰　苏义桥　黄鹏◎著

清华大学出版社

北京

内 容 简 介

　　本书作者通过抽丝剥茧的方式揭开数字员工的神秘面纱，从数字员工的概念、发展趋势、主流技术、应用价值等角度展开详细的介绍，并针对各行业数字化转型中面临的挑战，结合行业最佳实践案例，介绍数字员工应如何规划、落地、运营，以及如何规避各阶段的显性问题和隐性问题，同时，介绍了如何打造组织数字员工自主、可持续的创新驱动力。

　　本书适合正在或准备数字化转型的政企用户，也适合从事智能化、自动化、流程化的业务用户和开发者参考或学习。

图书在版编目（CIP）数据

　　数字员工：打造组织创新新引擎，释放数字化转型新动能 / 刘杰，苏义桥，黄鹏著 . — 北京：清华大学出版社，2023.6

　　ISBN 978-7-302-63986-2

　　Ⅰ.①数… Ⅱ.①刘… ②苏… ③黄… Ⅲ.①数字化—企业管理—组织管理—研究 Ⅳ.① F272.9-39

　　中国国家版本馆 CIP 数据核字（2023）第 118585 号

责任编辑：张尚国
封面设计：邵建文
版式设计：楠竹文化
责任校对：马军令
责任印制：刘海龙

出版发行：清华大学出版社
　　　　网　　　址：http://www.tup.com.cn，http://www.wqbook.com
　　　　地　　　址：北京清华大学学研大厦 A 座　　　邮　　编：100084
　　　　社 总 机：010-83470000　　　邮　　购：010-62786544
　　　　投稿与读者服务：010-62776969，c-service@tup.tsinghua.edu.cn
　　　　质量反馈：010-62772015，zhiliang@tup.tsinghua.edu.cn
印 装 者：三河市东方印刷有限公司
经　　销：全国新华书店
开　　本：170mm×240mm　　　印　　张：20.75　　　字　　数：365 千字
版　　次：2023 年 8 月第 1 版　　　印　　次：2023 年 8 月第 1 次印刷
定　　价：59.80 元

产品编号：100755-01

编委会

推荐语

Recommendation

筑牢数字技术基础、推进数字经济建设，是我国在新发展格局中面临的核心任务之一。在新一代人工智能等技术的赋能下，数字形式的劳动力与创造力发展水平不断提升。随着我国各行业数字化转型的深入，"人数协同"新型工作模式开始形成，"数字员工"逐步发展成为一类全新的生产力要素，推动着组织的运营管理迈向更加智能、高效、安全的新常态。本书从需求背景、技术趋势、应用方法、落地方向等多个层面出发，系统论述了"数字员工"的概况与发展前景，相信每一位读者都能够找到契合自身发展需求的新路径、新思维。

——中国信息通信研究院云计算与大数据研究所所长、RPA 产业推进方阵理事长 何宝宏

在当今竞争激烈的商业环境中，企业需要不断地适应变化，采用新的技术和方法提高生产力和效率。数字化已经不再是一种选择，而是一种必须的战略。数字化员工作为数字化转型中不可或缺的一部分，已经成为企业成功的关键因素之一。

本书对"数字化员工"的概念进行了深入阐述，并提供了丰富的案例和实践经验，能帮助企业更好地理解数字化员工的本质和价值。

另外，随着科大讯飞"星火认知大模型"的发布，我们正在积极探索"大模型＋数字员工"的应用，未来我们将持续推出相关书籍与各位读者朋友一起分享。

——科大讯飞股份有限公司副总裁 于继栋

在当今快速发展的时代，数字化已成为企业转型升级的必经之路。RPA、AI 技术的不断突破和广泛应用，更是为组织带来了前所未有的机遇和挑战。越来越多的企业开始意识到数字化转型的重要性，本书正好为企业提供了宝贵的指南和思路。

本书系统阐述了"数字员工"的概念、价值以及如何构建数字团队。通过实例和案例，读者将深入了解数字员工如何助力企业实现数字化转型，提高工作效率，降低运营成本，以及创造更多商业价值。我相信，本书不仅对企业管理者具有指导意义，同时对广大 RPA 从业者也是一本难得的技术参考书。

——RPA 中国创始人 郭政纲

高质量发展大潮激荡，企业管理体系优化步履不停。随着人工智能等新一代数字技术的不断发展，数字员工正成为企业数字化转型的下一个里程碑，越来越多的"数字员工"出现在各行各业的业务场景中，成为企业转型升级不可忽视的力量。

在企业日常工作中，数字员工可承担"工作助理""业务专员""管理参谋"多类角色，帮助企业将"自然人"投入到更有价值的工作中去，从而极大地提高工作效率和质量，同时，帮助管理者看得更远，提升决策质量。基于此，对于企业而言，唯有未雨绸缪，提早布局数字员工，方能在未来劳动力竞争中占得先机。

本书按典型行业及场景对数字员工的应用进行梳理，总结各行各业数字员工业务自动化的使用场景，并列举诸多领先国内厂商的经典实操案例，为数字员工在企业的落地与赋能提供参考与指引。

数字化浪潮浩浩汤汤，大模型人工智能技术高速发展，赋予数字员工更强的智能化与更广阔的应用场景。随着越来越多的数字员工"上岗"，"AI造物"不再遥远，数字员工未来可期，企业数字化转型必然会迈向更高的台阶！

——金蝶软件（中国）有限公司执行副总裁 赵燕锡

　　在当今快速发展和不断变化的市场环境中，企业要想取得成功并保持竞争力，必须不断地进行创新和转型。

　　本书在强调数字化创新重要性的同时，指出现代企业应如何将数字技术融入其核心业务。此外，书中还深入探讨了如何在组织中培养和发展数字员工这一重大课题，并介绍了一系列成功的数字化转型案例。

　　本书可以帮助我们更好地理解数字化转型的过程、挑战和机遇，从而为我们的企业和行业发展提供有益借鉴。

——珠海全志科技股份有限公司总裁 李龙生

前　言

当前，随着企业数字化转型概念、话题的逐步深入，以及 AI（人工智能）、大数据、5G、IoT（物联网）、RPA（robotic process automation，机器人流程自动化）等技术的持续成熟与推进，新一代信息技术在企业数字化转型中的成功应用如雨后春笋，层出不穷，其中以企业业务流程驱动为核心场景的数字化转型尤为突出。

在过去 20 年企业信息化高速发展的过程中，企业在经营管理及研、产、供、销、服等核心环节构建了一整套完备的信息化支撑系统，很好地支撑起企业日常的经营运转流程，大大提升了企业市场竞争力。与此同时，高速的信息化建设过程也给企业带来新一轮数字化转型的巨大障碍，由于系统孤立、数据割裂、流程断点、强依赖人工操作等问题的日益突显，导致企业无法以客户为中心进行敏捷式反应及运营迭代，同时，流程割裂导致的企业内部员工工作效率及跨组织协同效率的下降，再叠加劳动力人口红利的消退，企业用工模式的快速演变，也给企业综合运营效率及成本带来巨大挑战。可见，在企业数字化转型过程中，以流程驱动为中心的数字化转型将会是企业数字化战略中亟须突破的一个核心环节。

近年来，以企业流程驱动为数字化转型对象，产业界提出了一个新的数字化概念——"数字员工"，其以 RPA 和 AI 等新兴技术为支撑，充分发挥桌面自动化技术，完成跨系统、跨平台的流程自动化工作，将企业原来强依赖人工及系统打通的工作变为机器自动执行，并且能够 7×24 小时不间断工作，在保证企业原有信息化系统完整性的基础上，帮助企业大幅提升工作效率，节约成本，提升客户体验。同时数字员工结合 CV（计算机视觉）、NLP（自然语言处理）、OCR（光学字符识别）等 AI 技术，能够精准高效地完成企业内部复杂的分析及决策型任务，在企业诸多业务场景中发挥真正意义的辅助功能，甚至代替人工工作，让企业将更多员工投入业务及商业创新的工作。

从各行业的客户落地实践看，目前以 RPA+AI 为核心的数字员工已经应用于金融、能源、制造、零售、医疗等行业，广泛应用于财务、税务、供应链、人力资源、客户服务、技术运维等多个企业运营场景中，其投入产出及场景价值表现卓越。其中，以国内 ICT（信息与通信技术）龙头企业华为数字员工实践为例，其公开信息称，现在华为内部通过 RPA+AI 部署的数字员工已超过 8000 个，广泛应用于生产、制造、财经、HR（人力资源）、零售、审计等各个业务领域。

从行业发展的角度看，国内外 RPA 厂商已经经过 5 ~ 8 年的快速发展，以国内 RPA 厂商为例，涌现出了包括科大讯飞、来也科技、弘玑、影刀、艺赛旗等众多数字员工团队及公司，它们的 RPA 核心产品打磨、敏捷交付、社区生态、持续运营等多个核心板块已经构建完成，形成了一整套完备的产业链，为数字员工行业落地打下了坚实基础。

综合企业数字化转型阶段及行业发展、客户实践落地来看，以 RPA+AI 为内核的数字员工围绕企业流程驱动，将会对企业现有商业模式、运营模式、企业组织流程、企业文化等方面进行创新及重塑，为企业在即将面对的新一轮数字化创新带来重要的机遇窗口。

如何将 RPA 与 AI 技术进行紧密结合，在企业流程驱动的数字化转型过程中掌握先机，助力企业实施数字化转型整体战略，也是本书的主要创作背景。

本书首先主要以流程驱动为中心的数字化转型为背景，针对 RPA 产品进行主要构成介绍，让读者从技术、产品、核心要素等方面对 RPA 进行快速理解，同时，对 AI 技术在企业流程自动化场景中的落地过程进行阐述，对用户在智能自动化场景挖掘上进行启发。其次，本书按典型行业及场景进行梳理，列举包括科大讯飞在内的国内 RPA+AI 厂商的经典交付案例，对读者在智能流程自动化场景落地方面带来一定的启发。最后，本书对 RPA+AI 典型的交付全生命周期方法论进行阐述，对读者在未来智能流程自动化的落地过程提供一定的参考及帮助。

编委会
2023 年 6 月

目 录

第 12 章 数字员工卓越中心（CoE）建设及运营 ········ 251

第 13 章 数字员工建设运营常见的问题 ····················· 269

第 1 章

揭开数字员工的神秘面纱

1.1 数字员工应用成为数字化转型新趋势

1.1.1 企业数字化转型的背景

1. 企业数字化转型已成为国家战略

2020 年 8 月，国务院国资委发布了《关于加快推进国有企业数字化转型工作的通知》(以下简称《通知》),《通知》为国有企业数字化转型指明了方向和具体措施，为国有企业数字化转型开启了新篇章，积极引导国有企业加速进行数字化转型。《通知》指出：国有企业需带动产业链上下游及各行业开展新型基础设施的应用投资，丰富应用场景，拓展应用效能，加快形成赋能数字化转型、助力数字经济发展的基础设施体系。

同时，要求企业加强对标，利用新一代的信息技术，如云计算、区块链、人工智能等，建立"数据中台"和"业务中台"等新的 IT 体系结构，以满足企业的发展和业务的需要，加速建设数字技术支持平台，提高自主研发能力，为业务数字化创新提供技术支持。同时，打造具有场景化、智能化、差异化的数字产品，并开发具有感知、学习、交互、辅助决策等功能的智能产品和服务。

2. 中国企业数字化转型的现状

清华大学全球产业研究院《中国企业数字化转型研究报告（2020）》显示，人工智能、物联网、RPA、对话式 AI 等技术在数字化转型的企业中已经有了深度应用，如图 1-1 所示。转变传统的工作模式，利用 AI 能力，实现自动化处理，建立全新的统一的智能会议、智能合同处理，智慧办公、智能报账等场景的实现也势在必行。

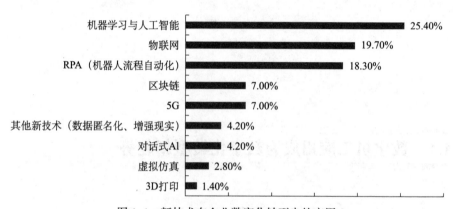

图 1-1　新技术在企业数字化转型中的应用

数据来源：《中国企业数字化转型研究报告（2020）》

3. 人口红利的消退

近年来，随着人口老龄化的加剧，劳动力的紧缺问题越来越严重，这导致劳动力成本大幅上涨，人口红利不断消退。由于人力成本高居不下，很多数字化程度低的企业盈利缩减，陷入高耗低能的困境中，这导致我国企业依靠低成本劳动力获得竞争优势将变得更加困难，这就要求企业必须进行数字化转型，以面对此困境和挑战。其实数字化转型的本质就是利用数字技术助力企业高质量发展，通过释放劳动生产率红利，实现企业诸方面创新发展。

4. 市场变局，使企业数字化转型不再是"选择题"

在新经济、新管理、新运营环境下，降本增效、提质避险成为企业的管理要求，新商业模式的探索以及精细化管理的要求催生和加速了企业数字化转型进程。以中美贸易摩擦、俄乌冲突为代表的黑天鹅事件频发；中美贸易关系导致的宏观经济形势不确定性增强，给企业经营的韧性和稳定性带来考验，数字化转型势在必行。

在市场格局快速变革的数字经济时代，大部分企业开始纷纷布局数字化建设。大数据、人工智能、云计算、物联网等新兴技术的应用已经深入社会的方方面面，并在不断地释放着创新的活力，RPA+AI 技术的涌现，外加人力成本的大幅度增加，使得企业对数字化、智能化服务需求越来越大。

营收增速上，数字化转型领军企业与其他企业的差距从疫情前的 1.4 倍扩大至 3.7 倍，如图 1-2 所示。

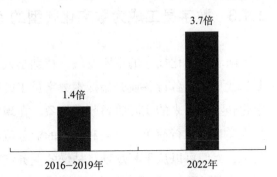

图 1-2　数字化转型领军企业
与其他企业营收情况分析

1.1.2　企业数字化转型的目标和愿景

企业数字化转型的主要目标是对企业进行全面系统的数字化重塑，以实现企业的智能化升级，将企业打造成智能化企业，而数字化转型则是打造智能化企业的主要手段和路径。数字化转型可以捕获增长和提升价值，一方面，数字化转型可以改善运营业绩，企业可以通过业务流程数字化变革实现降本增效；另一方面，数字化转型可以极大地提升企业收入及盈利能力，这会为企业带来显著的财物价值。

数字经济时代，是一切业务数据化、一切数据业务化的时代，是产业、消费和治理的全面数字化的时代。人工智能、大数据、云计算、机器人流程自动化等创新技术成为企业变革的战略力量和重要驱动力。数字化转型在重构企业组织流程、数字化人才、外部合作、商业模式等方面尤为重要。与此同时，提升产品、服务和用户体验等方面的重要性亦不容忽视。

在不断变化的技术和商业环境中，企业需要不断提升其数字创新能力，以确保自身能够在数字化的全球经济中面对激烈竞争迅速并持续发展。

数字化是企业发展的未来。在人工智能技术获得突破性进展之后，处于数字化阶段的企业将继续向数字化企业升级。当企业业务线上化、数据处理智能化时，我们发现，员工的数字化成为企业数字化转型的关键因素之一。

1.1.3 数字员工成为数字化转型的重要手段和工具

随着数字化技术的不断发展，特别是人工智能、虚拟现实等新技术的不断迭代更新，各行各业开始探索数字员工的应用场景。数字员工面向企业数字化转型，带来的实际收益超乎想象，在现实工作环境中，数字员工可以代替人类自动执行简单、重复和烦琐的业务流程。这就意味着，通过使用数字员工，人们可以从重复烦琐且枯燥的业务流程中解脱出来，从而投身于更具创新性的工作，这不仅降低了企业人工成本，还能更好地激发员工创造力，服务企业成长。

数字化时代组织和员工的关系正在发生变革，组织管理的核心是让组织成员持续拥有创造力。组织变革带来了人力资源的变革。在以往的人才战略中，事先设定了每个角色的职责和框架，这一做法已经不适用数字化时代。原因在于，一方面，员工的个体意识提升，并不愿意依照组织的限定行动；另一方面，如果固化组织的角色，就无法让组织保有融合度，难以打开组织边界。

在新的人才战略中，组织与人才之间的雇佣关系和从属关系日益弱化。组织将成为员工实现价值的平台；员工需要在组织中进行协同，从而创造价值。在未来模式中，员工可能不会单一地归属于某个企业，而是投身于能力共享。因而在职位设计、人才培养等方面，组织均需要做出调整。

第一，员工画像与员工价值相匹配。组织需要利用员工画像等工具，基于员工工作行为、职场属性、需求属性、生活习惯等信息，提炼出高精度的员工特征标识及数据分析处理后的多维标签化员工模型。将组织的价值目标进行分解，让每个员工承担合适的职责，更有利于员工之间的协同合作，提高效率。

第二，重视员工幸福感。《德勤 2020 全球人力资本趋势调研》显示，与其他方面的业务成果相比，员工幸福感更能推动工作体验的改善。在工作中建立幸福感，需要组织不仅关注个人幸福感方面的措施，还要延伸至关注更广泛的团队及整个组织的幸福感。通过这种方式，组织可以重新构建工作，使员工不仅能处于最佳的工作状态，也能达成最佳的工作表现，加强员工福利与组织产出之间的联系，培育更强的组织归属感。

第三，调整员工培养模式。组织要不断地设计角色，给员工机会得到更多岗位，帮助更多的人成长，促进更多的部门成长，从而带动整个企业的成长。此外，随着数字化转型对人才要求的提高，员工培养的技能范围也在不断拓展。例如，IBM 已经看到企业的需求，率先在全球开创了一种全新的教育模式"P-TECH"，即政府、学校和企业三方，共同设计"科学、技术、工程和数学"课程，培养面向企业的新型员工。

数字员工能更好地助力企业实现数字化转型，因此目前数字员工成为补齐数字化转型目标和现状的重要手段。数字员工能协助企业借助人工智能技术解决战略落地、业务增长、日常运营、降本增效等问题，实现人机协同重塑企业工作方式，提升企业核心竞争力，提升核心岗位人才密度，改善人才结构，提升员工的价值，提升企业自动化水平。

1.2　数字员工的概念与形态

从古至今，自从人类开始劳动以来，就一直梦想着能够有自动化的劳动工具代替自己进行劳动，可以说自动化是人类为了解放自己的双手产生的永恒需求。如今，这个愿望正在一步步实现，由自动化和人工智能等新兴技术融合打造出的数字员工正在成为这个时代的"新领"，替代规则性强、重复性高及业务量大的一些工作岗位，这将逐步满足人们解放双手的需求。

1.2.1　数字员工的概念与误区

在 2021 年中国国际服务贸易交易会上，华为透露已在内部部署超过 8 000 个数字员工，广泛应用于生产、制造、财经、人力资源、零售、审计等各个业务领域，并且为华为创造了数十亿美元的价值。

华为将这些数字员工分为作业型的、助手型的、专家型的，如图1-3所示。

图1-3 华为数字员工的三种类型

作业型数字员工：针对重复烦琐、任务量大、劳动强度大的一类工作，帮助普通员工从基础性工作中解放出来，通过更具有价值、创造性的工作收获更多成长，例如：数字仓储管理员、AGV自动引导运输车。

助手型数字员工：主要承担信息收集、语言翻译等辅助性工作，以此减少普通员工注意力的耗散，帮助其聚焦更具创造性的工作，例如：华为WeLink小微助手等。

专家型数字员工：更类似于普通员工的"辅脑"，在全局认知、深度逻辑和复杂准确记忆等方面强化其思维能力，例如：智能排产助手、销量预测助手等。

在科大讯飞，2021年度最佳新人奖获得者是一位数字员工爱加，这位来自元宇宙的数字员工凭借各种技能，以及有颜有才的优势，迅速摘得这项百里挑一的个人荣誉（如图1-4所示）。

图1-4 科大讯飞数字员工爱加

作为数字员工，爱加的形象可根据场景与喜好定制，气质高冷型、萝莉可爱型、东方审美型……应有尽有，颜值力已拉满。对于工作，爱加的执行力与抗压力可达满分。同时，她也是一位好相处的同事，从不拖后腿，配合度超高。依托 RPA 技术，爱加可以精准完成工作流程的每一步，不吃不喝，也能做到没有失误。而通过人工智能技术的加持，爱加拥有聪明的大脑，手脑并用，智力在线，活脱脱一位全能"六边形战士"，如图 1-5 所示。

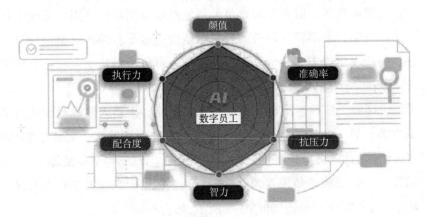

图 1-5　数字员工爱加的雷达图

对于技能值拉满的"六边形战士"来说，无限分身，才能在更多行业与岗位中实现价值。"警察、医生、主持人、理财顾问、面试官、导游"等，2021 年，爱加出色地完成了以上不同岗位的工作任务，如图 1-6 所示。

图 1-6　数字员工爱加应用于不同场景

从年初的云上拜年为百万用户送上新春祝福到两会期间担任媒体虚拟助手，从合肥市局虚拟警务员进行反诈宣传到参加联合国计划署践行低碳公益活动，爱加全年累计主持活动超过 1 000 场。

在科大讯飞，爱加也有着不同的分身，财务、人力资源、运营等岗位纷纷活跃着她的身影。

财务岗的爱加让单据审核在几秒内完成。从报销单审核、费控审核、发票审核到发票验真等，财务审单专员的每笔对私报销审核都需要完成十几个审核环节。其中，发票验真环节需登录增值税查验平台输入发票信息进行验真审核，每张发票约需 2 分钟。同样的工作，每年重复几十万次，会让审单专员头晕眼花，且工作成就感不高。

爱加上岗财务审核专员后，能通过人工智能和机器人流程自动化技术自动提取发票信息，与增值税查验系统打通，自动识别验真，完成票据初审，并通过 AI 技术自定义审核模型，完成智能审单。2021 年全年爱加完成 18 万笔对私报销，67 万张增值税发票验真，对私审核由原来每月 290 人天提速至 118 人天，效率提升 146%，如图 1-7 所示。

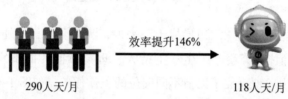

效率提升146%

290人天/月　　　　　　118人天/月

图 1-7　数字员工在处理大批量发票验证工作中更高效

人力资源岗的爱加让校招工作不再烦琐。科大讯飞人力资源部负责全集团所有事业群、事业部及其他各部门的校招工作，每年处理数十万份简历，工作量庞大。校招工作分为春招、秋招和暑期招聘，每季招聘持续 4～5 个月，贯穿全年，花费时间长。因此，HR 常常思考以下问题：

◎ 海量简历多部门对接，如何快速筛选分发？

◎ 简历初筛后，如何高效完成二次分配？

◎ 校招花费人力物力多，如何缩短招聘周期，精准招聘合适人才？

爱加上岗人力资源专员后，通过人工智能和机器人流程自动化技术，可以一键分发校招简历，并将收集回来的简历通过条件判断智能分配给各业务群，在规定时间内得到业务群的筛选结果后，再根据规则自动进行二次分配。原本需要花费 480 小时 / 月的简历分发及回传分析工作，爱加仅需 4 小时即可轻松高效完成。

运营岗的爱加让应收 / 应付账款轻松管理。科大讯飞某部门每月有 500 笔对公付款单量，150 笔开票及收款确认。负责账款管理的运营同事每月需在规定时间内完成对账、收付款申请、资金计划上报、账款台账维护、收款确认、逾期预警等十几个步骤。同时，资金计划分月度和周度，与报销单提交流程是交叉的，所有台账需动态更新。大量的对账、填单、台账处理工作让运营小伙伴时常游走在崩溃边缘。

◎ 发票资料如小山一般堆满工位……

◎ 核对一笔应付款 / 应收款需打开很多个附件、表格、文档……

◎ 几十个字段需要填写账款台账……

爱加上岗后，通过人工智能和机器人流程自动化技术，快速学习票据、合同、对账单等文档以及各类单据填写，根据会计准则进行比对。辅助人工一键完成对账、申请单填写、台账维护、收款确认、逾期提醒。原本每月需要 7 人完成的应收付款管理，现在仅需 4 人即可完成，效率提升 75%。

1. 数字员工概念理解

目前，除了华为、科大讯飞，万科集团数字员工崔筱盼获得 2021 年万科总部最佳新人奖；阿里公司 AYAYI 在天猫的"超级品牌日"活动中担任了数字主理人；百信银行的 AIYA 成为一名 AI 虚拟官，化身未来银行业的探索者和品牌理念的传播者。像这样的案例数不胜数，数字员工已经在各行业、各领域悄然登场。

数字员工概念理解：从上述案例来看，数字员工并没有一个明确统一的定义，但从关键共性技术视角看，数字员工核心是利用自动化手段，辅以数据、算法、人工智能等技术，打造出不同的物理形态或虚拟形态，且在参与人机协同的工作环境中，帮助人类解决大批量、枯燥、烦琐、重复性劳动。

2. 数字员工概念理解误区

1）数字员工是无所不能的

在理解数字员工这一概念时，如果只片面地理解数字员工通过模拟人的操作，就能实现一切工作的全自动化，可能会给用户带来过高的期望，以至于让用户误解为数字员工无所不能。

特别是在数字员工项目中，如果一开始不走出这一误区，会造成绝大部分数字员工项目难以验收。客户通常会认为：数字员工不是能模拟人的所有工作吗？不是 100%可以全自动吗？为什么还需要员工参与？

从数字员工概念理解，数字员工是通过记录并模拟人类的行为与应用程序和系统进行交互，虽然随着人工智能领域的发展速度越来越快，借助大数据和认知智能技术已经帮助数字员工完成很多复杂场景的辅助自动化，但目前的认知智能还无法达到人类的直觉、判断、创造力、说服力或解决随机问题的水平，这也就决定了数字员工需要基于一定的准则完成自动化。

2）数字员工的目的是取代人类

数字员工又被称为数字劳动力，这让我们不得不深思这项技术与传统劳动力之间的关系。从宏观角度看，当前许多国家面临着出生率下降、人口老龄化等问题，导致劳动力短缺日益严重，数字劳动力的大规模应用是必然趋势；从微观角度看，当前企业虽然经历了将近 30 年的信息化建设，在企业、政府和公共事业单位虽然已经拥有了很多信息化系统，但其中大部分工作仍需要人工来操作，比如业务单据的录入、提交以及审批等；而数字员工的出现，或许可以应对企业降本增效过程中的相关挑战。

无论是从数字员工未来应用趋势看，还是从解决组织当下面临的切实问题看，数字员工的出现都不是要直接取代人类，而是为了更好地服务人类，创造人机协作的新模式；通过数字员工能解决大批量、枯燥、烦琐、重复性的低价值工作，让员工可以花更多的时间进行更深层次的思考，去发挥自身的创造性，为组织提供更高的价值并成就自身的价值。

3）数字员工就是爬虫、按键精灵

对于大多数普通读者而言，很难完全搞清楚这些名词之间的区别，从我们对数字员工概念的理解中，不难看出数字员工的核心是使用自动化技术，而当前的软件层面的自动化技术大多采用 RPA，也就是机器人流程自动化，而这种技术与爬虫、按键精灵等很容易被混为一谈，接下来我们就看一下它们之间的区别。

RPA 是模仿人的方式在计算机设备中完成各项操作，可以实现如鼠标点击、输入、复制、粘贴、文档编辑以及邮件发送等操作，还可以持续根据特定的规则重复执行；随着 RPA 的不断发展，已形成成熟的企业级产品，对此我们会在第二章详细介绍。

爬虫又称"网络蜘蛛（spider）"，是需要通过编程的方式实现的，能够全自动地从互联网上收集各种数据。这种方法采用了脚本暴力破解手段分析网页内容，虽然收集效率很高，但这会给后台带来很大的压力，很可能会被反爬行机制禁止。

按键精灵通常被认为是 RPA 的最初形态，其诞生的初衷是为了解决重复点击的工作。玩过网络游戏挂机打怪升级的玩家经常会用到按键精灵，通过模拟点击达到自动释放技能的功能，但按键精灵延伸到我们的日常工作需求场景中时，就无法满足复杂的需求，最终也没有形成企业级的通用产品，故而常被用作游戏、简单场景的辅助工具。

1.2.2　数字员工形态分析

从数字员工概念中，我们不难发现数字员工拥有不同形态，大致分为两类：一类是物理形态，即以 AGV、机械臂、硬件机器人为代表的数字员工；一类是虚拟形态，即以虚拟人、RPA+AI 为代表的数字员工。

1. 物理形态数字员工

物理形态数字员工主要协助人类完成体力劳动的有形机器人，例如阿里巴巴智能仓库中的菜鸟物流机器人能自动进行仓储和装卸，机械臂能实现货物的拆垛、分拣，分拣机器人能自动完成包裹分类，等等。

2. 虚拟形态数字员工

虚拟形态数字员工是协助人类在数字化设备上完成工作的机器人程序，例如科大讯飞打造的数字员工爱加，既可以扮演"警察、医生、主持人、理财顾问、面试官、导游"等，又可以活跃在企业的财务、人力资源、运营等岗位。随着技术的发展和融合，根据技术发展和应用深度，虚拟形态数字员工可分为三类，如图 1-8 所示。

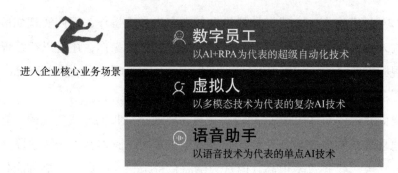

图 1-8　虚拟形态数字员工的三类表现

1）语音助手

语音助手是以语音技术为代表的单点 AI 技术。随着语音交互核心环节相关技术不断突破以及人工智能公司推出的 ToB 解决方案，AI 语音助手正在逐步满足用户的基本需求。当前，在大部分通用智能助理产品中，自然语言解析技术已逐渐失去其核心竞争力，在用户的意向被确认后，智能助理产品提供的服务将会是对话机器人差异化的核心。

目前由于技术限制，语音助手还没有达到像与真人沟通一样的效果，语音助手在一些比较私密的环境中优势更加明显，像居家、车内、办公室等场景。在这些场景中，语音助手可以为人类提供高效便捷的服务，沟通效果更好。例如科大讯飞推出了新一代语音导航系统，用户只需说出自己的服务需求，系统即可自动、智能识别用户的意图，并导航到相应的业务节点，从而大幅缩减用户查找相应业务所花费的时间，在帮助实现业务菜单扁平化的同时，也让用户体验到"一步到位"式的便捷服务。

2）虚拟人

虚拟人是以多模态技术为代表的复杂 AI 技术。2021 年清华大学计算机科学系迎来了一位"特殊"的学生，作为中国第一位原创虚拟学生，华智冰以视频形式登台亮相，不仅惊艳了观众，也引发了广泛的社会关注。中国软件网统计，2021 年有将近 10 位虚拟人面世，其中，科大讯飞推出的 AI 虚拟人家族被广泛应用于金融、媒体等行业，甚至可定制为方言播报，将内容多元化与场景多元化有效结合，让新闻资讯更接地气，呈现千人千面的特点。

现有的虚拟人与之前相比在专业技能方面已经有了很大的进步，新一代虚拟人正在从感知智能逐步转向认知智能。目前的认知智能仍处于初级阶段，距离人类的水平还有很长一段距离。

3）数字员工（RPA+AI）

数字员工是以 RPA+AI 为代表的超级自动化技术。融合 AI 和 RPA 技术所打造的流程自动化机器人相当于一位"数字员工"，即让数字员工执行提前定制好的流程。这里的数字员工不是物理机器，而是辅助人进行重复性工作的桌面软件。相对于虚拟人，数字员工应用更深入，这种由融合技术打造的数字员工可以很顺利地进入企业核心业务场景。在财务、审计、招聘、合同管理、采购、客服等业务场景，存在大量重复性工作，且易出错。依托数字员工，可实现工作任务自动化，能有效提升企业运作效率，同时带来员工幸福感与个人价值提升。

RPA+AI 是实现人机协同的最好方式，RPA 能够独立地处理业务流程的自动化和可整合集成性，RPA+AI 可以帮助企业实现大多数业务流程的自动化。AI 为 RPA 带来的学习和认知功能，将使 RPA 在更广泛的领域中发挥作用，帮助企业更快地实现数字化转型。在 RPA+AI 的组合下，AI 的深度学习、语义识别、文本理解和匹配等功能，为人机协作效率提供保障。在这种情况下，人工智能的能力已经足够影响人机协作的深入程度了。反应在 RPA 产品体系中，能打造一个专为 RPA 提供 AI 能力的平台型产品，可以极大地提高 RPA 的人机协同效率，以应用于更多的业务场景。

1.2.3　数字员工成为市场"新宠"

1. 资本市场带动数字员工蓬勃发展

相关数据显示，2018—2021 年，国内 RPA 行业的投资事件数量是逐年增加的，如图 1-9 所示，2021 年投融资事件达到了 18 起，融资总金额达到 34 亿元。投资方中有高瓴资本、红杉中国等头部投资机构，行业融资事件数量的上升充分说明了 RPA 的应用前景正在被逐渐认可。随着巨头的带动，RPA 厂商的估值和品牌知名度都得到了快速提升，数字员工也快速走进企业，数字员工市场得到蓬勃发展，整体市场呈现出良好的态势，数字员工的价值也正在持续释放。

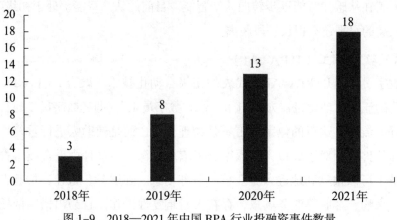

图 1-9　2018—2021 年中国 RPA 行业投融资事件数量

2. 相关 AI 技术的成熟和落地

在 RPA 火热之前，国内就已经存在一些 RPA 公司，但 RPA 并不具备成熟的 AI 技术，只能做一些比较基础的简单的业务流程自动化，要实现诸如纸质文件识别、票据识别、复杂表格等需要光学识别和语音理解的工作是非常困难的，这使得 RPA 应用的业务场景范围十分有限。而随着 AI 技术的发展越来越成熟，RPA 就可以与 AI 技术相结合，这样传统 RPA 就像具有了眼睛和大脑，可以处理更多、更高级的业务场景流程，更好地实现人机协调，大幅度提高工作效率，使企业成功地实现降本增效。

3. 企业受疫情影响加快布局数字员工建设

自从 2020 年疫情发生以来，在线办公软件的下载数量急剧增加，但办公软件更多是为了满足员工的沟通需要，而满足不了对业务要求较高的操作类岗位需求。疫情期间，企业必须通过数字化转型提供一系列满足自身需求的产品，以使自身业务正常运行。而数字员工可以为企业提供高效专业的科技服务，使一些业务场景实现自动化，这对于企业在疫情期间的正常运行发挥了极大的作用和效果，降低了因疫情带来的损失。在今后的疫情防控形势下，数字员工将扮演不可替代的角色。

4. 数字员工应用领域十分广泛

随着 RPA+AI 技术的不断发展，目前数字员工已经开始在各行各业逐步渗透与落地。上文说到，RPA 有了 AI 技术的加持，可以应用于更多、更高级的应用场景领域，能够横向覆盖公司的所有通用职能部门，比如人力资源、采购、财务、IT、客服以及法务等职能部门，纵向覆盖各行业多种业务场景领域，比如医疗、政务、金融、电商、能源、制造以及地产等行业。从分析可以看出，数字员工应用领域十分广泛，可有效助力企业实现数字化转型。

5. 数字员工未来发展潜力巨大

数字员工是企业数字化转型的大势所趋。随着中国人口红利的消退，企业面临着劳动力的迅速减少以及人工成本的大幅度上升，而企业内各部门又存在着大量复杂烦琐的重复性工作，数字员工因此成为一个非常适合的解决方案。目前，在人工智能层面上，通过源头上的技术突破和多项技术的融合，技术创新的应用获得了坚实的基础。可以预想，在技术基础上进行系统创新，未来的数字员工将会更加主动地进行学习，拥有更强大的协同办公能力，从而发挥巨大的产业价值。

1.3　RPA+AI 融合让数字员工更智能

2021 年数字员工成为全球热词并且发展迅速，这要归功于 RPA 与 AI 技术的融合，在一定程度上扩展了 RPA 的能力范围。RPA 是一种流程自动化软件，它受到标准化以及特定场景的限制，在企业大规模落地上存在巨大困难，特别是在较复杂的一些场景中，会遇到很多难以解决的问题，比如非结构化数据的处理、复杂元素无法识别等，这些都是制约 RPA 技术发展的因素。而通过 AI 能力的加持，可极大地提高感知非结构化数据的能力，从而提高 RPA 的易用性；同时，RPA 也促进了 AI 的平民化演进，缩短人工智能红利获益周期，两者相辅相成。

在谈及数字员工的具象概念时，我们可以将 RPA 视为数字员工敏捷的

"双手"，将 AI 视为数字员工聪明的"大脑"，如图 1-10 所示。大脑可以构想出概念，然而若不借助双手，大脑无法将其实现；而若不借助大脑，双手亦无法处理更高级流程。因此，只有将两者结合起来才能完成更高级的任务。

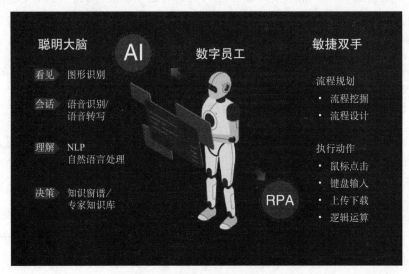

图 1-10　数字员工具象概念图

1.3.1　RPA 与 AI 概念理解

RPA 是指利用模拟人在计算机界面进行操作的技术，根据既定的程序实现相应流程任务的执行，从而代替人类完成相关工作。AI 是研究和开发用于模拟、延伸及扩展人的智能的理论、方法、技术应用系统的技术科学。

1. RPA 发展的四个阶段

RPA 的诞生并非一蹴而就，从最早出现的 RPA 雏形开始算起，RPA 的发展历程大致分为四个阶段：

第一阶段（1990—2000 年）：批处理脚本

20 世纪 90 年代，随着计算机在办公室的普及，大量企业从传统手工作业改变为线上电子化的处理方式，这为批处理脚本奠定了应用基础，人们开

始用代码编写生成 .bat 等批处理脚本，用于执行定时开关系统、自动化运维、文档的定时复制、文件的定期转移或删除等固化的任务；但批处理脚本由于构造简单，很难具备处理复杂任务的能力，也难以应对流程中的异常情况，其灵活性不够、针对性不强，并且代码开发和运维对人员技能的门槛要求高，而 IT 团队对业务场景的理解较弱，所以大部分的批处理脚本被应用于计算机底层自动化运维类流程。综上各种原因导致批处理脚本并没有大范围触及业务经营流程。

第二阶段（2000—2015 年）：VBA 宏编程

2000 年以后，随着微软 Office 办公软件及 SPA 和 Oracle 等 ERP（企业资源计划）厂商的快速发展，大量的企业将业务流程固化至信息化系统，同时也带来了大量基于系统及跨系统的流程化操作，企业对自动化的需求也越来越强烈，特别是对账、审计等金融业务场景，为了应对财务会计处理耗费大量人力的问题，以全球四大会计师事务所为代表的企业催生了 VBA（visual basic for applications）宏技术的应用；与批处理脚本相比，VBA 应用了可视化的图形编辑界面和面向对象的程序开发思路，其开发效率相比于批处理脚本得到了大幅提升，开发流程也比批处理复杂得多。

此阶段有一项重要的里程碑事件发生，就是业务流程管理（BPM）的提出。通过 BPM 可对业务流程进行建模和持续优化，这为 RPA 的后续运用起到了铺垫作用。

第三阶段（2015—2018 年）：RPA 功能成型

UiPath、Automation Anywhere、Blue Prism 等公司成立后，它们通过协同创新形成了目前 RPA 的主流产品形态，即采用可视化的流程拖曳设计，打造流程设计器，为一般用户降低了设计的门槛，促进了 RPA 在各个产业中的大范围应用和落地。另外，可以控制机器人进行管理调度和任务分配的控制器也随之产生，它终结了传统的单一操作模式，并开始转向复杂、多任务的管理模式。

第四阶段（2019 年至今）：RPA 智能化发展

2019 年，Gartner（国际权威 IT 研究与咨询顾问机构）公布了 10 项对公司未来发展有重大影响的技术，其中 RPA 技术位居首位；当前，RPA 已经成为企业实现数字化转型的一个重要工具，国内的创投圈顺势开启了 RPA 投资元年（2019、2020 和 2021 年的总融资事件分别是 8、13 和 18 起，2021 年融资总金额达到 34 亿元）；国内各类 RPA 厂商开始纷纷推出产品抢占市场。

同时，国内厂商也开始探索 RPA 与 AI 的融合，打造更加智能化的数字员工，比如结合自然语言理解、图文识别等技术，拓展了数字员工的使用场景，同时，也加速了数字员工进入繁荣发展和大规模产业应用的阶段。

2. 人工智能发展的三个阶段

经过多年的研究和发展，人工智能的主要发展历程可大致分为三个阶段：

第一阶段：运算智能

运算智能即记忆存储以及快速计算的能力，例如在 1997 年，IBM（International Business Machines Corporation，国际商业机器公司）的深蓝计算机战胜了当时的著名国际象棋冠军卡斯帕罗夫，这是人工智能战胜人脑的体现，说明人工智能在强运算型的比赛方面是不弱于人脑的。

第二阶段：感知智能

感知智能即视觉、触觉及听觉等感知能力。比如，无人驾驶，就是通过激光雷达等感知设备和人工智能相结合对驾驶信息进行运算；而人脸支付系统则是利用感应到的面部特征进行身份识别。机器在感知世界方面比在主动感知方面的优势大，这是由于机器能够充分利用 DNN（deep neural networks，深度神经网络）和大数据的成果。

第三阶段：认知智能

认知智能可通过理解和思考处理复杂的事实和情况。以公安为例，人脸识别只是让机器迅速、精确地辨认出一个人的身份，但在侦查和破案中，需要大量的信息和证据，光靠感知是很难做到的；而自然语言处理技术和知识图谱则为认知智能阶段提供了有力的支持，二者能够帮助机器更好地理解相关信息，并获得与人类大脑相似的多模感知能力，这将是颠覆性的改变。

1.3.2　图像识别与 RPA 中的应用

OCR（optical character recognition，光学字符识别）就是用数码相机或者扫描仪等电子设备检查纸上打印出来的字符，然后用字符识别的方式将其翻译成文字。将 OCR 技术融入 RPA 场景中，可以帮助用户将 PDF 文件、图像等非结构化的信息自动识别并录入计算机。

1. 图书资料识别和检索

图书馆中通常会有大量珍贵的历史文献资料，其实公司也有许多宝贵的资料需要保存。OCR 技术与 RPA 技术相结合，可以实现资料的随时检索和调用，而且文字识别能极大地降低对历史文献的损坏程度，提高资料的使用效率和准确率。

2. 卫生许可证办理

在行政服务大厅，窗口办理人员在受理卫生许可证业务时，往往需要申请者提供营业执照原件，并将营业执照中的名称、经营者、营业场所等信息手工录入信息系统。现在这个过程可以通过高拍仪对营业执照进行拍照，再利用 OCR 与 RPA 技术相结合实现对采集的营业执照影像信息自动识别和提取，并自动填入对应的信息化系统。

1.3.3　自然语言理解与 RPA 中的应用

NLP（natural language processing，自然语言处理）是一种可以允许计算机给使用者的输入赋予意义的技术。该技术使计算机能够接收到使用者自然语言形式的输入，并用算法进行加工、计算等操作，从而达到模仿人类对自然语言的理解，并将结果反馈给使用者。

将 NLP 技术融入 RPA 场景后，NLP 可以让数字人像人一样去理解语言，帮助分析结构化、非结构化和半结构化数据，并将其提取出来进行进一步分析。

1. 管理票据流程

企业组织中每天可能会收到和处理大量有疑问的票据。经过适当配置和培训的 NLP 系统可以确定哪些主题、解决方案或特定产品被提及，并将票据发送到正确的部门，还可以根据情感分析确定票据的紧急程度。

2. 发票自动处理

利用 OCR 配合 NLP 可以对发票内容进行分解和分类。该解决方案可以扫描发票，提取发票内容，并通过 RPA 与国税系统打通，实现发票真伪验证和查重。

3. 合同分析

声明和合同协议通常篇幅较长。审核人员在审核分析时，眼睛可能会跳过某些重要部分。将 NLP 和 OCR 功能应用于合同分析，可以帮助企业组织保持合规，同时大大减少人工审核分析的工作量。

4. 文档处理

手工处理文档可能会占用员工宝贵的时间，尤其是在文件具有唯一性的情况下。文本分析自动化可以大大简化这个过程。结合 NLP 技术，数据值和它们之间的关系可以被理解、诊断，并进行适当的分类。

1.3.4 知识图谱/知识库与 RPA 中的应用

知识图谱可以用于绘制、分析和显示学科或学术研究主体之间的相互联系，它是揭示科学知识发展进程与结构关系的一种可视化工具。将知识图谱/知识库技术融入 RPA 场景，可以帮助数字人像人一样做出判断与决策。

1. 智能客服问答

客服在日常工作中需要回复用户咨询的各种问题，而利用知识图谱与 RPA 技术打造的智能客服机器人可代替人工客服实现 7×24 小时自动接待，并根据用户咨询的问题匹配知识图谱，精准获取最佳回复。

2. 故障分析风险控制

通过对关键设备运行参数、生产环节建模，对产品失效知识解析构建关系图谱，可快速精准定位故障原因，实现智能故障诊断和失效归因分析，形成专家经验，有效降低故障损失，提升质量风险控制能力。

1.4　数字员工的价值

当前数字员工已普遍应用于金融、地产、能源、电商、医疗以及包括政府在内的众多领域，为这些领域的业务流程自动化提供了很好的解决方案和思路。在数字化时代，布局数字员工可帮助各行各业建立高效、有序的沟通以及持久的信任，帮助企业获得长久的生命力。

数字员工不仅能用于组织内部的自动化处理，在其他方面也大有可为：

◎ 面对经销渠道，快速对销量进行漏斗筛选，实现即时响应；

◎ 面对企业员工，提供创新、暖心、时尚的内部服务，提升工作体验，促进人才保留和人效提升；

◎ 面对合作伙伴，提升交互效率，以中立的身份，提供贴心服务等。

面向未来，数字员工有广阔的发展空间，可全面提升企业的劳动力、生产力和组织效能，必将助力企业和行业与时代发展同频共振。

通过组织变革、人才塑造、技术赋能、财务转型、场景重构、生态协同等方式，越来越多的企业最终会拥抱数字化，在数字化中获益。数字员工就是通过以上几个层次来提高企业的数字化能力的。

1.4.1　数字员工提升组织数字化能力

随着"互联网 +"到"数字化 +"的发展，很多领域的发展走向了数字化。在这个大数据时代，数据不仅可以用来赚钱和做生意，还可以用在很多事情上。数字员工的广泛应用和数字能力的形成提升了组织的数字化素养，培养了数字化思维，锻造了数字化领导力。

1. 提高组织数字化素养

数字化素养是一个人对数字化的认识、理解、应用和效果的全面评估。数字化素养是个体数据决策能力差异化的重要表现之一，对个人的未来发展和做出重要决策都将起到决定性的作用。IDC 的一份报告指出，2017—2020年将出现大量的数字化转型，而如今中国的很多大中型企业正在迫切寻求数字化转型的方法和思路。

组织中广泛应用数字员工，可以培养企业家、员工逐渐形成较高的"数字化素养"，使决策更科学、更客观，从而以数据推动企业的发展。因此，企业应该提高"数字化素养"，并加强对数字的认识，增强其数字化能力。只有如此，我们才能充分利用员工的创造潜能和创新潜能，有效实施数字化战略、打造数字企业。

2. 提高数字化思维

上海纽约大学商学院副院长陈宇新认为，数据思维有四个维度，一是定量思维，这意味着"一切皆可测"，要有意识地将所有东西转化为数据并测量出来。比如，一些大数据的项目试图把那些情感性的要素测量出来，测量优雅、测量浪漫。二是跨界思维，即看似不相关的数据和行为，或许可以互相关联起来，提升预测和推荐的效果。三是操作思维，就是一切设计要具备可行性，并且尽快地、实时地、低成本地实现。四是实验思维，要允许创新，允许实验，允许试错，并通过实验得出一个正确或优化的解决方案。

数字员工在组织中广泛应用（从定性到定量的数字化应用）后，可以潜移默化地提升组织的数字化思维。

3. 可以提高数字化领导力

新时代引领新经济，新经济需要新的领导力。随着企业越来越多地通过数字化战略实现企业规模的加速扩大、效率提升及发掘新机会，工作环境将会不断地发生改变。

数字员工在组织中广泛应用后，企业数字化能力会大大提高，这种能力正在引领其组织超越那些数字化领导力较弱和落后的企业。伴随着职场的日益数字化，这种绩效差距只会继续扩大。据安永会计师事务所和DDI（睿智咨询）联合发布的《全球领导力展望（2018）》，数字化时代的关键领导能力包括科技驱动、迷途领航、共创整合、调动人心和全局思维。

1.4.2　数字员工助力改善人才结构

技术驱动的创新工作方式的出现，给企业的组织管理带来了新的挑战。数字员工技术为企业提供了一种全新的工作模式，并在一定程度上推动了企业管理的发展。此外，随着员工个体意识的增强、业务形式的转变以及企业的组织形式的不断更新，企业的人才战略也开始调整。

在员工个体意识不断提高、个人价值对公司价值影响不断提高的今天，企业必须通过构建数字化人才供应链，把企业的战略目标和人员配置整合在一起，从而促使企业创新价值创造方式，取得更高的成就。

成员自我意识的极大苏醒和个体价值的崛起，使激活员工成为管理者最大的挑战。数字化时代，成员之间是一种网络的关系，各个点之间相互独立又相互连通，成为一个有机的生态圈。因此，开放、合作、共享和协同成为数字成员的生存法则，个体价值在组织协同中创造出新的火花。

企业原有的"金字塔"式的人才结构将会发生变化，企业中基层员工通过数字员工的协助，可提升自动化水平，提升工作效率；基层管理者在日常管理和运营中，通过数字员工的辅助，可提升员工的个人价值；中层管理者以促进业务增长为核心目标，通过数字员工的辅助，可以提升其核心岗位的人才密度；高层管理者在战略落地的过程中，通过数字员工的辅助，助力企业提高核心竞争力，如图 1-11 所示。

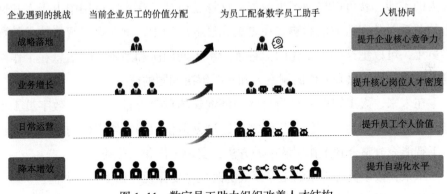

图 1-11　数字员工助力组织改善人才结构

1.4.3　数字员工创造新的工作模式

在数字时代的职场，人们不但要与"同类"打交道，而且要具备与"异类"——虚拟数字员工合作的意识与技巧，以适应并接受"混合型"人机团队的新型工作方式。

　　未来的岗位设计将把许多传统职位的工作和职责整合起来，利用数字技术和数字员工，拓宽他们的工作领域；同时，将人与数字员工的长处融合在一起，提高工作效率。

　　单点试水数字员工固然小有收益，而系统性组建数字员工队伍的价值更大。"人有我全"培养数字员工队伍，使之常态化运行，将摆脱"人海战术"，进阶"人机组合集团军"，形成集团化作战优势。

　　这种新型的工作模式具有如下特征：第一，它几乎没有边界，全体人员与数字员工都是平等的，从而实现了全员共享。第二，是全面数据化，通过数字的流动和交换，使信息更加透明，从而达到全民共治的目的。第三，是成员自驱动，通过不断地激励员工的创新和创造性，使其不断超越效率限制，从而达到全员共理的良性机制。通过这种工作模式，企业的成员可以做到及时沟通，形成一个为共同目标而奋斗的有机生态。

　　在面临组织管理的挑战时，企业可以通过寻找新的技术获得有效的解决方案。比如，自然语言处理技术和自然语言生成技术可以在不同的平台上实现对内容的索引和合成。同时，它们还可以对信息进行标识和组织，不需要人为的干涉，就可以自动产生数据，这样就避免了在实际应用中由于人和网络的关系对数据造成的影响。在更为先进的应用中，融合人工智能技术的数字员工，可以把这些场景化的信息推送给不同团队和系统，让信息在工作网络中流动，从而提升人们的洞察力和实时解决问题的能力。

　　在未来，人工智能将成为全球经济增长的重要力量。为了让数字员工更好地发挥人工智能的潜能，组织需要通过创造价值和新增岗位的方式找到将人工智能充分整合到工作团队中的方法，实现工作和岗位的变革。

　　未来，数字员工带来的工作模式的改变主要体现在如下几个方面：

　　第一，运用智能化技术拓展了团队的工作领域。今后的职位设计将把许多传统工作和职责结合起来，运用科技拓展工作领域；同时，将人与数字员工的优势融合在一起，以提高绩效。

　　第二，从人机互动向人机协作转变。过去，人们和机器之间的交流都是通过对机器下命令完成的；在将来，随着人工智能技术的不断完善，数字员工会越来越聪明，能够独立地处理一些工作，成为人们的重要助手。人与数字员工互动、融合、共创，能提升人的潜力，释放更多能力。

第三，组建超级团队。麻省理工学院智能研究中心的创始主管托马斯·马龙（Thomas Malone）在他的《超级思维：人类和计算机一起思考的惊人力量》（*Superminds: the Surprising Power of People and Computers Thinking Together*）一书中，探讨了人类和机器如何协同工作以达到智慧水平的新高度，从人类团队作战出发实现人机团队作战，从而创造一个"超级团队"。"超级团队"是指人与机器的结合，通过它们的优势互补解决问题，获得洞察并创造价值。

1.4.4　数字员工提高工作效率，释放员工创造力

企业数字化浪潮中，在数字化转型深化推进、数字经济快速发展的形势下，面对人力成本日益上升的趋势，数字员工可以代替员工处理那些重复枯燥的工作任务，使人们摆脱重复烦琐的工作，从而极大地提高工作效率。数字员工在帮助降低企业用人成本的同时，也能帮助员工提升幸福感，还能激发员工创新、创造的价值与潜力，更好地服务企业成长。

在效率提升方面，相比传统劳动力，数字员工可以大幅提高人工效率，可以 24 小时不间断工作，甚至实现"一岗多能""多岗多能"。下面总结了数字员工从成本、风险、质量三个角度带来的价值，如图 1–12 所示。

图 1–12　数字员工带来的价值

1. 在降低成本方面

数字员工可独立运作，服务于各类劳动密集型产业，可以把人力从纷繁重复的工作中解脱出来，实现各产业向知识密集型和人力资本密集型过渡。

2. 在风险管控方面

数字员工严格遵守业务流程，通过对他们的行为进行持续的记录和监控，保证了他们的精确度和安全性。

3. 在提高流程质量方面

数字员工可最大化地提升该流程的交付成果质量，并在过程中减少浪费。尽管一些企业已经有了非常严密的操作规范，但人类员工在工作中还是经常会出现处理步骤遗失或颠倒的情况，影响交付成果的质量，或给后续的处理流程带来隐患。当出现错误时，又需要经过复杂的错误修正处理过程来完成。员工通常对这些错误是不自知的，可能直到多年后造成企业的直接损失之时才会被发现。而数字员工的流程处理基于结构化数据，必须按照既定的设计步骤严格执行，所以在理论上可以达到100%的准确性，且这些执行过程可以完全透明地展示在管理者的面前。

1.5 小结

在未来的工作环境中，数字员工可以应用在 PC 和移动端，通过模拟人类的工作状态，实现简单、重复且复杂的工作过程。可以把一般员工从初级、重复的烦琐事务中解放出来，投身到更有价值和创造力的工作内容。

在未来的职场中，人们不但要与自己的"同类"打交道，而且要学会与"异类"——数字员工合作。这就意味着，人类在塑造自身数字能力的同时，也要积极地融入人机协同的工作模式，成为新的价值主体。

企业数字化转型是一种新的业态和价值的持续。数字员工之所以那么热，一方面是因为人工智能、RPA 等技术的不断突破和运用，另一方面，也是因为企业的创新需要。目前，企业对创新日益重视，需要员工从重复劳动中解放出来，到更具有创造性的工作岗位。因此在这种趋势下，企业的用工逻辑必将发生重大变化，从而间接地促进数字员工的大规模使用，使其在未来的生产和运营中起到举足轻重的作用。目前，谁能抓住、掌握数字员工这一新的应用模式，谁或许就能在数字经济时代杀出重围。

第 2 章

数字员工生产及工作原理

数字员工是利用 AI、RPA、低代码等技术生产出的高度拟人化的新型工作人员，其生产过程包括发现、设计、执行、管理等阶段，具体生产过程如图 2-1 所示。

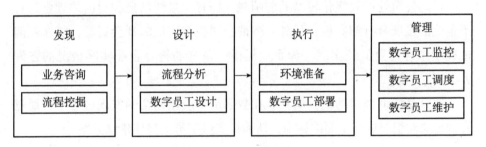

图 2-1　数字员工生产过程

工作原理：通过业务咨询或者利用流程挖掘技术发现企业中潜在的数字员工实现机会，对具体的流程进行分析后，利用数字员工设计平台完成数字员工的设计发布。在准备好软硬件环境后，根据企业需求，自主选择部署方式，部署数字员工，辅助员工自动完成工作任务。此外，当存在较多的数字员工时，需要对数字员工统一进行监控、调度、维护，及时发现数字员工执行过程中的问题，进行迭代优化，从而保障企业流程的高效运转。

2.1 数字员工是如何发现的

2.1.1 通过外部咨询发现

有关调查显示：世界 500 强企业中，50% 左右的公司拥有自己长期合作的咨询公司，100% 的公司接受过多次咨询服务。

1. 咨询公司作用

1）灯塔作用

咨询公司拥有专业的咨询顾问、咨询专家，具有先进的管理理念和丰富的实践经验。他们在为组织提供咨询时，往往能站在较高的位置，把问题看得较远，既解决企业短期内面临的实际问题，又满足组织长期发展需求。

2）咨询提供

咨询公司处在数字化转型的前哨战，拥有大量的信息和超前的理念，对于企业的发展具有前瞻性；另外，咨询公司拥有广泛的社会资源，能在咨询过程中结合行业最佳实践，为企业提供一系列的符合企业实际情况的咨询方案。

这就是咨询公司的优势所在。在数字员工应用机会的发现过程中，通过咨询公司对组织进行全面的诊断，从而提出数字员工最佳建议方案。

2. 数字员工发现过程核心思路

数字员工发现过程核心思路如图 2-2 所示。

图 2-2　数字员工发现过程核心思路

1）业务模型分析

在正式调研会议开始前，首先由咨询方向与会人员传达本次会议目标。

下面以某财务共享项目调研为例进行说明。在会议上首先需要向与会人员表述：本次会议主要目的是召集项目需求人员，为数字员工搜集相关需求。项目目标主要是为了减轻财务工作人员的工作量，收集财务人员的日常工作中固化且重复性的工作，作为后续数字员工的工作内容。同时，对于模糊的需求进行进一步讨论。项目的最终目标是提高工作效率，减少重复性工作给业务人员造成的负担。

当咨询顾问与用户统一项目目标之后，开始为财务人员详细介绍数字员工概念，以及数字员工在财务共享场景下的具体应用案例，并对可能存在的数字员工应用机会做探索性引导。

当用户对数字员工概念和应用有了一定了解之后，就可以进行系统化的需求调研。针对大型组织，我们需要有计划、有节奏、有方法地开展调研工作，自上而下、由浅到深的线性思维，切不可一开始就深入细节的操作点，让用户直接陷入进去。下面，还是以财务共享项目为例进行说明。

咨询顾问需要先整体了解财务对账的流程，再根据财务部门每个月都需要在什么时间内、具体进行哪些数据的对账处理，对账处理的具体规则，对账完成后具体输出，以及输出结果如何录入到财务系统，展开详细调研。

综上所述，业务模型分析，就是分析业务流程实际的驱动背景和流程执行后的结果。这样就可以输出需求主干：业务发生的背景、业务涉及的数据、业务处理的规则、业务输出的结果等。

2）数据模型分析

除了业务模式的分析，还需要了解在流程操作过程中相关的数据流转：带着已经了解的需求主干，深入了解数据的往来模型。

下面，以某财务共享项目为例进行说明，咨询顾问已了解到，被提供的对账信息有三大来源：一是银行网银系统，需要从网银系统中下载每天的交易数据；二是组织内部 ERP 系统，需要从 ERP 系统下载每天的收支凭证；三是业务部门提供的手工合同台账。

从上述案例中，我们可分析出在整个流程操作过程中，数据模型为：一个是自动获取网银网站的交易数据，一个是自动获取组织内部的 ERP 系统收支凭证数据，还有一个是自动获取用户自身维护的 Excel 台账，再按照财务对账规则，进行数据的汇总、处理、比对，输出最终的对账结果数据。

3）显性需求与隐性需求分析

按照自上而下、由浅入深的调研模式，咨询顾问开始调研实际的系统操作需求，包括显性需求与隐性需求分析。

显性需求是对流程操作细节的需求进行搜集，而隐性需求的引申则是对流程的完善性进行扩充。下面以采购入库业务需求为例进行说明。正常情况下，数字员工可以根据用户提供的 Excel 表对仓储管理系统（WMS）进行自动入库操作，但是需要考虑额外场景，输入的物料信息是否在物料库中，如果不在，则需先对物料主数据进行填补，再进行入库单操作。这就是在对显性需求理解的基础上，继续做隐性需求的引申操作。

隐性需求的引申不止这些，还要考虑数据源的验真操作，即如果数据源存在出入，是否会引发其他操作，这些都需要在调研的过程中进行讨论。

4）价值模型分析

建立自动化流程的初衷并不是为了替代人的工作，而是尽可能地通过自动化工具加快用户处理业务的速度，获得最大化的投资回报率。所以对于用户而言，他们的诉求在于数字员工的执行结果，而不在于数字员工的执行过程，让数字员工在合规的方式下用最短的时间达到用户想要的效果，或许就是数字员工最大的价值。

2.1.2　在组织内部发现

数字员工机会也可在组织内部发现。若组织尚未建立数字员工卓越中心（CoE），则数字员工机会大多数由以下几种角色发现。

高层领导：他们接触新技术、新概念、新思路的机会相对较多，在通过一些市场活动、高峰论坛、同行推荐等机会了解到数字员工的价值后，往往可以更高效地推动数字员工在组织内的发现、生产、落地。

使用数字员工的业务部门：在日常工作中，有一些重复性高、流程化固定的场景，业务部门可以自己寻找解决这类问题的方法。

负责数字员工技术实现的 IT 部门：技术部门出于对技术的可行性的了解，可以快速发现哪些场景适合数字员工解决。有些组织设立了 ITBP（IT bussiness partner，IT 业务伙伴）角色，ITBP 既熟悉技术，又了解业务，是数字员工发现的更匹配的角色。

但在这种情况下，如果组织内部没有一套完整的、成熟的数字员工实施方法论，数字员工很难取得规模化应用和持续运营。

如果组织内部已经构建了数字员工卓越中心，则可通过卓越中心充分挖掘组织内部各业务单元潜在的数字员工机会。关于卓越中心的详细内容将在第 12 章深入介绍。

卓越中心有一项重要职能，就是推广和宣传数字员工的价值，在组织内部各业务单元分享数字员工的成功案例，并持续挖掘数字员工机会。

一般组织内部的数字员工机会发现的过程如下：

首先，卓越中心对每个业务单元进行逐一深访，通过引导和专业分析，帮助业务人员总结日常工作中的重复性工作，收集和整理业务人员反馈的需求，提交业务专家、技术专家进行需求评审和技术评估。

然后，向利益相关方沟通数字员工应用后可能涉及的流程变更，由风控部门验证数字员工是否合规以及追踪成本 / 收益，由人力资源部制定数字员工环境下未来人才战略，由流程改造部门支持数字员工相应的业务流程改造，最后由卓越中心负责数字员工部署及运营。

组织内部发现数字员工应用的机会和场景，可以免去可行性分析的过程，往往更加精准。

2.1.3　借助流程挖掘发现

无论是借助外部咨询还是在组织内部发现，业务流程挖掘的过程其实并不简单，需要业务人员对业务流程自动化有充分的理解，业务专家 / 外部咨询专家对业务流程自动化专业的分析和判断。因此业务流程的精细化管理和优化正在成为新的挑战。如何通过技术的手段重建企业业务流程，并实现业务流程的可视化，以揭示企业更深层次业务流程低效的根本原因？在此背景下，流程挖掘技术逐渐兴起。

流程挖掘技术是一种分析和监测流程的方法，即从日志文件的数据中提取有价值的信息，以便发现、监控和优化现有的流程。流程挖掘可以让各组织的领导者全面了解业务流程，进而找到效率低下的根源并确定包括自动化在内的改进机会。与传统的任务分析、流程分析和优化技术不同，流程挖掘能够为用户提供为长期业务增长做出基于战略数据的精确决策能力。

"流程挖掘"一词最初是由荷兰计算机科学家威尔教授（Wil van der Aalst）在其撰写的研究提案中提出的，后来它成为埃因霍温大学的一个研究领域，威尔教授也因此成为"流程挖掘教父"。2000年，第一个实际适用的流程算法"Alpha miner"被发现。随着流程挖掘领域开始发展，一致性检查成为不可或缺的一部分。至2005年，除了流程发现和一致性检查的主流技术，流程挖掘还扩展到多个领域。2007年，第一家商业流程采矿公司"Futura Pi"成立。2009年，电气和电子工程师协会（IEEE）成立了流程挖掘工作组（IEEE PM），这是一个管理流程挖掘相关的规范和标准的组织。2011年，威尔教授的第一本流程挖掘书籍问世。2014年，Coursera开设MOOC课程，内容相关过程挖掘。2016年，该书的更新和扩展版问世，标题为"过程挖掘：数据科学在行动"。到2018年，已出现近30多种商用流程挖掘工具。现在，全球已有40多家供应商提供用于流程发现和一致性检查的工具和技术。

随着大型软件厂商的收购与融合，流程挖掘被集成到不同的平台，使用流程挖掘的门槛也变得更低了。结合数字员工，流程挖掘可以帮助企业重新设计流程以提高效率，推出更有针对性的自动化流程，以提高生产力维护资源。将流程挖掘技术用于端到端的数字员工平台，以保障流程挖掘能够参与数字员工的全生命周期，这正是数字员工未来发展的重要趋势之一。流程挖掘可帮助数字员工项目发现并验证公司中实际执行的流程，并根据挖掘结果，决定数字员工的配置和功能。

流程挖掘工作原理是从信息系统记录的事件日志中提取各流程活动的时间和关联信息，从而还原该流程的实际工作情况。利用流程挖掘技术，可以帮助我们快速了解企业内部发生的真实情况，快速提炼数字员工需求机会。通过结合数据挖掘和流程分析，组织可以从其信息系统中挖掘日志数据，以了解其流程的性能，揭示流程瓶颈和其他改进领域。流程挖掘利用数据驱动的流程优化方法，让管理人员围绕现有流程的资源分配做出更客观的决策。

简单地讲，流程挖掘主要用于从信息系统中提取的事件数据分析业务流程。它能够从任何支持操作流程的信息系统中提取事件数据（如 SAP 和 Salesforce 都记录了流程中每个阶段发生的每项活动和事务），并使用这些事件数据回答各种与流程相关的问题。

在使用流程挖掘时，一般需要经历如下步骤：

1. 事件日志收集与处理

流程挖掘的第一步是挖掘企业的"数字资产"并加以整理清洗，以便对其进行具有流程逻辑的谱绘工作。日志文件的来源是非常广泛的，所以日志文件可能会存在 csv 格式、Excel 表、数据库表、json 格式等类型，将多种来源的日志文件进行收集、合并。之后对日志文件的数据类型进行规整，并对一些脏数据进行清理。

2. 流程可视化

通过多种流程挖掘算法，将事件日志转化为具有高可读性的流程图，让流程图成为流程挖掘的核心所在。这些流程挖掘算法可根据提供的数据以及基于事实的规则展现流程在整个组织中的流动方式。

3. 流程挖掘的分析

流程挖掘技术使用了系统中所有的事件日志，以尽可能地丰富流程图，清晰地了解企业中的全部问题。同时，它结合了人工智能和机器学习算法，可以帮助企业迅速锁定效率低下和执行偏差的根本原因，从中寻找数字员工的应用机会。

近年来，越来越多的企业正通过部署数字员工优化业务流程，保持企业的竞争优势。在部署数字员工前，企业可以借助流程挖掘，分析来自业务线系统的数据，以确定应该自动化的流程。流程挖掘可以从数据驱动视角揭示流程的真实状态，识别有一定规则、重复性高、业务量大、低效耗时的流程，以确定这些流程是否适合部署数字员工。在业务流程中，变化越多，实施的成本就越高。而流程挖掘可以查看流程中有多少异常情况，及时反馈哪些流程会导致延误、潜在危险和漏洞，帮助企业在部署数字员工前发现瓶颈，改进流程，使数字员工的实施更加顺利。此外，使用流程挖掘还可以检测数字员工的部署是否达到了预期效果，以及流程是否按照设计执行、是否合规，以便企业持续监测、评估数字员工的自动化项目，获得更高的投资回报。企业可通过将数字员工与流程挖掘相结合，优化流程，提高业务自动化效率，保证较高的投资回报率。

综上所述，流程挖掘与数字员工的关系主要有以下几种：

1）互补

流程挖掘读取 IT 系统中的事件日志以了解业务流程，而数字员工则可实现业务流程的自动化。

2）支持

流程挖掘为部署数字员工提供改善流程所需的完整环境和端到端视角，并确保自动化流程能够带来一定成果。

3）提质

流程挖掘可在部署数字员工前识别业务流程中最有价值、最需要改进的环节，帮助优化流程，大大提高自动化效益。

4）监测

流程挖掘可与自动化评估相结合，持续监测数字员工的自动化效率、流程合规性、其他 KPI 和投资回报率。

总体而言，流程挖掘可以便捷高效地识别更多的自动化节点，帮助持续维护和发展数字员工自动化，特别是能使更复杂和更广泛的流程实现自动化。组织可通过将数字员工与流程挖掘相结合，优化流程，提高业务自动化效率，保证较高的投资回报率。

2.2　数字员工是如何设计的

2.2.1　业务流程分析

经过业务专家或者流程挖掘发现数字员工的应用场景后，接下来便是对场景进行分析，获取具体的需求内容，分析流程概况。流程分析能够帮助流

程设计人员更好地理解业务流程、挖掘企业业务的需求，并使业务需求向 IT
需求转化。在设计之前，对企业目标范围内的所有业务流程进行梳理和审阅
很有必要。通过了解目标范围内的业务流程，熟悉流程当前的工作内容和工
作方式，为后续选定自动化流程提供一个大致的方向和参考。

具体分析步骤如图 2-3 所示。
◎ 明确业务环境，如企业办公系统、财务报表系统、人力资源管理系统等；
◎ 业务流程分析，如登录系统、进入审批模块、完成流程审批等；
◎ 流程转化，如输入用户名、输入密码、点击登录等。

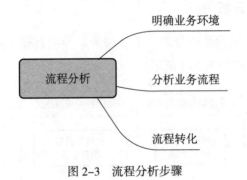

图 2-3　流程分析步骤

明确业务环境是流程分析的第一步，需要了解实际场景下的工作平台、
应用、系统等，大多数场景要在多个系统间来回切换，那么了解具体涉及的
系统则是数字员工设计过程的基础。

业务流程分析是流程分析的重要步骤，其目的是了解流程走向、获取运
转规则。一个数字员工的应用场景往往包含多个业务步骤，如登录系统、下
载报表、根据规则填写表格内容、上传结果等。业务步骤间存在着较强的运
转顺序，数字员工需严格按照运转顺序依次执行。获取运转规则尤为重要，
这决定了数字员工处理业务的正确与否。如财务数据计算场景，需要梳理数
据计算规则；流程审批场景，需要明确审批的具体条件，若不满足该条件，
数字员工将不会执行审批动作。

流程转化过程则是将业务过程转化为数字员工的执行过程。数字员工本
质上模拟人工操作，人工在处理业务时需要打开软件、点击输入框、输入内
容，数字员工也不例外，同样需要相关步骤。

接下来，以 G 集团财务数据同步业务需求为例，介绍具体的流程分析过

程。首先，说明需求内容。整个需求内容较为简单，其目的就是利用数字员工实现 G 集团系统财务报表系统数据按照规则同步至数据填报系统。接下来，便是针对该需求进行流程分析。

1. 明确业务环境

该业务场景涉及三个系统，分别是 G 集团应用中心、G 集团财务报表系统、G 集团数据填报系统。

2. 业务流程分析

整个业务流程包括系统登录、下载报表、导出数据、规则录入、上传等过程，具体业务流程如图 2-4 所示。

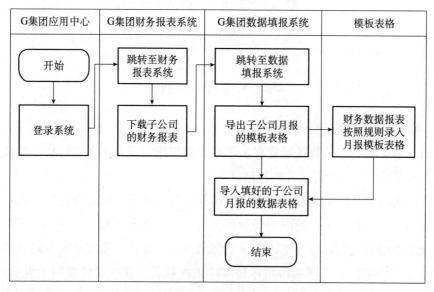

图 2-4　G 集团财务数据同步业务流程

3. 流程转化

图 2-4 所示的业务流程可转化为如下数字员工执行流程：

（1）登录 G 集团门户平台；

（2）点击登录，在弹出页面输入账号、密码，点击"登录"按钮；

（3）点击"展开"图标，在弹出页面单击"集团财务报表系统"，在弹出页面上方点击"报表生成"—"报表查看"；

（4）界面左侧点击"××有限公司"（某公司），右侧页面上方"年度"选择当前年份，"账期"选择当前月份前一月；

（5）搜索框中输入"××"（编号），然后点击"查看"按钮，然后单击页面搜索出现的利润表；

（6）弹出页面上方"金额单位"后的下拉框，选择"万元"，然后单击"导出"按钮，等待数据下载完成，单击"返回"按钮；

（7）下载下方表格；

（8）检测"D:\数字员工\数据"下是否有当前年份名字的文件夹，存在则继续下一步，不存在则新建一个，路径为"D:\数字员工\数据\当前年份"，例如：D:\数字员工\数据\2022；

（9）回到"G集团应用中心"页面，点击"数据填报"，在弹出页面单击"数据填报"—"汇总填报表"；

（10）在页面右上角点击公司名称，弹出页面可切换公司（单击勾选，然后点击"确定"），下载子公司月报的录入模板表格；

（11）点击页面右边上方"频度"选择月报，"年度"选择当前年，"月份"选择当前月份前一月；

（12）点击"企业成本明细表"，在弹出页面点击"导出"按钮，录入模板下载后，点击"返回"按钮；

（13）录入模板 Excel 数据（因涉及公司信息，此项便不具体展开）；

（14）在某数据填报系统中，在页面右上角点击公司名称，在弹出页面可切换公司（单击勾选，然后点击"确定"）；

（15）点击页面右边上方"频度"选择月报，"年度"选择当前年，"月份"选择当前月份前一月；

（16）点击"企业成本明细表"，在弹出页面点击"导入"按钮，在弹出窗口选择对应的模板文件，单击"打开"后上传，导入成功后点击"返回"按钮。

至此，一个完整的流程分析过程便宣告完成。

2.2.2 数字员工的设计过程

随着 AI、RPA、低代码等技术的发展，数字员工的设计过程也在不断变化，大体经历了批处理脚本编程、VBA 宏编程、RPA 低代码拖曳、AI+RPA 智能化构建四个阶段。

批处理脚本编程阶段通过使用代码生成 .bat 等批处理脚本，可实现系统的定时开关、日志的处理、文档的移动等，其构造简单，但缺乏处理复杂任务的能力。

VBA 宏编程阶段一般使用 VBA（visual basic for applications）语言，实现 Windows 应用程序的扩展功能，特别是 Office 的相关功能，如 Excel 单元格数据的处理及复制等。

前两个阶段更多涉及基于编程语言实现某种自动化的任务的内容，更多依赖研发人员的开发。

RPA 低代码拖曳阶段基本摒弃了传统的依赖研发人员开发的方式，充分利用 RPA、低代码等技术，实现了拖曳式构建数字员工，可以应对各种流程自动化场景，如流程的自动审批、跨系统数据搬运等。

在 AI+RPA 智能化阶段，OCR、NLP、自动语音识别（ASR）等人工智能技术逐渐成熟，开箱即用的 AI 能力搭载可拖曳式的流程设计方式，数字员工的应用场景也不断延伸，可应用于票据的识别录入、合同的要素抽取及填报、客服文本质检等 AI 场景，极大地推动了数字员工的发展。

目前，在进行数字员工设计时，选择合适的数字员工设计平台是第一步。主流的数字员工的设计已经基本摆脱传统的编程方式，更多的是利用低代码设计平台快速构建数字员工。国内主流的数字员工设计平台基本功能较为类似，都包含较为丰富的原子组件、低代码或者无代码的设计方式、AI 集市等内容，支撑数字员工的生产。

1. 数字员工设计平台（见图 2-5）

设计平台的主要功能是规划定制流程，即设计数字员工的开发工具，包括众多原子组件，要求能够基本满足日常流程需要，通过原子组件的相互配合，完成系统切换、数据抓取、信息传递等工作流程设计，从而实现多种业务流程自动化，涵盖医疗、能源、电商、政务等多个行业，能够处理财务管理、人力资源、库存管理、销售管理等场景的任务。

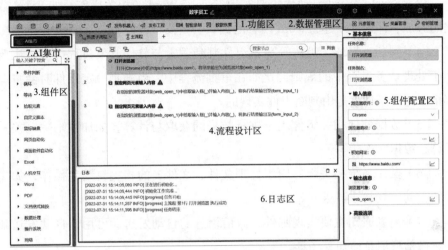

图 2-5　数字员工设计平台

1）功能区

包括数字员工设计过程中需要保存、运行、调试、撤销、恢复、重做、发布机器人、发布工程、智能录制等功能。

2）数据管理区

包括管理数字员工设计过程中产生的各种数据。

3）组件区

组件区包含丰富的原子组件，包含网页自动化、桌面软件自动化、鼠标键盘自动化、Excel 与 Word 自动化、数据处理、消息通知、网络自动化等，覆盖了用户场景的基本需求。

（1）网页自动化主要实现浏览器的相关自动化操作，如网页的访问、切换、按钮的点击、文本框的输入、浏览器数据的获取等，同时支持 Chrome、Edge、火狐等常见的浏览器类型。它能够实现多种基于浏览器的业务场景，如流程审批、客户信息录入等。

（2）桌面软件自动化主要实现桌面客户端的相关自动化操作，如客户端按钮点击、输入框输入、窗口置顶、内容获取等。典型应用如微信消息的发送、飞书的打开等，鼠标键盘自动化实现了基础鼠标键盘功能，可根据鼠标点击位置、按键类型、键盘输入，模拟人工操作的实际情况，如键盘输入"搜索"、鼠标左键点击。

（3）Excel、Word 自动化主要实现 Excel、Word 的相关操作，如 Excel 数据的添加、筛选、新建，Word 内容的编辑、查找、替换等。

（4）判断、循环、等待等逻辑组件判断逻辑与软件开发过程类型，主要用于处理业务过程中的规则，比如在审批流程中，当满足一定条件时会自动审批，这个条件就是由判断组件实现的。

（5）数据处理相关组件用于进行数据的获取与计算，如加减乘除、关系运算、数据库连接等。

（6）操作系统相关组件用于处理文件、文件夹的相关自动化操作，如文件的移动、复制、解压缩等。

（7）消息通知主要实现邮件、微信消息的自动发送，可用于自动发送邮件、微信群消息通知等场景。

（8）网络自动化提供数字员工与已有系统间的数据传输入口，如 get 请求、post 请求等。

4）流程设计区

流程设计区用于设计数字员工的具体流程，用户可拖曳左边原子组件进入流程设计区，即可按照顺序搭建流程，无须编写代码。

5）组件配置区

组件配置区显示组件的基本信息、输入信息、输出信息和高级选项，拖曳进入设计区域的原子组件在此区域进行相关参数的配置。

6）日志区

日志区用于展示流程执行时的过程日志，如果设计过程出错，则日志会显示失败情况及原因，能够帮助用户解决定位问题，实现流程的快速调试测试。

7）AI 集市

AI 集市具有丰富的 AI 能力，可以将原始非结构化数据转化为结构化数据，并与其他原子组件结合完成智能化流程设计。AI 能力集市包括文字识别、自然语言处理、智能语音处理等。其中，身份证识别、营业执照识别、火车票识别等文字识别功能契合使用者所需，可智能提取文本内容；情感分析、关键词提取等自然语言处理功能可利用人工智能提取相关信息实现精准判断；智能语音处理包括语音转写功能，适用于语音质检、会议访谈等场景。AI 技术赋予数字员工大脑，为数字员工提供基础认知能力。

2. 数字员工的设计

设计数字员工时，需严格按照流程分析结果，依次设计数字员工执行步骤。数字员工的设计包含两个阶段：基础流程设计和流程测试运行。

在基础流程设计阶段需要根据流程分析结果，利用数字员工设计平台进行流程步骤的设计。下面，以"百度搜索数字员工"为例，介绍基础流程的设计过程。

首先，打开百度页面，将"打开浏览器"原子组件拖入流程设计区，在组件配置区中填入需要访问的网址"http://www.baidu.com"，如图 2-6 所示。

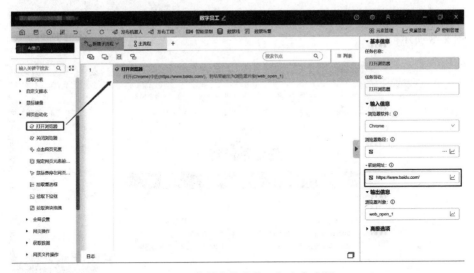

图 2-6　"百度搜索数字员工"生产步骤一

接下来，点击"登录"，进入登录页面，将"指定网页元素输入内容"拖入流程设计区，在组件配置区进行信息配置，点击 ，拾取需要输入的对象，如图 2-7 所示。

图 2-7 "百度搜索数字员工"生产步骤二

进入百度页面，光标悬浮至搜索输入框处，通过 Ctrl+ 点击拾取元素，如图 2-8 所示。

图 2-8 "百度搜索数字员工"生产步骤三

拾取到的元素信息如图 2-9 所示。

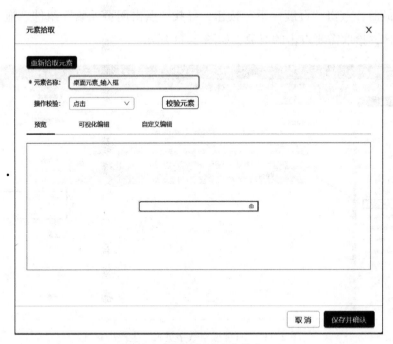

图 2-9　"输入框"元素信息

在"输入内容"中填入"数字员工"，完成组件配置，进行下一步操作，如图 2-10 所示。

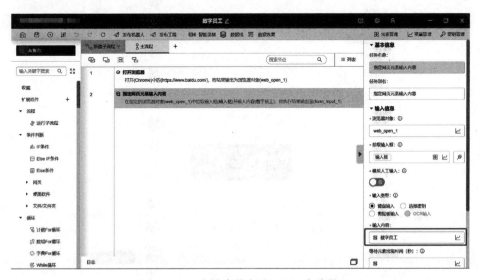

图 2-10　"百度搜索数字员工"生产步骤四

最后，点击"百度一下"按钮，寻找"点击网页元素"组件，拖入流程设计区，拾取需要点击的对象，如图 2-11 所示。

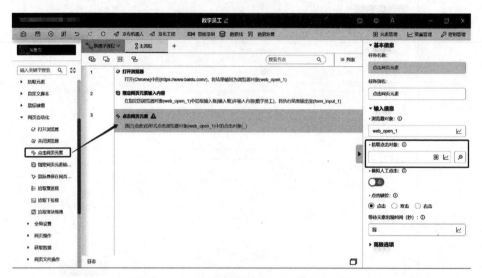

图 2-11 "百度搜索数字员工"生产步骤五

拾取"百度一下"按钮，其操作过程与之前一致，拾取到的元素信息如图 2-12 所示。

图 2-12 "百度一下"元素信息

　　至此，一个实现快速搜索的简易数字员工宣告设计完成，点击启动，即可进行效果查看，如图 2-13 所示。

图 2-13　"百度搜索数字员工"生产步骤六

　　在数字员工正式发布前，还需要对其进行系统性的测试，以确保数字员工的稳定运行。完整、系统的测试有利于验证执行结果，覆盖业务场景和业务规则，使潜在的功能性或者业务性的风险得以规避。在流程测试阶段，设计人员需要通过制订完备的流程测试方案保证基于数字员工的业务流程能够正常工作，业务能够正常进行。

　　首先，环境准备。数字员工的运行依赖系统环境，所以，环境的准备至关重要。高度一致的环境可以提高效率，减少许多不必要的流程配置、切换和测试时间。数字员工涉及众多第三方系统的交互，测试环境和生产环境可能在系统和数据上都存在差异，因此要尽可能地使测试环境与生产环境保持高度一致性。测试环境往往缺少数据，数字员工的流程在少量数据甚至无数据的情况下，并不能很好地进行流程配置和稳定性测试，因此需要在测试环境中提供充裕的数据以供测试。数字员工有可能会涉及多个系统登录账号的问题，在不少系统中，不同的账号进入后因为权限不同，所看到的界面也不同，最好在测试账号和生产账号中提供机器人专属账号。

　　其次，制订测试方案。确定流程测试的时间和范围十分重要，之后，需确定与配合部门的测试分工和沟通机制。然后，确定数字员工实施团队的人员组成和分工，确定项目现场人员、后台支持人员、业务人员和系统人员名单。最后，需要确定测试工作计划和测试用例。测试环境往往缺少数据，而数据又恰恰十分重要，因为流程在少量数据甚至无数据的情况下并不能很好地进行配置和稳定性测试，所以，必须尽可能让用户提供在测试环境下充裕的数据以供测试。

最后，进行测试问题跟踪与解决。不可避免的是，数字员工在流程测试过程中会遇到来自软件配置、节点对接等方面的问题。所以，项目人员需要在测试过程中对发现的问题及时进行持续跟踪和记录，以优化流程细节，为上线试运行做好准备。通过编制"流程测试问题跟踪表"，相关人员可以及时发现流程运行中的问题，获取使用者反馈的意见，并针对意见制订解决方案，持续跟进问题的解决动态，直到问题解决、状态关闭为止。

测试主要分为内部自测阶段和业务测试阶段。内部测试阶段主要通过自测和交叉测试及早发现并解决问题。而业务测试阶段一般同用户验收测试（UAT）同期进行，该阶段由于涉及测试环境和生产环境的切换，所以要认真对待。由于生产环境和测试环境都会存在差异，所以流程设计人员要对流程代码不断进行调整。

2.2.3　数字员工的发布

经过以上的设计过程，一个处理某种流程自动化任务的数字员工便生产完成了，接下来就是数字员工的发布。点击"发布"，添加数字员工描述信息，数字员工便发布完成了，如图 2-14 所示。

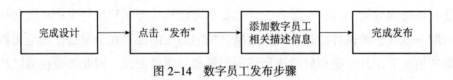

图 2-14　数字员工发布步骤

数字员工发布时，需要添加数字员工的一些描述信息，主要有以下几项内容：

- ◎ 数字员工的设计者；
- ◎ 数字员工的版本；
- ◎ 数字员工的简介；
- ◎ 数字员工的环境依赖。

数字员工发布时，需标明数字员工的来源，明确设计者，这有利于数字员工在使用过程中发生问题时能及时寻找帮助，制订解决方案，数字员工的设计者一般通过设计平台自动生成，无须用户编辑。

数字员工的版本也很重要，一个用于处理某项流程任务的数字员工并不是一成不变的。随着系统的升级、业务需求的调整、环境的变化，抑或是数字员工发生故障，这些情况均需要对数字员工的流程进行优化、迭代。数字员工流程的每次变更，均代表着其版本的变化。明确数字员工的版本信息，有利于监督数字员工的进展，观察数字员工的成长历程，归纳总结数字员工设计时的缺陷与不足，为后续的数字员工生产提供支撑。

数字员工的简介用于描述数字员工的应用场景、可处理业务的范围及内容。简介的表现形式包括文字描述、视频介绍等。若简介描述不清晰或简介缺失，员工在使用数字员工时，则需要不断向设计者咨询该数字员工所适用的场景，以致浪费大量时间。清晰的简介描述，有利于快速精准地选择需要的数字员工，从而大大降低时间及人力成本。

数字员工实际执行的环境依赖包括两个部分：包依赖和软件依赖。包依赖为数字员工在设计时调用的 Python、Java、C++ 等依赖包，此部分可由数字员工设计平台自动打包、部署，无须用户操作。软件依赖为数字员工在执行时需要的软件环境，如处理 OA 流程时需要的浏览器版本，处理财务流程时需要的财务软件、Excel 版本等。由于数字员工是基于具体的应用软件生产出来的，所以明确的软件类型、版本也是数字员工发布时的核心要素。

通过添加设计者、版本、简介、环境依赖等要素的描述，一个完整的数字员工便可以发布，供企业员工使用。

2.3　数字员工是如何实现的

2.3.1　数字员工的环境准备

虚拟形态的数字员工（AI+RPA）本质上是桌面自动化软件，在执行时需要依赖执行环境，因此环境的准备显得尤为重要，是数字员工能否顺利执行的关键。执行环境又分为硬件环境、软件环境、网络环境。其中，硬件环境包括 CPU、内存、硬盘、显示器等，软件环境包括操作系统、办公软件以及其他软件，网络环境为可从网上获取的资源，如图 2-15 所示。

1. 硬件环境

通常情况下，数字员工对硬件环境要求较低；绝大多数情况下，企业可正常使用的计算机均支持数字员工的执行。具体的硬件指标可以参考如下清单。

CPU：4 核 1.8 GHz 64 位及以上；

RAM：8GB 及以上；

硬盘空间：128GB 及以上；

显示器：1920×1080 分辨率最佳。

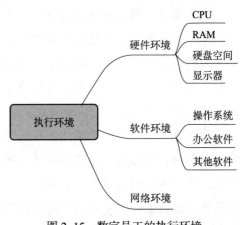

图 2-15　数字员工的执行环境

此外，当场景需要 AI 能力时，需要特殊考虑。若是接入 SaaS 化的 AI 能力，一般无须进行硬件准备；若是需要私有化部署，则需要额外准备高性能的计算机——硬件的需求与 AI 能力类型相关，需要依据实际场景进行定制。

2. 软件环境

1）操作系统

数字员工可以运行在当前主流的操作系统上，如 Windows Server 2019、Windows Server 2016、Windows Server 2012 R2、Windows Server 2008 R2 SP1、Windows 10、Windows 8、Windows 7。

2）办公软件

在办公软件上，数字员工支持 Office 365、Office 2019、Office 2016、Office 2013、Office 2010、Office 2009、WPS 2019、WPS 2016 等软件版本。

3）其他软件

大多数数字员工运行在实际的软件上，如浏览器、桌面软件，浏览器支持 Google Chrome 浏览器 50+、Firefox 浏览器 69+、Internet Explorer 浏览器 11+、New Microsoft Edge 浏览器 96+、360 安全浏览器 13+、360 极速浏览器 21+ 等版本，桌面软件根据实际的场景进行准备。

3. 网络环境

如果数字员工部署在企业员工本地计算机上，那么不需要网络也可直接使用；若是部署在企业内部服务器或公有云服务器上，则需要连接局域网或者互联网。

2.3.2　数字员工的部署

组织在部署数字员工时，需要考虑数字员工的不同应用阶段，以便采用不同的部署模式。

1. 场景化数字员工部署

企业刚开始了解数字员工时，一般通过引入少量的数字员工观察数字员工的实际运行成效。少量的数字员工部署方式较为简单，可以考虑直接部署在企业员工现有的个人工作计算机上，由数字员工提供商直接提供数字员工的安装包，企业员工在获取安装包后，选择直接一键安装，会自动安装数字员工运行过程中需要的程序。

2. 数字员工执行器和管理器部署

企业在引入大量的数字员工时，数字员工的统一管理显得尤为重要。在此阶段，拥有较多的数字员工时，企业一般需要部署数字员工的执行平台与管理平台。执行平台用于执行各种各样的数字员工，可部署在员工的本地计算机或者云端服务器中。管理平台用于数字员工的统一管理，一般部署在企业的服务器中。

3. 数字员工生产管理平台部署

企业可以自主支撑流程的设计、生产、管理时，可部署整个数字员工平台。完整的数字员工平台包括设计器、执行器、管理器三个部分。其中，设计器是数字员工的设计平台，可利用可视化界面设计出各种自动化流程，一般部署在企业数字员工设计人员的个人计算机上。执行器是数字员工的执行平台，可以执行多种数字员工，根据实际情况，可以部署在业务人员的个人计算机或者云端服务器中：个人计算机采用有人值守的运行方式，云端服务器采用无人值守的运行方式。管理器是数字员工的统一管理平台，用于监控、调度所有的数字员工，通常部署在云端服务器中。

2.3.3　数字员工的工作方式

数字员工就像经过培训的自动化团队成员，可以像员工一样执行业务流程，效率更高，且不会出错。只要预先设计好使用规则，数字员工就可以模拟人工进行复制、粘贴、点击、输入等操作，协助人类完成大量"规则较为固定、重复性较高、附加值较低"的工作。企业在进行数字员工部署时，不需要改变其现有的信息系统，从而可以避免遗留系统冰山。未来，大多数行业都将应用数字员工，并利用智能自动化帮助业务流程的各个阶段实现自动化，包括机器人流程自动化、自然语言处理以及其他认知技术。

数字员工在实际工作时，本质上是解析与编译流程步骤数据，从而实现按照既定的流程自动化执行。通常，在数字员工的设计平台上一键启动，无须其他复杂过程，即可稳定、快速地执行自动化流程，如图 2-16 所示。根据业务场景的需求，数字员工可分为无人值守数字员工与有人值守数字员工。

图 2-16　数字员工执行平台

无人值守数字员工，顾名思义，即数字员工的工作过程中无须人为干预。无人值守数字员工能自行启动工作，业务人员可以自由设置触发方式。触发方式包括定时触发、邮件触发、触发器触发。其中定时触发是根据设定的工作计划触发数字员工的运行，支持单次或者周期性（每天、每周、每月、每年以及自定义时间）工作；邮件触发为当接收到某封邮件时即自动执行，可对邮件信息进行规则制定，如发件人邮箱、邮件主题、邮件内容；触发器触发适合根据设置的触发器规则执行，主要用于文件的变动（新增、删除、修改、重命名等）。

无人值守数字员工通常会根据触发条件自行触发，并以批处理模式连续完成相关工作，在理论上，机器人可以 7×24 小时全天候执行操作。无人值守型数字员工常应用于后台场景，如数据的获取、计算、修改等，业务人员可随时查看数字员工的运行次数、执行记录。

有人值守数字员工，顾名思义，即数字员工工作过程中需要人工干预。数字员工在工作时需要接收员工的执行命令或者经过数据输入、流程确认等过程，才可以顺利执行。此类数字员工一般工作在业务人员的个人工作计算机上，依赖与业务人员间的交互。

2.3.4　数字员工带来的变化

数字员工的引入给员工、企业都带来了新的变化。

对员工来说，数字员工可以辅助完成重复、固化的工作任务。在数字员工执行任务的期间，员工的精力得以释放，可将更多时间投入关键结果的任务确认以及一些更高价值的工作。对企业来说，员工与数字员工的相互协作模式将成为未来的发展趋势，企业在享受数字员工带来的红利的同时，也需要提高管理数字员工的能力，规划企业未来人才战略。

下面以前文介绍的 G 集团财务数据同步数字员工为例进行说明，其整体业务概览如图 2-17 所示。

图 2-17　财务数据同步业务概览

原来整个业务流程需要人工参与完成，而现在可以通过数字员工与人工相互协作而完成，具体的协助内容如表 2-1 所示。

表 2-1 "数据同步"协同工作

	系统登录	数据采集	数据核算	数据填报
财务人员	启动数字员工，配置账号信息	无须参与	无须参与，核算完成后人工确认	无须参与，填报完成后人工确认
数字员工	自动访问登录	自动下载数据	按照指定规则完成数据核算	自动填入系统
运维人员	通过可视化数字员工管理中心监控数字员工工作状态			

由表 2-1 可以看出，引入数字员工后，普通员工在处理数据同步业务时，主要负责数字员工的启动（固定任务可以通过计划任务定时启动）以及关键信息的确认，而数字员工负责过程中主要的固化的流程性任务，与此同时，需要运维人员对数字员工的运行状态进行实时监控。

通过上述具体案例可知，在引入数字员工后，财务人员的时间精力得以解放，其工作内容也发生了新的变化，即拥有更多时间洞察数据的变化，分析变化的根本原因，进而提出持续改进的建议，帮助企业管理层及时制定改进策略。

2.4 数字员工是如何管理的

企业最初应用数字员工时，数字员工一般分布在各处，无法进行统一管理。数字员工管理平台则提供了管理功能，如图 2-18 所示，可以帮助企业实现数字员工的统一监控、调度，同时支持后续数字员工的维护。

2.4.1 数字员工监控

企业在招聘到一批员工后，会针对员工的不同岗位进行不同的岗位培训，

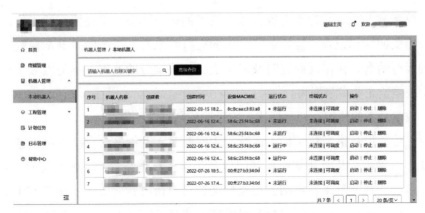

图 2-18 数字员工管理平台

其目的是教会员工完成某项任务。培训结束后，企业对员工并非放手不管，相关管理者还要了解员工的日常工作完成情况以及在工作过程中是否遇到问题。数字员工也是如此，企业需要对数字员工进行监控，其目的主要有两个：一是可以观察数字员工的执行情况——是否可以正常运行；二是了解数字员工的实际工作价值——为企业完成了多少项工作。

数字员工的监控一般是通过数字员工管理平台实现的，数字员工管理平台一般具有监控中心的功能，监控中心包含数字员工实时监控、效益分析等，展示效果如图 2-19 所示。

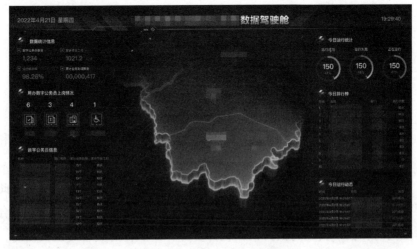

图 2-19 数字员工监控中心

数字员工实时监控主要查看数字员工的运行状态、正在执行的工作内容以及历史的执行记录。监控数字员工的运行状态有利于企业时刻掌握数字员工的运行情况，在出现问题时及时发现，加快响应的速度，避免因数字员工发生故障给企业带来损失。

数字员工的监控有两种形式：主动监控与被动响应。

主动监控是指当数字员工运行发生问题时，管理平台自动探测到这个问题并发出警告，及时通知业务部门以及运维人员进行处理。尤其是对 7×24 小时运行的数字员工，自动监控巡检功能可对所有数字员工实施 7×24 小时自动巡检，一旦出现中断就会及时报警，并且可以根据业务紧急度设置报警级别和方式。对于业务影响度高的，可以设置电话报警，第一时间通知流程负责人，及时介入修复。对于业务影响度不高的，可以设置邮件、单据报警，通知流程负责人，修复后的数字员工可以继续正常运行，这对于业务来说是无感的，因而是数字员工长久发挥作用非常重要的保障之一。

被动响应是指当业务用户发现数字员工未按照预期提供工作成果，或者发现数字员工中断执行时，可以将问题上报给数字员工运维团队，由运维团队现场或远程解决问题。

当企业引入数字员工后，需要对数字员工的执行成本、收益进行分析，从而确定数字员工的投资回报率。其主要指标包括执行次数、运行时长、处理业务数量、节约工时、节约成本。通过上述可量化指标，有助于确定企业数字化转型的战略方向，推动数字化进展。

2.4.2 数字员工调度

数字员工调度是指根据任务内容，合理安排数字员工执行工作任务。通常，数字员工会处理各种各样的工作任务，为了更好地提高数字员工的利用率，需要任务编排、任务队列管理等能力的支持。

在面对一些较为复杂的流程任务时，需要多个数字员工协同处理。此时需要按照任务的顺序拟定任务之间的依赖关系，从而实现对数字员工的合理编排。同时，数字员工的执行依赖软件资源，当执行的数字员工较多时，需要对数字员工进行优先级排序，以保证优先执行较为重要的数字员工。

在一些不能完全实现任务自动化的场景中，需要人和数字员工配合工作。所以，更好的任务编排应该将人的任务和数字员工的任务无缝编排在一起。这就需要数字员工的管理者以更高的视角看待企业中的流程，一方面需要管理"人"，另一方面需要管理"数字员工"。通过数字员工管理平台对数字员工的任务进行统一编排，可通过可视的方式进行管理，解决企业中人与数字员工流程分散管理的问题。

在设定调度任务时，需要确定任务的执行计划，如执行时间、执行频率等，然后根据任务需求，编排数字员工。为方便随时随地调度数字员工，数字员工平台提供了移动端调度的方式，可通过手机一键启动，如图 2-20 所示。

图 2-20　移动端调度中心

2.4.3　数字员工维护

数字员工被部署上线后，其能否稳定运行需要依赖业务流程的固化和交互系统的稳定，但实际上业务的拓展、战略目标的转变都可能涉及业务流程和交互系统的改变，这就需要经常对数字员工进行维护。数字员工的实施是一个持续演化的过程，并不是只要部署好就大功告成。Pegasystems 对全球 509 名决策者进行的一项调查显示：87% 的受访者在一定程度上遭遇了数字员工故障；41%的受访者表示，在持续进行的数字员工管理上花费的时间和资源比预想的多。通常，对数字员工需要进行维护的原因主要有以下几点：数字员工运行故障、信息系统或软件升级、企业流程需求变更。

数字员工维护有被动维护与主动维护。被动维护，顾名思义，是指当数字员工运行发生故障时，运维人员对数字员工开展的故障排查、问题定位。

而主动维护一般指企业流程变更时，主动进行的数字员工升级。信息系统或软件升级不一定是企业的自发行为，也可能是软件厂商进行的产品迭代，这种情况一般包括主动维护与被动维护两种方式。数字员工的维护应注意以下几点：

1. 进行日常维护，减少突发故障

数字员工依据预先设定的程序与现有用户系统进行交互，并完成预期任务。在正常情况下，数字员工可 7×24 小时不间断工作，全年无休，从而节省人力成本。然而，长时间持续工作，会加速计算机设备的损耗，增加故障发生的可能性。此外，数字员工自动处理数据提高了数据录入的准确率。在理论上，只要指令不出错，数字员工就不会录错数据。这往往使企业十分信赖数字员工。但正因为数字员工基于特定指令进行批量操作，若某项指令或程序出现错误，数字员工输出结果的错误率将成倍放大，从而严重影响人员决策，甚至可能造成不可估计的后果。因此，计算机硬件设施和软件工具的日常维护是必不可少的工作。

2. 查看操作日志，完善反馈机制

操作日志可帮助企业直观地看到数字员工有哪些异常操作，从而及时优化自动化流程，提高效率。数字员工平台通常会提供完整的操作日志，以跟踪、记录数字员工和用户在自动化系统中执行的每一步操作。企业维护人员应定期查看操作日志，记录每次维护时发现的异常情况，并建立问题日志和完善的问题反馈机制，将业务人员及 IT 人员的日常反馈收录在问题日志中，由项目负责人复核，与高层领导商讨解决方案。发现重大问题时，反馈人员可直接与项目负责人或高层领导进行沟通。

3. 根据运行反馈，优化数字员工配置

企业应树立随需应变、持续优化的观念，收集好数字员工运行过程中来自业务人员和 IT 人员的反馈，并进行优化解决，让数字员工业务流程更加贴合业务发展、更加高效。优化升级数字员工，可以从问题日志入手，调整数字员工配置，优化业务流程。对业务层面的问题，可以通过调整业务架构来

优化；对 IT 层面的问题，可以通过调整 IT 架构（包括数据架构、系统架构、集成架构）来实现。调整数字员工配置后，企业仍需持续关注项目的运行情况，以便进一步对流程、软件系统及管理进行优化。

数字员工运维是保证数字员工长期服役的至关重要的一环，但是实际上通过一定模式也可以做到低成本。以下三种运营模式可在一定程度上降低运维成本：

1）业务人员＋顾问模式

该模式适用于业务人员已经掌握了数字员工基本开发技能的企业。对数字员工的开发可以外包给团队，也可以由部门业务人员完成，这需要企业根据客观情况酌情调整。数字员工上线后，厂商或外包公司会根据流程数量及数字员工运行情况安排驻场顾问。顾问的职责主要是回答业务人员在开发数字员工时遇到的技术问题，其次是在数字员工发生故障时提供解决方案，以加速数字员工复工复产。

2）服务中心（service center）模式

该模式适用于在战略上决定大规模引入数字员工的跨区域性企业。由于数字员工技术本身对技术人员的经验和技能要求不高，可以考虑将服务中心设置在一些人力成本低的城市，通过"远程 + 差旅"的模式进行数字员工的运营。高效、低成本、可持续性得到充分保证的同时，也可对后期数字员工的优化管理起到促进作用。

3）数字员工专员岗位模式

企业可以在业务部门或者 IT 部门设置数字员工专员岗位。这个岗位的职责就是了解各部门的业务流程，不断收集新的需求并将其落地，同时根据数字员工特有的一些属性优化业务人员提交上来的业务流程，从而使自动化后的业务流程更简洁、高效，易维护、扩展。实际上，数字员工专员岗位不局限于设置在 IT 部门。目前，很多企业更倾向于将数字员工专员岗位设置在业务部门或横跨多个业务部门。因为 IT 部门更多的是关注数据流层面的后台运营和维护，针对前台业务流的把控度并不是很高。若将数字员工专员岗位设置在 IT 部门，在一定程度上会造成数字员工专员与业务人员彼此消耗的情况，不能充分体现数字员工的应用效果。

在应用较多数字员工的中大型企业中，可通过建立数字员工卓越中心（CoE）来降低运维成本。完整的 CoE 团队包括：管理层，如业务方高层、管理人、项目经理；实施层，如方案架构师、业务分析师、开发人员；支持层，如基础设施工程师、数字员工管理员、服务工程师，具体职责如表 2-2 所示。

表 2-2　CoE 团队职责

管理层	实施层	支持层
业务方高层（请确保数字员工的有效支持）	方案架构师（设计数字员工方案的体系结构）	基础设施工程师（负责服务器准备、安装、故障排除）
管理人（负责整个数字员工项目的健康进行，包括宣传、推动、管理等工作）	业务分析师（作为业务方流程专家，创建自动化流程定义和流程图）	数字员工管理员（负责管理、编排、控制数字员工，通过报告和分析不断提高性能，并合理分配资源）
项目经理（制订项目计划，项目全生命周期管理）	开发人员（负责设计、开发、测试，并为实施提供相关的软件）	服务工程师（部署、维护数字员工技术支持）

通过从业务、IT 等部门抽调专业人员，可对企业数字员工进行整体规划，对部门需求进行精细化筛选，对企业内数字员工进行编队管理，形成数字员工群，化零为整，灵活作战，从而大大降低实施应用成本，提高数字员工运营效率。

2.5　小结

本章介绍了数字员工的生产及工作原理，通过业务咨询及流程挖掘技术可快速发现企业运营管理过程中的数字员工需求。针对具体需求内容，开展流程分析，利用数字员工设计平台快速构建数字员工，可帮助企业员工完成重复、烦琐的工作任务。数字员工的执行依赖软件环境与硬件环境，完成环境准备后，即可进行数字员工的部署。根据企业需求，自主选择部署方式。数字员工投入使用后，还需要对其进行统一的监控、调度、维护，以保障数字员工安全、高效运行，提高业务流程效率，实现企业流程的自动化。

第 3 章

数字员工在通用场景中的应用与案例

在企业的人力资源管理、财务管理、采购管理、合同管理以及客服管理这几大通用场景中，往往充斥着重复、烦琐、枯燥的工作流程，例如人力资源管理的简历筛选、财务管理的费用报销、采购管理的订单处理、合同管理的合同审查等，且人工操作容易发生错误，会给企业带来不必要的成本支出，企业大量员工囿于这些重复性工作之中，不利于企业的创新发展和员工个人的职业发展。如果应用 RPA+AI 技术，引入数字员工，代替人工完成这些工作，则可以实现部分工作流程的自动化，让员工投入更具有价值的工作之中，更好实现公司与员工个人的价值。下面将详细介绍人力资源、财务、采购、合同、客服这几大企业通用场景中的现存痛点、数字员工的应用场景以及对应案例，以帮助读者更好理解数字员工的应用。

3.1 人力资源场景

3.1.1 人力资源场景概况

人力资源管理（human resource management，HRM）是指按照企业发展战略的需求，对员工进行系统的招聘、培训、使用、考核、激励、调整等一系列活动，充分发挥员工的积极性，挖掘员工的潜力，从而为公司创造价值，以达成公司的战略目标。

近年来，人才争夺战愈演愈烈，越来越多的HR开始运用人力资源系统和数据库进行各项规划工作。传统的人力资源流程，在诸如招聘、入职、考勤和薪资以及个税管理等方面往往涉及大量的文书与流程管理工作。安永会计师事务所的研究表明，人力资源部门员工将大约93%的时间花费在重复性的工作上，65%的人力资源流程有可能实现自动化。

3.1.2 人力资源场景痛点分析

作为企业人才的把关者，人力资源部门除了为企业寻找合适的人力资源，还需要处理日常管理中所遇到的诸多挑战。这里列举5个常见的痛点，如图3-1所示。

图3-1 人力资源场景痛点

1. 招聘管理有关痛点

长期以来，受经济发展和城镇化的影响，中国城镇就业人口在不断增长。目前，随着中国大学毕业生数量的增加，产生了巨大的就业需求，这一状况给了人才招聘市场巨大的增长空间，同时也产生了若干问题，如批量招聘岗位耗时耗力、求职者质量参差不齐、招聘速度赶不上用人速度、招聘效率低下等。

2. 入职管理有关痛点

例如，在入职管理流程中，HR要为新入职的员工设置用户账户以及电子邮箱，并在入职后给其必要软件以及IT设备的访问权限。这些过程需要HR结合多个系统的数据完成，工作重复烦琐。

3. 考勤管理痛点分析

HR需要每月对员工的工作和出勤情况进行统计，并且核对他们的工时，这样做既费时又费力，而且效率低下。在员工较多的情况下，还很容易出现核对错误、出勤情况记录不清等情况。

4. 薪酬管理痛点分析

薪酬管理流程较为烦琐，是大多数企业不可避免、最重复枯燥的人力资源活动之一。一般需要定期输入大量数据，工作人员手动管理可能会发生错误。在工资核算方面，工资核算的流程要基于一定规则，这就不可避免地涉及大量的数据输入，如果公司有大量的员工，这个过程的业务量会非常大，耗时耗力。在工资单发放方面，HR 一般要手动处理工资以及大量邮件，此过程耗时耗力且效率低，还会出现发错或者漏发的情况。

5. 个税申报痛点分析

个人所得税申报流程较为复杂，纳税人很多，导致这个过程工作量非常大，每个纳税人都需要操作很长的时间，这也涉及大量的重复性操作，耗时费力，且烦琐复杂。在一般情况下，个人所得税的申报是通过自然人税收管理系统的扣款客户端完成的，因此有时会出现纳税人的个人所得税为零的情况，但是仍然需要 HR 登录客户端，逐一完成公司的个人所得税申报操作。

3.1.3 数字员工在人力资源场景中的应用

1. 招聘管理场景

随着企业规模的扩大，企业需要引进更多人才。人力资源部的工作人员每天都要登录各个招聘网站，对简历进行筛选、收集，人工操作不但耗时耗力，而且很容易出现疏漏。

数字员工可以帮助 HR 迅速发布招聘信息、筛选应聘者的简历，并告知应聘人进行复试，从而实现招聘的自动化，降低人工的工作量。

某些领域的数字员工可以辅助 HR 进行更加高效的招聘：一些招聘网站会自动发送面试请求，自动发送问候语，自动交换微信。B 招聘公司信息摘取数字员工会根据用户的要求，将相应的职位信息添加到 Excel 表格中。另外，有些数字员工可以登录 B 招聘公司网站自动打招呼。Z 招聘公司自动获取的数字员工能够实现个人信息注册，自动进行履历检索，并将其检索结果转化为数据档案，形成企业内部人才库。

2. 入离职管理场景

入职管理中，在前期，首先通过新员工将个人信息填补在个人信息模板，并发送到指定的数字员工的邮箱中，之后数字员工会对其进行模板信息的提取校验并自动批量录入。另外，数字员工可以自动抽调数据，并为新员工设置账户及邮箱，使新员工的入职更加便捷简单。在所有的操作完成后，数字员工还会将完成的情况汇总发送给相关管理人员。

而在离职管理中，数字员工可自动整合离职人员的数据，制作离职文件，自动撤销员工对系统的访问权限，防止人工操作有漏项，导致离职人员还能查看公司内部信息，防止信息泄露。同时，数字员工还可以帮助 HR 自动将员工档案信息输入系统，并分类管理，定期更新。

3. 考勤管理场景

数字员工可以实现数据的自动统计和验证。当数据资料出现异常时，数字员工会立刻向主管发出电子邮件，以便主管做出相应的调整，使其更加高效地管理员工考勤。另外，数字员工可以将员工打卡信息、企业出差、外出、请假等信息汇总到一起，形成考勤报告，从而提高效率，降低人力成本。

4. 工资单发放场景

数字员工可以从人力资源和员工管理、应收账款以及总账等系统中抓取数据，从而简化薪酬管理流程。工资核算的流程要基于一定规则，并且需要大量的人工，但是引入数字员工后，薪资、福利、奖励以及报销都可以由数字员工自动处理，在提高准确性的同时，也缩短了处理时间。在工作单发放方面，引入数字员工后，可自动将每个员工的工资从工资汇总表中准确复制到员工工资表中，同时自动发送邮件给员工，从而进一步提高效率。

5. 个税申报场景

在引入数字员工之后，可以从 Excel 表格中自动提取企业的资料，登录个人税务系统，进行零税额个税申报，并将申报结果录入 Excel 表格，如此循环，直至全部申报完毕。最后，通过电子邮件通知财务部门的财务人员进行核对。这样，才能使个人所得税的申报程序更加完善。

3.1.4 人力资源场景案例介绍

1. L 集团 IT 应用数字员工为人力资源账号管理实现减负增效

1）客户背景

L 集团是全球领先的 ICT 科技企业，较早提出智能化变革战略。集团主要对内提供服务的 IT 部门同样面临着如何实现数字化转型的全新挑战。

2）需求及痛点

集团的 IT 部门负责收集和落实整个集团内部的各类信息化需求，其下的 IT 指挥中心团队工作职责之一，则是负责集团近四万名员工、总计六万余各类账号管理工作，这些账号涉及一百多个下游应用系统的交互。

虽然员工入离职以及普通信息变更等账号运维流程已经实现了高度自动化管理，但是一旦涉及员工职级或职责的变化，由于关联到账号某些特殊信息的变更，这部分信息暂时无法通过自动链路进行传递。目前 L 集团通过邮件进行传递，随后由 IT 指挥中心团队专人操作，完成变更，新的人员信息才会同步出现在人力、OA（办公自动化）、CRM（客户关系管理）等相关系统内。

在实际操作中，需要一个工作人员值守邮箱，看到邮件后，打开邮件，摘录信息，复制粘贴到专用的表格，整理好后，打开一个或多个系统，根据信息进行勾选、翻页、配置，再进行一些细微的调校。长期以来，该项工作烦琐、没有太多创造性，不利于该岗位的员工自身的成长，同时也可能有响应不及时、人为失误的情况发生。

3）数字员工解决方案

为了准确高效地完成工作，同时尽量减少重复劳动对员工和组织绩效所带来的负面影响，集团 IT 指挥中心团队选择通过 RPA+AI 技术，在不对企业现有信息系统做任何改动的前提下，进行自动化部署。

针对以往需要投入人力重复进行的工作，数字员工实现了在完全无人值守的情况下自动运行，并在任务结束后发送邮件通知"主人"。其中包括：

（1）根据 HR 发送的外包转正人员信息进行账号及相应的转正操作。

（2）获取续聘激活码邮件，并做信息统计。

（3）每日 AD 账号（active directory，域账号）禁用检查。

（4）自动记录日常创建单号相关的单据。

（5）分析创建和禁用账号的 SLA（service-level agreement，服务等级协议）及其原因的月报。

4）应用成效

数字员工的引进使大量重复烦琐的工作被自动化模式代替，不仅大幅降低了员工的工作强度，还显著减少了各种人为错误的出现概率，很好地解决了人力资源部门所面临的痛点，大大提高了部门的运营效率。

2. K 集团人力资源部校招简历分配分发数字员工项目

1）客户背景

K 集团成立于 1999 年，是亚太地区知名的智能语音和人工智能上市企业。自成立以来，它一直从事智能语音、自然语言理解、计算机视觉等核心技术研究并保持了国际前沿技术水平；它积极推动人工智能产品和行业应用落地，致力于让机器"能听会说，能理解会思考"，用人工智能建设美好世界。

2）需求及痛点

公司组织发展与人力资源部是 K 集团的重点职能部门，负责全集团所有事业群（BG）、事业部（BU）及其他各部门的校招工作，为全集团校招的统一入口。校招工作分为春招、秋招和暑期招聘，每季招聘持续 4～5 个月时间，校招工作贯穿全年。

下面介绍组织发展与人力资源部招聘调配部的校招简历分配分发场景：

校招工作中，在牛客网上对于收集到的已通过条件判断的简历，需要定期按照规则分配给各 BG、BU，然后各 BG、BU 进行筛选，在规定的时间内，反馈简历的状态，对于第一次淘汰的简历，再通过一定的规则进行二次分配，通过邮件发送。

现实中校招工作人员需经常出差，分散工作，实时协作难，数据计算规则设置不统一、易出错，经常需要部分返工；Excel 数据处理量大，重复性高，效率低；BG、BU 通常招聘需求量大，两周进行一次分配、回收再分配，工作太紧张，员工压力大、流动大。

3）数字员工解决方案

校招简历分配分发数字员工的工作方式分为三步：

（1）前期配置。运行前，配置牛客网账户密码，通过邮箱发送账号；设定文件夹逻辑——固定存储位置，按"年月—BU、BG—招聘职位种类"三级创建文件夹名。

（2）下载简历进行首次分配。数字员工每两周自动登录一次牛客网下载简历，按照预设规则进行第一次分配，将结果保存在固定文件夹，业务人员确认无误后启动数字员工，自动发送邮件给 BU、BG。

（3）回收简历二次分配。业务人员更改规则配置选项后，数字员工自动将回收的简历二次分配，业务人员确认无误后启动数字员工，自动发送邮件给 BU、BG。

3. 应用成效

该数字员工自动进行数据计算，业务人员只需核对检查结果；分配规则统一设置和复用，方便管理，减少分散在各地的员工的沟通时间；数字员工自动发送邮件比人要高效准确。

使用校招简历分配分发数字员工后，规避了人为操作带来的风险，出错率降为 0，使效率大大提升。之前每月简历分配分发耗费 240 个小时，而使用数字员工后，用时缩短至 40 分钟，速度整整提升了 360 倍。数字员工开机自行工作，使招聘人员拥有更多的时间把控简历质量，为企业招到更多符合要求的高质量人才，从而推动公司快速发展，如图 3-2 所示。

图 3-2　数字员工应用成效

3.2 财务共享场景

3.2.1 财务场景概况

财务是企业中最耗费时间和精力的一项工作，即便使用了财务软件，财务数据实现了电子化、数字化，但仍然存在需要大量人工操作的问题。

回顾财务发展的历史，技术进步引发了财务的数次变革。会计电算化用小数据库、简易计算机软件取代了部分的人工核算工作，计算能力和存储能力得到了极大的提高。但是，传统财务存在运作模式分散、作业流程不同、信息传递方式基于纸面、人工操作简单重复等现象，使得财务数据的采集与处理无法做到实时、全面，无法对财务进行有效的风险控制，无法为企业的管理层提供决策依据。

3.2.2 财务场景痛点分析

1. 发票处理与财务对账场景痛点

发票的处理比较复杂，而且需要大量的重复操作，手工输入的数据往往会占用财务人员大部分的时间和精力，既无竞争力又无趣，而烦琐的记录和管理工作更是耗费了大量的人力，新手还会因为对业务不了解而造成法律风险。在财务对账方面，财务人员要根据应收账款、银行发票、流水等资料信息，将 ERP（企业资源管理）系统中的应收和实收进行核对，并将对账提示发给有出入的客户。可见，此流程数据处理繁多，人工核对工作量大。

2. 费用与报销场景痛点

在传统的费用报销和核算工作中，经常存在高度重复和低复杂性的活动，不但消耗了员工大量的时间，而且手动处理数据的错误率高，合规性和审计效率较低。

企业制定了发展战略和规划之后，不能控制的刚性成本已基本确定，留给财务管理者管理的费用就是业务招待费、差旅费、办公费等"可控"费用。

但在实际经营中,这类费用的管理往往是不"可控"的,如虚假报销、高税务风险、低效率、预算超支等问题常常困扰着财务人员。

对于员工来说,尤其是外派人员、销售人员、部门助理等大量需要报销费用的人员,在报销过程中,须按照公司和法规政策,提供报销依据、填写报销单据,不但耗时耗力、出错率高,还占用大量的时间。因此,在企业的费用管理过程中,透明合规、精细管控、降本增效、增强用户体验就成为核心目标。

3. 税务管理场景痛点

目前,我国企业的税务管理大多采用人工管理票据和人工算税的模式。不同于税务机关,企业最大的优势在于可以接触到完整的业务数据,然而由于所处行业的不同以及经营范围的不同,企业经常会面临各种各样的税务风险,如税率调整、税务申报等。此外,工作人员手动完成这些流程,往往工作量大且效率低下,出错率也高,即使可以通过系统操作,也要跨系统进行,这就产生了人工耗费高的难题。

4. 应付账款场景痛点

这里以从采购到付款生命周期中常见的业务流程为例进行说明,如图 3-3 所示。

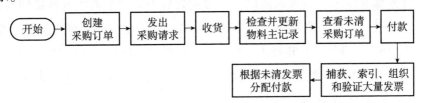

图 3-3　从采购到付款生命周期的流程

从采购到付款涉及供应商管理、对账、发票处理以及付款的整个过程,工作量大,复杂烦琐,耗时且效率低下。如果未能及时无误地采购商品或服务、接收商品并付款,可能会导致以下问题:

◎ 供应链中断;

◎ 与供应商关系紧张;

◎ 增加运营成本;

◎ 增加商品和服务成本。

5.财务报表场景痛点

当公司规模越来越大的时候，公司财务人员的工作量也会越来越大。集团总部每月都需要汇总各分公司、子公司的财务数据，并上报至相关管理部门，其中涉及大量的数据采集、数据汇总、汇率换算和差额核验等工作，整个过程耗时耗力，很容易出错。

3.2.3　数字员工在财务场景中的应用

1.发票处理与财务对账场景

1）发票核对场景

大中型企业一天要检查至少几百份的发票，每个员工要花至少 1 个小时的时间整理文件，既费时，又容易出错。而数字员工可使用 OCR 将纸质材料数字化，并将其存档。在不需要人工干预的情况下，RPA 能够自动审核发票、交易记录、录入、存储图像。该系统实现了对发票自动识别，对其进行了系统验证，并将其录入 Excel。

2）发票识别场景

财务部雇用多名财务人员以人工方式处理不同供应商的各种纸质发票、账单，此工作量大，输入资料容易出现差错，新手还会因为对业务不了解而造成法律风险。利用 OCR 技术，数字员工可以对不同的发票信息进行二次转换并将其录入系统，然后将发票的数据发送到指定的财务部门进行审计。

3）发票验真场景

面对大量的发票，银行需要分配专门的业务人员进行发票验真。数字员工可以自动识别并提取发票上需要校验的数据并登记到 Excel 表格，自动登录发票验证平台进行一系列校验查询，并自动记录查询结果。在数字员工的帮助下，银行可以对发票进行自动校验与审核，从而大幅提升工作效率与准确率。

4）对账场景

数字员工可以自动登录网上银行和 ERP 系统，将网上银行的收款额与ERP 系统进行自动比对，根据企业的定制需求，对账单进行自动输出，合并汇总，并将其上传到后台。在这一过程中，数字员工取代了人工，降低了统计误差，并大幅提升了工作效率，而且数字员工在无人在场的时候，可自动执行任务。

2. 费用和报销管理场景

利用数字员工，可以实现：

（1）利用 OCR、NLP、语音识别等技术，快速合规自助填报，一键创建报销单。

（2）与企业内部管理深度融合，通过智能审单实现企业内外部数据对接、预制审核规则、业务与财务衔接、预算与费用可控、财务合规快速审查，有效减轻财务审核人员烦琐冗杂事务。

（3）对接商旅平台，提供出差申请，让事后审批转换为事前审批，并支持免票报销，让对私业务转变为对公业务，减少发票审核工作，让风险更加可控。

（4）面向常见的报销政策进行语音智能问答，减少员工报销过程中的人工咨询工作量，能够快速响应员工问题，提升员工报销体验感。

（5）联合智能收单硬件实现票据实物流影像管理，影像文件除了 OCR 识别，还通过数字员工关联 ERP 系统，实现线上审批，可有效解决企业报销难、审核难、凭证管理难等综合性问题。

3. 税务管理场景

数字员工可应用于税务管理中日常事项、特定事项、公司治理等多个层级，适用于以下场景：发票开具、发票验真、抵扣凭据认证、税金计提、纳税申报、完税凭证处理、内部交易合同条款审核、税金分配预留表填列、对外支付备案申请、纳税信用等级查询、税务分录编制、税金差异处理、关联交易业务情况统计、公司法人信息库维护等。数字员工取代员工后，可以降低错误率并达到降低风险、提高效率的目的。

4. 采购到付款场景

引入数字员工可以实现流程自动化处理。首先，数字员工将有关信息进行扫描，并将请款单信息录入 ERP 系统（企业资源计划系统），对订单以及入库单信息进行验证核对，自动完成审核、数据录入和支付准备，然后提取支付申请系统的支付信息，最后进入资金支付系统进行支付。数字员工还可以把应付模块的凭证信息输入总账，进行账务处理。通过人工设定好对账触发事件，数字员工能够自动登录财务模块，查看供应商的资料并输出，将电子邮件发送给供应商，以此完成对账提醒。

5. 销售到收款场景

在销售到收款流程中，数字员工可以实现自动开票、应收账款对账以及收款核销等流程的自动化工作。在自动开票方面，数字员工可以自动捕获开票数据，实现开票自动化；在应收账款对账、收款核销方面，数字员工在获得应收账款和收款数据后，可根据相关信息自动对账，分别列出对账差异，如果对账正确，则进行自动账务核销。

6. 财务报表场景

引入数字员工后，可以自动导出系统数据、发送催收邮件、进行数据汇总并生成最后的财务报告，辅助集团公司的财务部门完成每月的报表汇总工作，通过自动化流程提高财务数据汇总的工作效率。原先需要平均花费三天左右且加班加点才能完成的工作，利用数字员工则只需 0.75 小时，从而最大程度地节约了财务人员的时间和精力。

3.2.4 财务场景案例介绍——K 集团财务共享中心资金对账数字员工项目合作

1）客户背景

K 集团本部财务共享中心是公司规划的大型职能部门，负责统筹各地所有财务事项的管理和制度建设。一般划分为预算组、资金组、税务组、审计组、总账组、核算组等，负责各自的业务模块。

2）需求及痛点

财务共享中心的资金对账场景：

资金组员工每月需要划分各自负责的银行账户，登录银行官网下载本月银行流水、电子回单，并一一对应匹配，然后去 SAP 中根据条件下载本月的财务凭证，进行资金流水与凭证的对账工作。

随着规模的扩大和业务的快速发展，公司会遇到一些新的挑战：新增的银行账户越来越多，流水量激增，每月处理数据量不断变大；整个工作流程烦琐、重复性高，极易使人疲劳，致使人员流动频繁；人工处理容易出错，需要返工，效率低。

3）数字员工解决方案

资金对账数字员工解决方案可分为以下四步：

（1）前期配置。运行前配置所有业务银行的登录账户和密码；设定文件夹逻辑——固定存储位置，按"年月—银行名称"两级创建文件夹名。

（2）下载银行流水和回单。数字员工自动登录每个银行账户，下载上一个月的交易流水和电子回单，并进行一一映射匹配，对于无法匹配的数据则报错，提示业务人员手工处理。

（3）下载财务凭证。数字员工自动登录 SAP 系统下载公司上个月的财务凭证数据。

（4）比对数据，提示业务人员。根据账号匹配资金流水和财务凭证进行对账，将 Excel 文档中标记不匹配的数据存储在共享文件夹下，留待业务人员自行查看处理，并联机自动打印匹配的电子回单。

该方案支持员工本地访问查看共享文件中的运行结果，避免数字员工运行时个人计算机无法使用、文件跨计算机转移等问题；同时支持账号密码修改和运行时间频率的灵活设置，降低变动风险和影响范围。

4）应用成效

资金对账数字员工上线后，可规避人为操作带来的风险，使效率大大提升。据统计，之前每月资金对账耗费 102 个小时，回单打印耗费 322 个小时，而使用数字员工后，资金对账缩短至 4.36 小时，回单打印缩短至 42 小时，速度分别提升约达 24 倍和 7.7 倍，如图 3–4 所示。

数字员工可持续 24 小时工作，不知疲倦，业务量再怎么猛增也不怕，可保证财务人员稳定，拥有更多的时间为制度和流程管理服务。

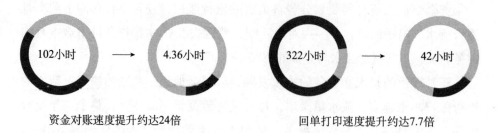

资金对账速度提升约达24倍　　　　　回单打印速度提升约达7.7倍

图 3-4　数字员工应用成效

3.3　采购场景

3.3.1　采购场景概况

采购是公司日常运作的重要组成部分。采购部主要负责采购各种原辅材料、配件，以保证公司正常的生产和运营。在企业经营发展过程中，如何有效地控制物料的采购成本，减少生产成本，是每个企业所面临的问题。

随着新一代信息技术（如大数据、云计算等技术）的不断发展，越来越多的企业开始运用新的技术手段提高企业的物资采购成本管理水平，从而增强企业的竞争能力。采购部的工作并不像人们想象的"买买买"那么简单，相比公司的其他部门，在数字化程度上稍显落后的采购部，更加需要数字员工作为帮手来处理采购过程中遇到的各种问题。

3.3.2　采购场景痛点分析

1. 订单采购场景痛点

负责库存和订单采购的工作人员需要登录业务系统，逐个检查不同仓储的库存水平，在筛选货物后交付库存清单。接着，在更新仓储之后，工作人员需要逐个填写采购订单、逐个确认检验，最后发送订单到物流供应商系统。现场库存盘点则需要耗费大量的人力、物力，且人工操作容易出现盘点数量不准确和产生延迟问题，难以实行准确的采购计划，从而对企业的生产造成负面影响。手动制作采购订单可能会发生订单信息不一致、订单处理延迟、输入资料错误、漏报等问题。而且，大部分工作由手工完成，通常成本高，很多订单信息数据的反复变更容易出现错误。此外，对于数据的处理很容易出错，而后可能会追加核查工作，这些大大降低了员工的工作效率，还会使公司的成本被迫提高。

2. 发票处理场景痛点

发票检查一般要求财务人员对发票进行核对，并将其结果上传，经负责人审核后，将发票标记为"已完成"。通过手工操作完成全部的查验过程，其弊端包括：一方面工作容易失误，导致核查遗漏，使效率无法得到提升，情况严重的，还可能给公司带来一定的损失；另一方面，这样枯燥乏味的工作会使员工丧失兴趣，从而降低创造性。

3.3.3　采购场景数字员工的应用场景

1. 订单采购场景

数字员工介入采购后能够自动登录业务系统，监控库存水平，生成报告，然后抓取货物交付清单。数字员工与公司客户关系管理系统可保持一致。根据该报表资料，数字员工可以通过电子邮件或订货网站向合适的供货商订货。只要采购经理发出监控通知并同意要求，数字员工就可以向物流供应商系统自动发出订单。

数字员工执行的时候，能够做到全天在线，24 小时实时更新库存，当缺货或高于库存上限时会生成报告，提醒缺货并自动填写发货单。这样就能够使企业对库存的管理时刻处于最佳状态，提供基于产品的全生命周期管理服务，为合作伙伴提供订单管理等服务，形成场景生态数据闭环。最后，数字员工还可以降低因原材料或存货不足而造成的销售亏损的风险，并保证公司可以对最优的存货进行管理，从而使公司在需求高峰和低谷时调节自身的供应。

2. 发票处理场景

数字员工通过搭载 OCR 技术，可自动识别、读取发票信息、验真，减少发票处理过程中 80% 的人工操作。如果字段匹配，数字员工可将发票自动过账到财务系统，并形成日志，如此操作效率高，省时省力。

3.3.4　采购场景案例介绍——数字员工助力 ×× 油田公司采购三单匹配自动化高效运行

1）客户背景

×× 油田公司是中国石化上游发展较快的油田企业之一，主要从事油气勘探、开发与油气销售业务。该公司内部组建了以公司机关、油气生产、研发和专业化管理为主的 21 个职能部门、6 个直属中心和 16 个二级单位，现有职工 3 900 人。

2）需求及痛点

"营改增"（营业税改增值税）的变化，让企业的增值税进项发票管理显得十分重要，财务部门每个月都需要一段固定时间完成发票核对、人工认证任务。业务部门完成采购订单的接收、检验、入库操作后，会提交正式发票；财务人员在收到纸质发票后，需要根据发票、订单、入库单等，人工匹配采购订单行项目、税率、供应商、价格差异、数量差异、物理发票号、公司代码等信息。在这种模式下，不仅涉及的岗位人员较多，还需要花费大量的时间进行人工匹配，特别容易出错，尤其是在"营改增"趋严和 2018 年推行商品和服务税收分类编码以后，其匹配难度进一步加大。如此一来，财务人员工作量巨大，耗时耗力，且易出现错误。

3）数字员工解决方案

数字员工融合 OCR 技术，对采购单、入库单和发票进行相关字段的自动识别和匹配，提取供应商发票信息，并在 ERP 系统中自动创建应付发票，自动按业务规则进行三单（指采购订单、收货单、发票）匹配——如果匹配，则在 ERP 系统创建付款申请，并监控付款审批流程，最后完成付款。此过程使用数字员工实现流程自动化，大量节省了财务人员多类型数据的重复录入，提高单据比对的效率和准确率。三单匹配数字员工业务流程如图 3-5 所示。

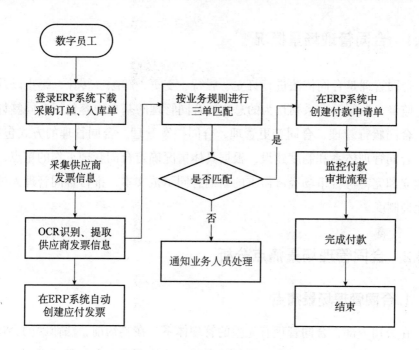

图 3-5　三单匹配数字员工业务流程

4）应用成效

此过程人工作业时长需要 8 小时，而使用数字员工作业只需 20 分钟；人工错误率 2%～ 4%，而运用数字员工错误率趋近于 0。数字员工的使用，大大减少了人工数据核对的工作量，确保了数据核对合规性和准确性，极大地提升了工作效率，如图 3-6 所示。

图 3-6　数字员工应用成效

3.4 合同管理场景

3.4.1 合同管理场景概况

合同管理是合同依法进行订立、履行、变更、解除、转让、终止以及审查、监督、控制等一系列行为的总称。合同管理的基本内容包括合同签订管理、合同履行管理、合同变更管理、合同档案管理。合同管理的方式包括：加强合同管理体系和制度建设，根据具体情况确定合同管理工作的重点，加速建立和完善符合市场经济需求的新的合同示范文本，推行合同管理人员持证上岗制度。

3.4.2 合同管理场景痛点分析

1. 合同管理场景痛点

在公司内部，合同管理有完整的管理体系。在签约前，法律顾问会认真审查合约，并建议修正。在合同执行期间，法律顾问也会对可能遇到的问题给出一定的提示。

但是，由于公司的法务工作繁重，不但要审查各种合同，还要解决争议、提供法律顾问等，导致工作效率很难保证，人工审核不可避免地会出现某些疏漏。

在大数据时代，企业的数字化转型速度显著加快，仅靠法务手动处理、人工审核已经不能适应企业的合同管理需要。

2. 合同审批场景痛点

在人工作业的情况下，合同审批场景的痛点主要有三个问题：

第一个问题是合同量大、人少，这就导致了人均工作量较大，工作内容繁重。容易导致员工工作效率降低，公司成本的提升。

第二个问题是合同审批流程慢、审核时间长，对于短期合同的签订容易造成效率的降低，使项目始终不能交付，从而降低公司营业效率，影响收益。

第三个问题是不同文档的风险审核项不同，对此企业往往需要安排多人交叉审核，以保证业务的合规性，为此需要投入更多人力和时间成本。

3.4.3 数字员工在合同管理场景中的应用

1. 合同审查场景

数字员工利用语义理解、知识图谱等技术，实现合同的一致性审查、缺失性审查、合理性审查、规范性审查，自动定位合同风险点，提示具体风险内容，并给出修改建议，构建机器预审、人工复核的人机协作模式；同时，统一了合同审查标准，保证了审查质量，提升了法务审查效率。

2. 合同审批场景

数字员工通过对合同的版面及结构分析、内容理解，自动将用户所关注的关键信息在合同文本的相应位置设为高亮显示，使用户一眼就能找到关键信息点，并快速审阅和审批，极大缩短了合同审批时间，大大提高了合同审批效率。

3. 合同比对场景

数字员工利用图文识别、语义理解、RPA 等技术，自动完成线上电子审批件与线下纸质扫描件的合同内容差异比对，并自动标出差异点位置，给出差异详细信息。数字员工实现人机协作的差异比对，提升了合同比对效率，保证了合同比对质量，可防范合同被恶意篡改的风险。

4. 合同管理场景

数字员工利用图文识别、语义理解、RPA 等技术，实现合同关键信息的快速抽取、准确录入。通过批量获取待归档的合同扫描件，抽取合同中的关键信息，形成合同摘要，并一键录入企业的电子档案系统，从而提升了合同的建档效率和录入质量。数字员工合同管理场景解决方案如图 3-7 所示。

图 3-7　数字员工合同管理场景解决方案

3.4.4　合同管理场景案例介绍——A 科技公司合同场景下的降本增效

1）客户背景

A 科技有限公司是一家人工智能创业公司，主要专注于大规模复杂问题的智能决策，利用 AI+ RPA 技术，打造出能在运营商、电商等行业中广泛应用的"智能助理数字员工"，从而助力政府和企业降本增效，从"劳动密集型"向"AI 密集型"转变，推动生产模式和业务流程的革新升级。

2）需求及痛点

该公司在传统人工核对合同方面存在的问题有：

（1）人工比对准确率无法保证，合同风险依然存在；

（2）有大量合同需要审核、比对；

（3）时间成本高，人工比对耗时长；

（4）人力成本高，从事比对工作的多是 211 高级法务人才。

3）数字员工解决方案

采用数字员工代替人工进行合同核对时，人工先将需要对比核对的合同拍照上传，数字员工利用图像识别、语义理解、知识图谱等技术，自动将需要对比的合同同模板合同对比，标识差异，自动定位合同风险点，给出修改意见，还可以自动生成文档以供员工查看。

4）应用成效

公司通过使用数字员工进行合同核对之后的成效有：

（1）效率提升 10 倍，数字员工不断进行深度学习，实现自动比对，标识合同差异。

（2）减少了风险，确保了零出错率，避免了巨大的损失，并辅助人工审核，从而达到降低企业风险的目的。

（3）提升员工价值，减少员工重复劳动，让员工去从事更高价值的工作。

数字员工合同场景应用的成本较低，只要完成一个数字员工的设定即可实现多人操作。在业务量不断增加的情况下，数字员工能够有效地操作业务，降低人力资本的投入，重新对人才资源进行合理的分配，从而激发企业的创造力。

3.5　客服场景

3.5.1　客服场景概况

在新媒体和新技术的快速变革浪潮中，对于不断经历客户交互体验模式成长演变的客服中心来说，其技术生态环境也变得越来越复杂，前端的多渠道和后端的多系统给客服带来更多挑战。客服领域应用数字员工，可以在一定程度上将人工客服的部分简单重复手工操作解放出来，从而更加专注于与客户的交互。早在 2019 年，国内就出现了基于 RPA 技术的客服生产系统操作自动化解决方案——主要针对多系统的大型客服中心。重复业务操作带来的人力成本和时间成本问题，可通过数字员工实现跨系统业务办理、跨知识库信息查询、多数据信息采集弹屏或填单等自动化辅助客服场景，优化业务流程、缓解业务积压、降低错误概率、减少效能损耗。

随着人工智能赋能产业升级的到来，客服领域智能应答能力快速迭代升级，发挥 RPA 与聊天机器人（chatbot）技术组合优势，可以打通前后台协作，进而在客服和客户交互的环节实现端到端智能服务体验，打造客服数字员工场景应用。

基于数字员工的智能客服解决方案在电商领域已有一定应用。在订单地址修改场景中，数字员工与客户交互并通过多轮对话确认要修改的订单地址，然后触发后台数字员工到订单系统指定页面查找工单并完成地址修改，返回结果给到聊天数字员工，反馈给客户确认。全程可自动处理且 7×24 小时随时响应，同时数字员工的灵活性和扩展性可以快速提升电商客服应对季节性促销的服务弹性，从而大大提升新零售行业的服务效率和客户体验。

3.5.2 客服场景痛点分析

1. 业务流程场景痛点

在流程业务办理方面，通信公司的痛点尤为明显。在流量办理、话费办理、短信办理、增加、取消等方面，用户办理套餐变更频率非常频繁，这使得客服在办理过程中经常需要在不同的系统间切换，增加了服务时间，既影响用户的体验，也降低了企业的服务效率。

2. 知识库自动查询痛点

知识库是客服系统的必备工具，许多大公司有自己内部的知识库。客服要想了解更多的信息，必须在公司的知识库中进行查询，但是很多企业内部的知识库却并不止一个。

比如大型 IT 公司，一般有解决方案知识库、法律条规知识库、演示视频知识库、FAQ（常见问题解答）知识库等，这些都需要客服自行搜索。另外，银行的一些知识库在使用了很多年之后，由于原本的技术已经过时了，想要进行整合和输出就变得非常困难，而且在不同的系统中进行检索，也非常麻烦。

3. 多数据信息查询痛点

在客服系统中，信息系统的整合是必不可少的，但是由于技术、管理等问题，使这个过程耗费了大量的人力、物力和时间。

比如每个月的话费查询，就会有大量客户通过手机对账单进行查询，包括套餐、流量、短信费用、历史账单等，极易出现错误。

3.5.3 数字员工在客服场景中的应用

1. 业务流程场景

通过数字员工对客服的相关操作进行采集和设定，对复杂的服务进行分析，并采用仿真技术代替手工操作，可使业务处理过程实现自动化。

在 RPA+AI 技术的支持下，客服数字员工可以对客户提出的问题进行快速查询并准确回答。在呼叫中心的工作中，将客户想要处理的事务通过自然语言的理解，直接交给数字员工进行执行，这是一种革命性的转变。以前的人工处理大概要 70 秒才能完成，而数字员工只需要 5 秒钟，这就意味着，在处理复杂任务的时候，数字员工比普通员工的工作效率更高。另外，采用数字员工，一个座位的平均工作效率相当于 12 个传统座位的工作效率，这对公司和客户来说都能够带来巨大的收益。

图 3-8　数字员工应用成效

2. 知识库自动查询场景

利用数字员工，可在相应的网页和节点上进行检索，结合客服系统的 NLP，对用户的问题进行自然语言的理解，将所需查询的问题进行解析，然后由数字员工在企业知识库中进行搜索，最后将这些问题汇总到一个页面，从而帮助客户快速解决问题。

3. 多数据信息查询场景

数字员工可以完全免除人工多数据、信息庞大的查询量，通过自动语音识别技术、文字识别技术等，识别客户的具体问题，随后数字员工可以自动登录企业的相应数据库系统，查找相应问题数据，然后将查找后的数据信息汇总整理到一个页面，协助客服快速查看，从而能够高效、准确回答客户的问题。

3.5.4 客服场景案例介绍

1. 需求及痛点

A集团是以非金融业务为主的电商生活平台，客户需要自建一套在线客服系统用于用户服务咨询。

其平台客服工作量比较大，客户单量大，容易出现漏接现象，且错误率较高。客户属于银行行业，按照监管要求，软件需符合银行安全规范管理的要求。另一方面，用户来源比较广泛，对于A集团来说，需要培训大量员工掌握标准化的话术，故所耗人力成本较高。

2. 数字员工解决方案

全渠道客服数字员工通过连接在线客服、文本质检、文本对话、工单管理数字员工等相关服务，提供API（应用程序编程接口）、SDK（软件开发工具包）等多种方式与客户业务系统及APP对接。

另外，数字员工通过标准化的流程，以及可以全天 7×24 小时的在线服务，可对简单重复的问题进行机械回复，从而降低人工客服的工作量。

3. 应用成效

该解决方案提供了在线客服接入功能，按照定制化要求，实现在线商城的多租户管理要求，为客户提供个性化服务方案。在业务高峰和非工作时间，对客户常见的问题使用数字员工进行接待，大量降低了人工客服的工作量，同时对于数字员工接待解决不了的问题，自动转到人工客服，由人工继续服务。

另外，按照银行要求做本地化部署，软件架构、接口、数据加密机制和存储都符合银行安全管理规范。最终，通过应用数字员工，实现了独立接待率提升至59%，服务效率整体提升至73%，数字员工加人工所带来的一次性解决率提升至97%，通过数字员工实现了大幅度的降本增效，如图3-9所示。

59%　　　　　　73%　　　　　　97%

数字员工独立接待率　　服务效率　　一次性解决率

图 3-9　数字员工应用成效

3.6　小结

　　本章介绍了数字员工可以应用到人力资源、财务管理、采购、合同管理和客服等相关场景中的情况。目前越来越多的行业场景中出现了"数字员工"的身影，它使得各种业务场景实现自动化，让大量的人力从枯燥、重复、乏味的工作中解脱出来，让员工能把更多的时间用在更有创造性的工作上。

第4章

数字员工在政务场景中的
应用与案例

4.1 政务行业概况

近年来，"互联网＋政务"服务在基层工作中的应用和推进，一方面提高了群众的办事效率，逐步实现了"最多跑一次"。而另一方面，省市级各部门纷纷开发和上线自己的内部系统，每天工作打开、留痕，基层人员的压力仍不同程度地存在着；目前在很多政务场景中，涉及非常多的数据录入工作，这些工作重复烦琐，极大地增加了工作量，因此基层减负仍是个热门话题。

与此同时，"数字劳动力"也成为2022年全国两会的热词。

会议上有全国政协委员提出了以福建为试点对数字化劳动力进行推广，并提出了三点建议：一，探讨了数字劳动力快速普及的可行途径以及方法，并在全国范围内普及数字劳动力；二，建议工信等有关部门，对愿意利用数字化劳动力的企业及单位给予一定的补助和扶持；三，加快数字化劳动力在不同领域场景的应用，同时大力加强对人才的培养，支持和鼓励校企合作、产教融合发展。

另外，有全国人大代表提出推进基层法院数字化劳动力建设的若干意见：一，建议智慧法院建设中除了软件系统平台的开发与增加，还要大力增加数字劳动力的建设；二，建议以区县法院为重点，尽早解决基层人民"急难愁盼"问题；三，建议国家高度重视对数字化劳动力发展以及对相关人才的培养、相关产业的扶持。

所谓的数字劳动力就是本书中介绍的核心内容，即人工智能与生产力相融合的产物，在政务场景中通常被称为"数字劳动力""数字员工""数字公务员""数字助手"等。数字劳动力在国外已经被广泛应用于政务场景。通过美国和日本政府发布的 RPA 报告，我们来看看数字劳动力在政务场景的应用情况。

美国：通过数字劳动力已节省 149 万工时。美国政府发布的 RPA 报告调查数据显示，截止 2021 财年，美联邦各政府机构通过 RPA 共节省 1 499 105 工时，比 2020 财年的 848 336 工时提升了 650 769 工时，如图 4-1 所示。

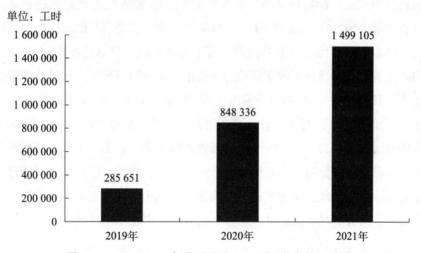

图 4-1　2019—2021 年美国通过 RPA 项目节省的工时图

美国政府在 2021 财年 RPA 应用项目数量如图 4-2 所示，2021 年 RPA 应用项目达到 1003 个，2020 年 460 个，提升了 543 个。数字劳动力在节省时间、效率提升、自动化机会识别、业务流程重塑、自动化项目数量、安全和监管等维度上都有了大幅度提升。其中，在业务执行效率、业务流程改进、业务流程重塑方面的表现尤为出色。调查显示，2022 财年，美联邦政府将继续深挖 RPA 潜力以扩大赋能范围；75% 的受访者表示，将在未来 12 个月内实施数字劳动力计划。

单位：个

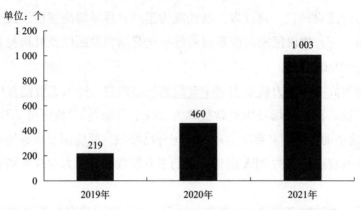

图 4-2 2019—2021 年美国政府 RPA 应用项目数量图

近年来日本都道府县应用 RPA 的情况如图 4-3 所示。日本 45 个一级行政区的政务机构已广泛应用 RPA。日本政府发布的 RPA 报告调查数据显示，截止令和二年（2020 年）12 月 30 日，74%（35 家）都道府县的政务机构已成功应用 RPA，21%（10 家）正在进行验证。也就是说，日本已在 45 个一级行政区的政务机构中广泛应用数字劳动力，其他 2 个一级行政区也在讨论应用数字劳动力（日本一共 47 个都道府县）。这与平成三十年（2018 年）的 68% 应用率相比，整体提升了 27%。政务是应用数字劳动力最多的业务，达到 265 个；个人所得税排名第二，为 225 个；健康管理排名第三，为 175 个。其后的分别是儿童津贴、护理保险、固定资产税、财务会计、教育、防火、文书管理、国家养老金、户籍管理、房屋登记、残疾福利等几十个业务场景。不难看出，数字劳动力在政务的场景化落地非常多，而且都取得了不错的效果。

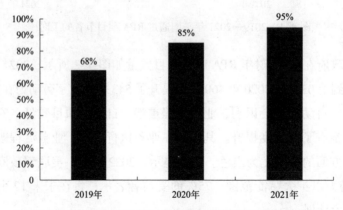

图 4-3 2018—2020 年日本都道府县应用 RPA 占比图

然而中国数字劳动力在政务方面的应用尚处于成效初期。根据 2021 年 RPA 效能洞察象限（中国市场）分析，与其他国家相比，我国的数字劳动力发展水平尚属于早期阶段，我国对数字劳动力的需求与日俱增。

4.2 政务场景数字化转型发展现状及趋势分析

4.2.1 政务场景数字化转型发展现状

目前，数字政府的建设已经从探索和萌芽阶段逐步转向纵深和高效建设阶段，数字政府建设和场景落地也步入大力发展阶段，其应用场景不断丰富，技术水平不断提升。

当前，数字政府深度赋能城市治理、民生服务等相关领域应用场景，通过智慧水务、智慧交通、城市治理实现城市经济细化管理，支撑城市常态化运行和应急指挥，通过便民服务平台、警务数字员工等终端设备提供民生服务，提供个性化、一键式、一站式的便民服务。

在城市治理方面，利用数据进行分析和研判，比如疫情期间精准追踪确诊人员活动轨迹，进行疫情防治，利用城市二维、三维地图可视化城市运行，方便城市管理者发现问题，并解决问题；在城市管理和服务方面，可以形成一整套环境监管、视频监督、安全生产等横向城市管理服务，以及违章建筑、工地管理、公用事业、园林绿化等纵向的城市管理服务。

在智慧政务方面，以大数据为基础，打造"互联网＋政务"平台，实现政务服务一网通办，为民众提供政务服务一张图，提升数字化协同能力，打造以"三融五跨"为代表的协同联动体建设，增强共建、共治、共享的基层治理协同支撑能力，促进核心城市为引领的都市圈、城镇化基础设施的协同升级，让企业和群众办事更加便捷，办事效率更高。同时，政务场景对于数字劳动力的需求也与日俱增，RPA+AI 所驱动的数字员工正从各个方面助推政务服务实现流程优化、便民普惠和辅助决策等。

4.2.2 政务场景数字化转型趋势分析

1. 数据智慧赋能成为数据治理新模式

当前，数据已经成为构建数字政府的关键要素。充分利用好数据，有利于促进部门协同、优化营商环境以及改善公众服务。一是数据共享可以深入推进"互联网＋政务服务"建设。例如江苏省数据共享平台已经与国家平台以及13个设区市实现数据互联互通，极大地提高了政务服务办理效率。二是运用数据加强社会治理。例如贵州省精准扶贫大数据支撑平台实现教育、公安及人社等数十个部门数据互联互通，加大扶贫力度，实现精准扶贫。由此看来，基于大数据支撑，运用人工智能、互联网等技术手段进行行政管理是大势所趋，通过数据智慧赋能，聚焦数字治理，成为优化政务服务平台的重要手段。

2. "互联网＋政务服务"模式将不断创新发展

目前，创新政务服务模式、改善公共服务和公共治理，是数字政府建设的重点。未来"互联网＋政务服务"将成为创新活跃领域。其整体走向会围绕公共服务一网通办、城市运行一网统管、社会管理一网共治展开，并使其逐步走向融合。从公共服务一网通办看，将集中围绕"网上办、掌上办、一次办"以及跨部门、跨层级、跨区域展开，对高频办事项目实现全国一网通办，并以此为目标完善全国一体化政务服务平台和互联网监管平台；从城市运行一网统管看，将主要围绕城市的运行管理科学化、精细化、智能化的目标，提升城市的治理能力和水平，不断解决城市发展中的难点和痛点；从社会管理一网共治看，将主要围绕社会治理的共建、共治和共享，强化基层治理，把更多资源、资金向基层集聚，构建坚实的基层治理体系。

3. 数字员工在智慧政务中将得到充分应用

当前，"让信息多跑路，让群众少跑腿"已经成为全国的一个口号。在数字化潮流到来后，RPA+AI等新技术将会在智慧政务中得到非常广泛的应用。数字化劳动力可广泛应用于智慧政务领域的基层政务服务、机关内部事务管理等，根据应用场景的不同，可化身为数字员工、数字雇员、数字助手等形态。比如在行政审批服务中，数字员工可以快速、高效、准确地协助完成多种办事流程的自动智能审批；而在法院，数字员工则可以成为法官的"数字助理"，帮助解决批量下载文书、诉前和解案件录入、执行系统自动发起财产查询等重复度高的日常工作。

4.3　政务场景有关痛点分析

4.3.1　政务服务中心有关痛点

政务服务中心可为人们提供快捷高效且透明的服务，但是目前政务服务中心仍面临着很多困难，主要表现在以下几个方面，如图 4-4 所示。

图 4-4　政务服务中心有关痛点

一是群众办事需求日益增多与办事人员不足之间的矛盾。目前，随着社会经济的不断发展，政府部门需要处理的群众事项也在快速增长，办事流程中涉及的文件和资料也呈指数级增长，数据来源也更加多元化。在实际应用场景中，非结构性数据所占比例超过 80%，但是当前各级政务服务中心的人力十分有限，传统的人工录入、制单、审批工作模式效率低，工作人员负担较重。

二是在办理过程中，要将群众递交的各种纸质文件反复输入各级政务系统，这些工作重复烦琐，工作人员需要花费很多时间和精力来完成，同时，由于人工长时间录入，效率较低，在准确率方面也很难保证，如果出现录入失误，就会造成办事延期。

三是行政服务中心信息化系统分散建设，仍存在数据孤岛现象，限制数据价值充分发挥，且因行政管理体制等问题，政府部门间相互独立，形成信息壁垒，这使得政务数据存在重复收集与建设的现象，严重浪费人力、物力、财力，也缺乏有效的手段将不同业务之间的数据打通，使数据价值难以充分发挥。

4.3.2　法院有关痛点

基层人民法院的档案工作是国家档案工作的重要组成部分，它既是人民法院审判、执行活动的真实记录，也是社会的宝贵财富。人民法院档案工作既是基础工作，也是保障工作，它是展示人民法院审判历史面貌的重要凭证，也是做好法院各项工作不可缺少的重要环节和条件。但是目前对于法院卷宗的整理留存仍面临着很多困难，主要表现在以下几个方面：

一是缺乏专门的档案管理人员，加上变动频繁，造成档案管理人员素质不高。另外，面对这种繁杂的重复性工作，非常容易出现不可避免的人为失误。法院诉讼档案是一种专业性十分强的档案，可是档案专业毕业的人员很少，专业技术人员比例不高，整体素质低，工作适应性不足，很难适应档案管理的网络技术、信息化管理手段和方法的应用，对进一步研究和探索档案管理工作，促进档案管理工作发展有一定的局限性。档案管理工作具有较强的专业性和工作的连续性，档案人员的频繁变动不符合档案工作专业性和连续性的要求，直接给档案管理工作带来不小的影响。

二是对电子档案信息化建设不够重视。由于我国普法教育的深入以及《诉讼费用交纳办法》的颁布实施，人民群众运用法律武器保护自己的合法权益的意识不断增强，到法院诉讼的成本和门槛也大大降低，直接导致诉至法院的案件数量大幅度上升，档案数量也随之急速增长，可是各级人民法院并没有对此给以足够的重视，虽然配备了设备，却没有形成完整的电子档案，很多时候仍然在使用纸质档案，即使把案件内容及时准确地录入计算机系统，既不备份也不存档，一旦计算机出现故障、网络出现问题，就很容易损毁、丢失，造成不可挽回的损失。

4.3.3　公安部门有关痛点

信息全球化、科技全球化带来了犯罪全球化，这给社会治安造成的压力比过去任何时候都大。一些突发性安全事件使公安机关的任务更加繁重，公安机关无论是管理体制、工作机制，还是工作水平、队伍素质，在新形势、新任务面前，都将接受全方位的挑战。公安部门的痛点主要表现在以下方面，如图 4-5 所示。

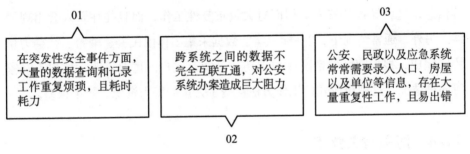

01

在突发性安全事件方面，大量的数据查询和记录工作重复烦琐，且耗时耗力

02

跨系统之间的数据不完全互联互通，对公安系统办案造成巨大阻力

03

公安、民政以及应急系统常常需要录入人口、房屋以及单位等信息，存在大量重复性工作，且易出错

图 4-5　公安部门有关痛点

一，公安部门是很多突发性安全事件的主责部门，特别在人员、车辆流动控制等方面更是如此。例如，某情报指挥中心负责对所有通过高速出口进入本市的所有车辆进行追踪管控。每天由高速入口进入本市的外地车辆成千上万，需要基于车辆号牌信息通过系统查询完善外地车辆的详细信息，以便进行跟踪分析。面对大量的数据查询和记录工作，公安情报指挥中心需要安排多名警务人员专门进行相关的数据完善工作，即使如此，也时常需要加班加点才能完成相关工作。因此，这也可以反映工作人员的工作之繁重；这种重复的工作耗时耗力，但又是必要的。

二，随着互联网金融行业的快速发展和成长，电信诈骗团伙的诈骗手段和套路也在不断升级和变化，呈现出更具隐蔽性和迷惑性的趋势，相应地，人民群众报案数量也在逐年增多。为了及时挽回人民群众的损失，办案民警需要尽快完成调证、冻结涉案账号、追踪资金流向等工作。调证申请工作是电信诈骗案件调查开始时必要且最重要的一个环节，办案民警需要先根据笔录信息完善《调取证据通知书》和《呈请调取证据报告书》，然后提请领导审批，并在得到批复后将文书上传至国家反诈大数据平台。但是整个业务流程仍然存在较多问题：在跨系统业务方面，可能涉及市级、省级和国家级系统，系统之间不完全互联互通，涉及信息量大（包括案件编号、涉案账号、归属行、金额、被骗日期等），案件数量多，每日甚至每小时都有新案件需要申请调证，大量问题对公安系统造成了较大的阻力。

三，对于公安、民政以及应急系统，常常需要输入人口、房屋以及单位等信息，这就导致公安人员须面对大量重复性工作，而且往往录入会出现错误。另外，通常情况下，"一标三实"数据采集工作由民警、辅警、社会力量协同完成，根据辖区的情况逐户走访，可能存在户内情况不明、住户不在家等多种情况。这种粗放式的工作方法耗费了大量的警力资源，效果很差。

4.3.4　海关有关痛点

海关通过海关总署的旅客通关管理系统依法对携带进出境的物品进行审核、检查、征税、放行等管理，从而为乘客进行服务。然而，对于审核等一系列管理仍然存在较多痛点，具体问题表现在如下几个方面：

一，尽管海关已经建立了自己的旅客通关管理系统，但是需要向海关总署提供历史存量数据和新增数据，由于两个系统数据不通，加之历史数据量大，目前通过人工进行数据采集与录入，导致投入产出比低、工作价值低、出错率较高等一些问题出现。

二，仍然存在办案业务系统各自孤立，公安、海关系统数据资源不能及时支撑侦查办案，以及执法规范化、信息化发展不平衡、成果不显著、监管不太便利等问题。传统缉私执法受场地制约，信息化系统辅助不够完整。另外，近年来海关管理的重点逐渐向知识产权保护、贸易安全与便利等职能转变，海关缉私智能化、信息化要求逐步提高。

4.4　数字员工在政务场景中的应用

4.4.1　政务服务中心有关场景

1. 工单智能定制场景

通过人工调研部门审批系统中各事项所需的信息名目，就每一个审批事项制定一份有完整信息名目的空白智能工单，实现"一事一工单"。在综合窗口接件时，工作人员只需要根据办事人的申请打开对应智能工单并启动数字员工完成信息填写即可。

2. 综合窗口智能接件场景

办事人员在综合窗口提交自己的纸质文件后，综合窗口人员利用窗口配置的高拍仪扫描办事人员提交的各项申请材料，然后启动对应事项的数字员工，数字员工将打开定制的空白智能工单，调用 OCR 引擎自动识别扫描文件，然后通过 NLP 提取表单、证照中的关键信息，最后生成填写好的智能工单保存本地。基于 OCR、NLP 识别功能对于制式表单及证照的精准度能达到80％以上，综合窗口工作人员只需要对录入智能工单进行简单复核和确认，就可以实现"综合窗口数字化、智能化采集"目标。

3. 部门审批工单智能回填

部门工作人员只需打开在综合窗口填写的电子表单，在复核确认无误后，可直接启动对应事项的数字员工，完成向审批系统的自动化、智能化回填，此法省时省力，减少人工录入的烦琐和错误，提高效率，可实现部门"无纸化审批"。

对于整个办事流程采用"一单流转"的方式，综合窗口生成智能工单之后，整个流程只需要一张智能工单，在综合窗口委办局（指政府办事机关）的工作人员采用数字员工可自动将智能工单填写到部门审批系统。同时，综合窗口接件数据覆盖全，综合窗口接件时由原本只获取 6+N 项基础数据，扩展到委办局的录入系统数据 100% 全覆盖，有效解决了因操作系统间的需求数据差异而导致的多次、反复数据录入，从接件的一开始就保证最大限度地采集并审批所需信息，从而进一步提高综合窗口及委办局之间的业务协同性。

4.4.2　法院有关场景

使用数字员工自动打开卷宗图片，通过 OCR 把图片信息识别出来，根据文本分类功能，提取每张图片中的标题信息，并以标题信息对图片重命名，最终形成电子卷宗。基于数字员工的解决方案适于无人值守，一键运行，数字员工可自动调整时间，识别文件类别并生成电子卷宗，从而提高电子卷宗生成与归档的时效性，减少人工操作、人力成本，提供法院办公的智能化。人工和数字员工在处理电子卷宗过程中的对比如图 4-6 所示。

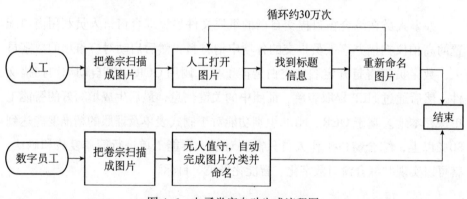

图 4-6　电子卷宗自动生成流程图

4.4.3　公安有关场景

通过数字员工自动接入资源库地址相关数据，通过 NLP 技术进行一系列的清洗、拆分、融合、碰撞、匹配比对，提取符合标准的"标准地址库、实有人口库、实有房屋库、实有单位库"（即"一标三实"）数据，同时通过数字员工将过程中的存疑数据自动发送给民警进行人工核实。运用数字员工，通过各种数据的融合碰撞，能让数据"说话"，数字员工会自动识别标准地址、实有房屋以及实有单位等信息，并根据公安的规则进行校验，再录入公安信息系统、民政系统和应急系统。运用数字员工后，公安"一标三实"民生工程自动化流程如图 4-7 所示。

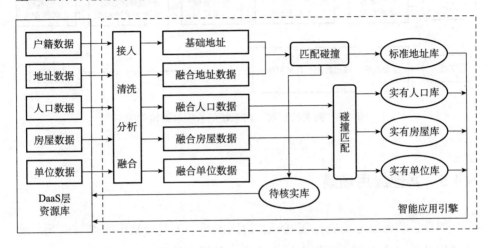

图 4-7 公安"一标三实"民生工程自动化流程

4.4.4 海关有关场景

使用数字员工，按照查询年份、日期、时间段，轮询该市所有关口，默认按天进行查询，当查询结果大于 1000 条时，数字员工自动缩减查询段，直至查询结果小于 1000 条，数字员工将数据导出。导出结果按照年、月、日新建文件夹，每日的文件夹中按照导出时间段进行分类，然后将导出结果以周、月为单位进行合并，最终通过数字员工将下载导出的数据导入本地系统数据库。运用数字员工后，效率全面提升，实现数据下载、导出准确率达 100%；基于数字员工的解决方案，适于无人值守，一键运行，数字员工可自动调整时间，导出数据并将结果文件进行合并。一年的数据，以前 5 个人需要 10 天时间完成，现在通过数字员工只需 8 小时完成，不但帮助工作人员解决了烦琐的数据导出工作，也避免人员操作造成多导、漏导、错导，提升工作人员的工作效率。人工和数字员工在处理海关跨层级、跨系统的数据联通业务流程的对比情况，如图 4-8 所示。

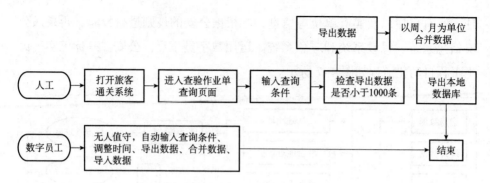

图 4-8 海关跨层级、跨系统的数据联通流程图

4.4.5 其他应用场景

如今，政务服务面临流程冗长、协同困难、人员短缺等痛点与难题，政务基层员工日常工作中面临大量格式化、重复性的工作，而数字员工可广泛用于以上场景。以下列举数字员工在政务其他场景中的典型应用，如表 4-1 所示。

表 4-1 数字员工在政务其他场景中的应用

公安	·交警执勤行为表自动标注 ·戒毒人员每日服药记录上报 ·出入境重点人员比对 ·案件处理流转 ·精神疾病人员和涉黑人员问询 ·"一标四实"问询
政务大厅	·综合服务窗口系统 RPA+OCR 录入 ·历年税收信息汇总 ·历年补助信息汇总 ·企业项目申报列表统计 ·企业归属地信息采集 ·企业工商信息查询 ·医保办理系统自动填写

表 4-1 数字员工在政务其他场景中的应用（续 1）

人社	· 社保代理 · 企业社保申报 · 险种人员缴费信息核定 · 社保局官微公众号 · 企业拷盘 · 社保缴纳增减员 · 经办人员医保报销清单录入
公积金	· 业务预申请审核 · 归集业务处理 · 征信报告解读 · 贷款审批 · 逾期报表 · 发票数据系统回填 · 网厅数据录入 · 历史数据核对 · 法务立案审查
法院	· 自动接案 · 提起"总对总"查询 · EMS 发送 · 二次分案 · 诉前调解 · 案件调解外呼 · 法院内部系统数据批量抓取
12345 热线	· 12345 智能派单 · 智能坐席语音助手 · 12345 热线满意度调研 · 社情民意调查 · 12345 工单系统打通
医疗	· 传染病人员信息上报 · 妇幼健康档案系统信息同步 · ICU 重症数据信息抓取

表4-1　数字员工在政务其他场景中的应用（续2）

检验机构	·抽样检验数据上传 ·抽样检验结果报告上传 ·国抽平台采集抽样单数据储存 ·本地检验报告结果数据上传
检察院	·文书屏蔽导出及回传 ·判决书公示日提醒 ·案卡信息录入
海关	·数据核查回写 ·附件下载 ·数据校验 ·数据爬取

4.5　政务场景案例介绍

1. "数字公务员"助力政务 12345 热线工单处理场景自动化

1）客户需求及痛点

Y 人民政府是位于海南省三亚市的政府机构，因 12345 政务服务热线平台和各委办局处理工单平台未打通，涉及工单新建、工单回复的工作需要人工在两个平台间跨系统重复操作，且对工单响应速度、解决速度、准确度要求越来越高，一线人员工作繁重。针对此痛点，K 集团打造数字公务员来助力 12345 热线工单处理场景实现自动化。

2）数字员工解决方案

使用数字公务员后，可以实现流程的自动化。先自动登录 12345 政府服务热线平台，查询需要同步的工单，之后创建工单并确认工单分类，实现工单自动派单，查询处理完毕的工单，然后自动关联进行回复，最后进行自动审批。数字员工处理 12345 政务服务热线工单的业务流程如图 4-9 所示。

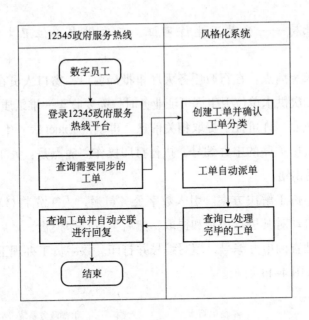

图 4-9　数字员工处理 12345 政务热线工单的业务流程

3）应用成效

原来由人工操作需要 15 分钟，使用数字公务员后只需 1 分钟，并且派单准确率高达 91.22%，还可以实现 7×24 全天候自动作业，如图 4-10 所示。

图 4-10　数字员工处理 12345 政务热线工单的应用成效

2."数字公务员"助力某行政服务中心提质增效，让群众办事更便捷

某行政服务中心通过创新应用 RPA+AI 技术打造智能数字公务员，并在行政服务大厅窗口进行试点应用，获得窗口内外工作人员和办事群众的一致好评。

1）审批局——公共卫生许可证、二次供水单位卫生许可证等业务办理

（1）需求及痛点。在行政服务大厅审批局窗口，窗口人员在办理公共卫生许可证、二次供水单位卫生许可证业务时，需要收集一堆纸质的申报材料，然后从营业执照、许可证上提取相关信息，再填入 Excel 表，生成打印模板，最后查询系统中关联的申办编号，执行打印操作。痛点是：人工在处理时耗时长，且容易出错。

（2）数字员工解决方案。引入数字公务员后，人工先将材料进行拍照，数字公务员自动对其进行识别和提取，然后生成打印模板，之后登录浪潮政务系统，自动查询申办编号，填写编号并打印。数字员工办理卫生许可证的业务流程图如图 4-11 所示。

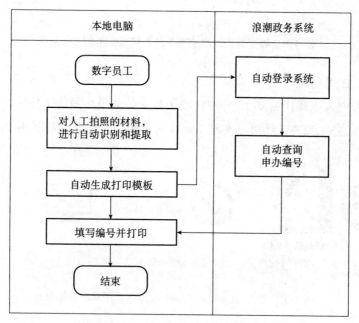

图 4-11　数字员工办理卫生许可证的业务流程图

（3）应用成效。完成整个流程，人工操作需要耗时 8 分钟，而使用数字公务员则只需要 50 秒，不但极大地提高了效率，并且证照识别准确率高达 95%，如图 4-12 所示。

图 4-12　数字员工办理卫生许可证的应用成效

2）卫健委——老人优待证业务办理

（1）需求及痛点。在行政服务大厅卫健委窗口，窗口人员在办理老人优待证业务时，需要收集一堆纸质的申报材料，然后从身份证、暂住证等纸质材料中提取相关信息，再填入老年人优待证管理系统，执行打印操作。痛点是人工在处理时耗时长，且容易出错。

（2）数字员工解决方案。引入数字公务员后，先由人工将材料进行拍照，数字公务员对其进行自动识别和提取，并自动判断登记日期是否满一年，若"是"则自动登录老年人优待证管理系统，填写相关信息，自动判断金卡、银卡和蓝卡类别，最后自动执行打印。数字员工办理老人优待证的业务流程如图 4-13 所示。

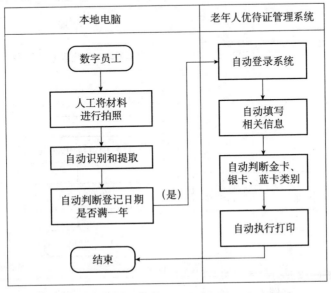

图 4-13　数字员工办理老人优待证的业务流程图

（3）应用成效。完成此过程，人工操作要耗费 5 分钟，而数字公务员只需 30 秒，并且证照识别准确率高达 96%，如图 4-14 所示。

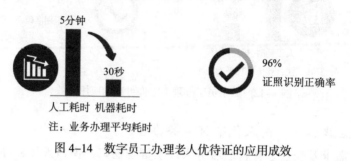

图 4-14　数字员工办理老人优待证的应用成效

3）残疾人联合会——残疾证业务办理

（1）需求及痛点。在行政服务大厅的残疾人联合会窗口，窗口人员在办理残疾证业务时，需要收集一堆纸质的申报材料，然后从身份证、户口本、残疾人鉴定表、医生鉴定表等纸质材料中提取相关信息，再填入全国残联信息化服务平台系统，发起业务受理。痛点是人工处理耗时长，且容易出错。

（2）数字员工解决方案。引用数字公务员后，人工先将材料进行拍照，数字公务员自动识别和提取，之后自动登录全国残联信息化服务平台系统，填写相关信息，自动发起业务受理。数字员工办理残疾证的业务流程如图 4-15 所示。

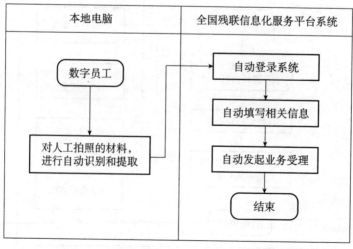

图 4-15　数字员工办理残疾证的业务流程图

（3）应用成效。完成此过程，人工操作需要耗费 12 分钟，而使用数字公务员只需 1 分钟，并且证照识别准确率高达 95%，如图 4-16 所示。数字公务员的应用能够大大缩短业务流程，提高办事窗口的审批效率，减少办事群众的等待时间，让群众在办事过程中获得更良好的服务体验；另一方面，窗口工作人员也能够从数据获取、录入、文件整理等烦琐重复的工作中得到解放，大幅提升工作效率和服务质量，同时降低人工操作的出错概率。

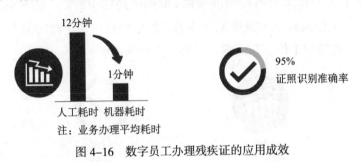

图 4-16　数字员工办理残疾证的应用成效

3. 某地方检察院使用数字员工实现文书开具和案卡录入的自动化

1）需求及痛点

该检察院每日接收公安部门案件卷宗六七例，每例 300 页左右。工作人员先扫描卷宗，然后按照指定的格式进行编目与归类，再录入案卡。在案卡建立和填写的过程中，工作人员的注意力必须高度集中，避免因信息录入错误影响到案件相关人的权益。同时，同一案件关联多个嫌疑人，各区院文书内容又各不相同，故工作人员需要根据不同要求开具不同类型的文书。案卡录入和文书开具工作量大，有时甚至花费一天的人工都无法完成。针对这一痛点，该检察院选择用数字员工解决。

2）数字员工解决方案

经过业务需求调研和对业务场景的流程梳理，L 公司基于案卡录入和文书开具的两个场景，为该检察院开发了数字员工。实现自动化后，案卡录入由信息员先对收到的公安卷宗进行扫描，通过系统平台所集成的 OCR 技术能力，对扫描的内容进行识别和提取，并根据分类要求进行规整编目。编目完成之后，数字员工打开业务系统，将编目好的内容录入案卡，而对于文书开具则由检察官或者书记员先选择需要开具的文书模板，数字员工自动登录检察机关的统一业务应用系统，提取案件相关信息并选择涉案人员填入文书模板，最后自动生成案件与人员对应的文书，达到一键开具的效果。

3）应用成效

引用数字员工之后，案卡录入时间节省80%，文书开具时间缩短至5分钟。同时保证了案卡和文书内容的准确性，准确率高达100%，如图4-17所示。数字员工让工作人员从大量重复烦琐的工作中解放出来，将时间利用到更需要专业法律技能的工作，从而提高了办案质量和效率。

80%
时间节省

100%
准确率

图4-17 文书开具及案卡录入工作中数字员工的应用成效

4. 某海关利用数字员工实现跨层级、跨系统的数据联通

1）需求及痛点

海关的信息化主要以金关工程（即外贸专门信息网联网工程）为主，通过政务网络，从海关总署到省级分署，再到市级海关，最后延伸至各区海关，这是一个纵向到底、全线拉通的垂直应用流程，可实现数据上传下达。但这同时也造成上级单位的垂直应用与本级海关自建的应用之间存在信息壁垒，数据不连通，业务不协同，导致工作人员需要在多个系统间获取、录入、核对数据。

为了便于对本市海关进出境旅客呈交的单证和携运进出境的行李物品进行审核、查验、征税、放行的全过程管理，该海关自建了一套旅客通关管理系统，需要将历史的存量数据以及新的增量数据从海关总署的系统回流到本地，用于数据管理和分析。由于海关总署的系统未对外开放接口，目前该海关工作人员一直采用人工下载、录入方式工作，但由于历史数据量大，存在操作过程烦琐、错误率高、投入产出比低等问题。

2）数字员工解决方案

使用数字员工，按照查询年份、日期、时间段，轮询该市所有关口，默认按天进行查询，当查询结果大于 1 000 条时，数字员工自动缩减查询段，直至查询结果小于 1 000 条，数字员工将数据导出。导出结果按照年、月、日重新建文件夹名，每日的文件夹中按照导出时间段进行分类，然后将导出结果以周、月为单位进行合并，最终通过数字员工将下载导出的数据导入本地系统数据库。

3）应用成效

运用数字员工之后，工作效率大幅度提升，时间节省了 85%，并实现了 7×24 全天候值守，数据导出准确率达到 100%。

4.6 小结

与发达国家相比，我国政务场景下数字劳动力的应用尚处于成效初期，但在数字中国的大背景下，政府数字化转型正在加速推进，而数字劳动力必将给社会带来无限的想象力，为大中小城市的劳动力短缺和人口老龄化问题提供解决方案，实现新智能时代的人机协同、智慧共创。

运用数字员工，可以提升政府部门的办事效率和智能化水平。在拥有众多传统 IT 系统和大量重复过程的政府部门中，数字员工可实现纵向的跨系统数据互通和横向的跨部门业务联动，高效助力事项申报、材料预审、事项受理、智能审批等全业务流程周期。在以上场景中，数字员工是非常理想的选择，可以使政府在更短的时间内、以更低的费用实现数字服务的最优化组合，从而为政务服务创造更高的价值。

第5章

数字员工在医疗场景中的
应用与案例

5.1 医疗产业概况

医疗包括基本药物、基本服务、基本技术和基本费用等内容。医疗行业是卫生健康相关的医院、药品、器械、健康管理等一系列相关行业的总体。

广义的医疗卫生市场包含三大板块：药品、医疗器械、医疗机构。2020年，全国医疗卫生机构总诊疗人次达77.4亿人次，同比减少9.8亿人次（下降11.2%，主要受疫情隔离影响）。2020年居民到医疗卫生机构平均就诊5.5次。2020年，中国医疗健康产业投融资总额达到创历史新高的1626.5亿元人民币，同比增长58%。全国医疗卫生机构门诊量及增长速度如图5-1所示。

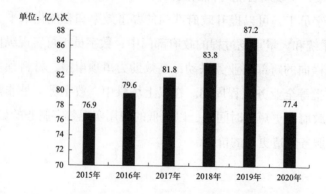

单位：亿人次

图 5-1　全国医疗卫生机构门诊量及增长速度

数据来源：《2020年我国卫生健康事业发展统计公报》

　　个体是接受医疗服务的单位，人口老龄化是中国医疗行业发展的长期驱动因素。根据第七次全国人口普查，六旬及以上老人的比重同比增长 5.4%，65 岁及以上的老人占总人口 13.5%，且老龄化速度较快。人口老龄化是影响我国经济和社会发展的一个长期问题，发展医疗产业是应对我国人口老龄化的必然要求。

　　近几年，我国制定了一系列健康管理制度，"健康强国"上升至国家战略，特别是《"健康中国 2030"规划纲要》提出，卫生工作已成为国家卫生事业发展的重要战略目标，自此一系列的政策围绕这个战略目标展开，医改进入深水区，远程医疗、区域协作、分级诊疗、互联网＋医疗卫生等都成了新的发展趋势。

　　新兴技术不断涌现和迅速迭代，泛科学革命正在涌现或加速演变。根据 Gartner（高德纳咨询公司）对未来的展望，到 2029 年，每个行业的领先公司都将使用先进的分析技术，并使用数字化、自动化和智能技术解放劳动力。

5.2　医疗行业数字化转型发展现状及趋势分析

5.2.1　医疗行业数字化转型发展现状

1. 医疗机构之间在数字化转型方面存在巨大差距

　　综合医院规模、科研方向、人才、技术能力及医疗硬件设施等因素，进而评价医院的综合素质，我国的医疗机构按三级十等进行划分。目前，我国的三级医院和大部分的二级医院都已基本建立了自己的信息系统，并在一定程度上实现了计算机软硬件与网络的构建。各级医疗单位在信息化程度上还存在着很大的鸿沟，在数字技术运用方面也有很大的差距。但是，随着我国建立电子病案的等级体系，医院的信息化建设将会逐渐完善，医院与医院间的数字化转型的差距也会逐渐缩小。

2. 医疗行业数据孤岛现象仍然严重

调查显示，当前有 70% 以上的医院实现了医疗信息化，但仅有 3% 的医院实现了数据互联互通，说明医疗大数据比较分散，数据孤岛现象严重。"院内孤岛"，指由于院内信息化系统林立，应用系统割裂，造成业务数据无法跨系统同步。"院间孤岛"，指由于院与院之间业务差异或应用系统差异，造成业务数据无法跨院区同步。"区域孤岛"，指由于医院业务系统和部分国家数据上报系统、医保结算系统无法打通，或由于内外网原因，造成数据无法及时同步。数据孤岛严重影响患者的就医体验，也给医生和医院管理者带来极大不便。

3. 电子病例、医药电商等少量领域已经进入生产力成熟期

基于医疗健康领域的复杂性、定制化和安全性等特征，数字化的创新可宏观，也可非常微观。创新的发展过程不仅受技术融合程度的限制，还取决于政策的跟进。目前，以电子病历、医疗电子商务、数字营销为代表的创新领域进入生产力成熟阶段的还不多。大多数创新领域仍在经历从萌芽期到复苏期的过程，如手术机器人、数字健康管理、数字治疗和脑机接口等。此外，各细分领域处于该时期的时长也不尽相同，如 AI 医疗影像可能将长期处于过热期，但消费级基因检测在一两年内经历了萌芽、过热以及低谷期。

4. 在疫情、技术和政策催化下，医疗行业数字化处于螺旋上升阶段

《中华人民共和国国民经济和社会发展第十三个五年规划纲要》于 2016 年 3 月 17 日正式印发，第 27 章"实施国家大数据战略"提出：要大力推行大数据发展战略，加快数据资源共享、开放和开发利用，为工业转型和社会管理的创新提供了有力的支持。在国家政策的支持下，2016—2020 年重点发展医学 AI，逐步实现特定的疾病或科室的数字化辅助诊疗，例如：AI 读片、人群疾病序列数据挖掘与分析、虚拟现实技术辅助治疗精神疾病、人体微生理信号的采集与分析、AI 药物研发、智能化手术等具体应用场景。

同时，由于互联网医疗发展先于监管，股指冲高，政策逐渐落地，泡沫浮现，行业重新洗牌，使得医疗行业从表面看来呈一定的下降趋势。但总体

来看，这是一个去伪存真的过程，更多疾病序列数据挖掘与分析、AI 药物研发的细分空白领域被填充，与此同时互联网医疗企业也不断探索转型，使行业最终呈现螺旋上升的良好态势。更值得注意的是，在新冠肺炎疫情推动下需求端民众改变就医习惯，在政策方面，电子处方、诊疗费用、医疗费用等相关政策频繁出台，加速了数字化医疗的上升趋势。

5.2.2　医疗行业数字化转型趋势分析

1. 人工智能所造就的"奇迹"

人工智能技术的运用，既是当前医学领域的一个重要发展方向，也是现代医学领域的一个缩影。业内对这种技术的开发抱有很高的期望。到2025 年，人工智能在医疗领域的市场份额有望突破 340 亿元，这意味着人工智能将会深入整个医疗行业。对于 AI 在医疗行业的运用，大多数患者会想到护士机器人。美国也有许多类似的机器人，例如新型医护协作机器人 Moxi，这款机器人的设计目的是协助护理人员进行补给和运送物品等工作。

聊天机器人、虚拟健康助手等都是以人工智能为基础的医学应用，它们逐步进入病人的日常生活。其中，聊天机器人可以扮演多种角色，包括客户服务代表、诊断工具，甚至治疗师。不得不说，AI 应用的不断完善与市场的巨大投资密切相关——数据表明，2014—2025 年全球医疗保健聊天机器人的市场规模呈逐年递增趋势，2018 年全球医疗保健聊天机器人的市场规模为 25 279.78 万元，同比增长 21.05%。预测到了 2025 年医疗保健聊天机器人全球市场规模为 112 373.1 万元，同比增长 23.34%。而 AI 技术在精准医学、医学影像、药物研发、基因组学等方面的应用，将会更加突出它的价值。比如，过去大部分癌症病人接受的疗法都是一成不变的，而且失败率很高。基于 AI 的模式化识别技术，能够使病人更好地按照自身的遗传结构进行个性化和精确的处理。简单地说，一个基于人工智能的计算机程序可以通过对数千份癌症病理学影像的分析提供更准确的诊断，并为癌症药物的最佳组合提供建议。在医疗成像方面，该技术能帮助放射科医师发现一些不能用肉眼看到的细节。

2. 数字员工助力医疗行业

如今，医疗产业正经历着翻天覆地的变革，从政策环境到病人的需要，都在快速改变。在新的医改进程中，全行业都在加大投资力度。在现代资讯科技的不断发展下，RPA 与 AI 技术在医学领域的应用也随之兴起。埃森哲公司称，到 2026 年，人工智能将为医疗产业节约 1 500 亿美元。AI 与 RPA 技术的结合可以帮助医生更好地提高诊断的准确性和有效性。医生可以通过 AI 分析多个患者的诊断数据。在将来，数字员工会成长为一支强有力的数字劳动力团队，能够在幕后孜孜不倦地工作，这样，医生和管理人员就能把精力集中在提高病人的诊治效果上，让更多的人得到更好的医疗服务。

3. 数字化转型平台正在迅速部署

中国医疗信息化经过近 20 年的发展，进入转型换挡期，从过去的以医疗服务信息化为中心的阶段，过渡到医保信息化和医药信息化快速发展阶段，进而升级到整个生命健康产业链集成化和协同化、信息化发展阶段。在这种转型中，基于大数据、云平台、具有中台思维的数字化转型平台正在快速部署，支撑着医疗、医药等各领域核心体系的建设与运行，以及各类创新的医疗应用体系的建设与运行。数字化转型平台已从单一的制药企业和医疗保险公司扩展到了全产业。通过实现医疗企业的信息化、流程线上化，为终端用户提供在线化服务，极大地提高了效率。目前，要推动政府、医疗机构、医药企业等各个方面的业务和流程的在线迁移和数字化管理，使数据的质量不断得到改善，并进一步建立数据标准，使数据资源得到最大程度的开发。

5.3 医疗行业有关痛点分析

目前，医疗行业"信息孤岛"现象仍然存在，医疗信息化的进程历经多年时间，并非一蹴而就，加上早期建设缺乏顶层规划，以及对信息化认识不足，造就了现阶段"信息孤岛"在医院信息化中大量存在的现状。

现有劳动力方案也有待改善。伴随医院信息化的建设发展，医疗工作者既要以患者为中心提供优质的医疗服务，又要应付信息化系统带来的系统操作、数据录入、流程审批等重复、固化、低价值的工作。

医疗行业相关痛点如表 5-1 所示。

表 5-1　医疗行业相关痛点

痛点项	相关痛点
1	预约挂号痛点
2	EHR 系统管理痛点
3	医疗账单管理痛点
4	医疗耗材审计痛点
5	医疗耗材监控痛点
6	医院银行对账痛点
7	医院供应商管理痛点
8	产品注册证查询痛点

5.3.1　预约挂号痛点

传统医疗行业挂号预约一般是人工排队挂号，不仅效率低下，而且很难管理。尤其是大城市，医院里似乎有排不完的队、取不完的号，患者和家属都渴望能够简化流程，提高效率。目前，医疗资源的紧张趋势不仅表现在中国，也是世界范围内的问题。

5.3.2　EHR 系统管理痛点

EHR（电子健康记录）是病人纸质记录的电子化版本，它能使医生对病人的健康情况有全面的了解。但是，如果由医生手工填写，会给医生带来更大的工作量。医生对 EHR 系统的使用体验不佳，会导致原来能够帮助提高卫生工作人员效率的系统反而加重了使用者的工作负担。因此，流程自动化对于当前 EHR 系统的重要性毋庸置疑。

5.3.3 医疗账单管理痛点

对于患者来说，在医疗机构缴费、出院手续办理以及结算等流程中，往往会遇到排队难的问题。同时，日常的医疗账单还包括多个系统的数据交互。员工必须经常登录并手工记录，其过程重复烦琐且效率低下。

5.3.4 医疗耗材审计痛点

在医疗耗材的审计过程中，高值耗材在设备科、二级库、手术室的实物流通和数据追踪方面会面临流程复杂、报表多以及数据量大等困难。该流程不仅复杂，而且费时费力，效率很低。

5.3.5 医疗耗材监控痛点

合理的耗材采购能提高医院的核心竞争力，而不合理的采购不仅会增加医疗费用，还会导致资源的浪费。耗材必须根据医院的实际使用情况，结合医院发展规划和年度预算制订采购计划。规划要坚持高性价比、节能环保以及功能适宜的原则，有多大能力办多大的事。因为市场竞争激烈，所以在采购消耗品时，必须对市场状况做出准确预测。预测不准会直接脱离医院的规划安排，给医院造成一定的损失。

5.3.6 医院银行对账痛点

医院设置银行存款日记账，对账目进行核查，并编制账户余额调节表。对于大量的银行往来账项，人工核对不仅耗时耗力，而且准确率也不高。如果有任何差错，就必须进行反复核对。

5.3.7 医院供应商管理痛点

在医院采购物资设备时，供应商管理是一个不容忽视的问题。其重点涉及采购、到货、验收、产品质量以及售后等。优质的供应商资源直接关系医院的采购效率和医院的服务质量，同时也是医院降低成本、提高效率的重要因素。但是，一些医院缺乏供应商管理手段，由于缺少清晰的供应商准入机制，对供应商的资料只限于证件执照等方面，并没有进行深入的了解。

5.3.8　产品注册证查询痛点

医疗器械产品注册证书是对医疗器械在市场上销售、使用过程中，根据法律规定，对其进行安全、有效评估的证明，也是医药代表在销售过程中经常需要提供的关键材料之一。医药代表往往根据业务的具体需求，通过各种咨询渠道向相关人员获取信息。而庞大的业务量和产品类型使得对接人员需要在众多的产品注册证书中进行搜索查询，其时效性难以保证，同时也难以从权限合规的层面进行控制。

5.4　医疗行业数字员工应用场景

医疗行业数字员工的具体应用场景如表 5-2 所示。

表 5-2　医疗行业数字员工的具体应用场景

场景项	相关应用场景
1	预约挂号场景
2	EHR 系统管理场景
3	医疗账单管理场景
4	医疗耗材审计场景
5	医疗耗材监控场景
6	医院银行对账场景
7	医院供应链管理场景
8	产品注册证查询场景

5.4.1 预约挂号场景

数字员工能够自动地采集患者的数据，处理预定程序，并为患者安排最佳的就诊时间。由于使用了人工智能技术，在线预约登记现在变得更容易、更快。它能够替换人工高度重复、琐碎的工作，甚至实现全天候值守，这样能够很好地解决挂号排队难的问题，现在很多医院也都设置了网络预约挂号通道来帮助患者。数字员工办理预约挂号的业务流程如图 5-2 所示。

图 5-2　数字员工办理预约挂号的业务流程

5.4.2　EHR 系统管理场景

在该场景中，使用数字员工可以自动填写许多字段，并复制、交换有关系统的资料。这样既能降低人为错误，又能使医生更注重对病人的治疗，从而提升病人的满意度。在这一过程中，数字员工的使用不但大大降低了人工成本并提高了效率，也减少了卫生工作者的工作量。

5.4.3　医疗账单管理场景

数字员工的具体工作如下：首先，数字员工从客户系统读取患者信息，然后按照用户的设定，对病人每日、每周、每月的支出进行统计，其中包括医药费、病房费等，最后根据工作人员的需要，将这些数据生成费用报表，并将其存储在指定的位置 / 系统中。文本格式包括 Excel、PDF、Word 等。使用数字员工管理整个医疗账单流程可以节省 70% 的时间，缩短患者的结款周期。数字员工处理医疗账单的业务流程如图 5-3 所示。

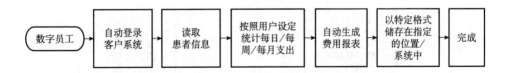

图 5-3　数字员工处理医疗账单的业务流程

5.4.4　医疗耗材审计场景

数字员工可以实现对各个节点耗材管理报表获取的自动化，并将报表中的高值耗材的数量与金额进行比对。当某一耗材的差异率超出预先设定的风险警戒值时，数字员工会自动报警。

5.4.5　医疗耗材监控场景

数字员工通过定期自动监控和分析全院医疗耗材的使用状况，可对不同层级的耗材数据进行实时、自动地查询和处理，通过对耗材的不合理波动进行分析，并对其进行适时调整，达到成本控制的目的。

使用耗材监控数字员工后，工作效率能得到大幅提高。例如，每月进行一次人工监测，对 20 个科室的耗材数据进行下载和分析，耗时 5～7 天；使用数字员工后，对 45 个科室、4 个维度的耗材数据进行下载和分析，只需要 30 分钟。同时，使用数字员工的覆盖范围更大。人工监控，每个月只能覆盖 1～2 种耗材、1～2 个病区；而数字员工能满足不同种类、科室、病区以及医生的不同需求，时间对比跨度从 2 年到 5 年不等。数字员工还能灵活自定义监控规则，如监控范围、对比维度和时间跨度等。数字员工监控医疗耗材的业务流程如图 5-4 所示。

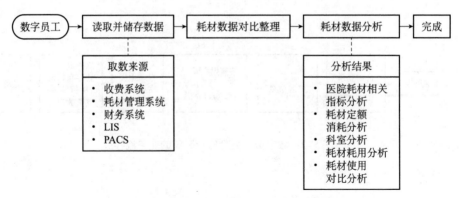

图 5-4 数字员工监控医疗耗材的业务流程

5.4.6 医院银行对账场景

数字员工自动安全登录资金系统，获取银行流水；根据系统数据格式进行分类、整理，并导入系统的对账模块；系统根据规则引擎自动匹配银行流水，生成收款单、预收单，并将结果实时反馈给相关财务人员；对于对账异常数据，数字员工会通知财务人员人工介入。在此过程中，数字员工可以取代人工对账单的输入和检查，实现结算工作的自动化，从而节约医疗工作者的工作时间，提高计费效率，并降低费用的核销。数字员工处理医院银行资金对账的业务流程如图 5-5 所示。

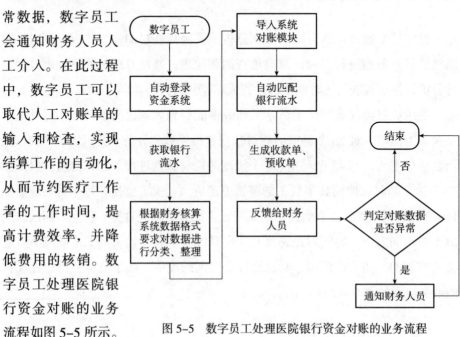

图 5-5 数字员工处理医院银行资金对账的业务流程

5.4.7　医院供应链管理场景

数字员工会对有意与之合作的供应商或库存供货商进行相应的尽职调查，或进行定期的检测和动态监测，以规避可能出现的商业合作风险。

数字员工先从 ERP 系统中读取供应商的信息，再利用搜索引擎等实时搜索相关的信息，从而判断并收集供应商的负面信息。此外，数字员工还会收集供应商的供货时间、售后服务等信息。然后，数字员工将收集到的供应商信息进行数据分析，并定期对每个供应商进行评级。最后，数字员工自动生成信誉报告，并将报告内容发送给管理员。使用数字员工对这些供货商的动态进行实时监测，可以极大地减少供应商管理风险。

在供应商管理中使用数字员工，可以实现对所有供应商的实时和全方位的监控，大大提高监控效率；同时运用大数据动态监测供应商，可发现不符合规定的供应商，例如"皮包公司"及其关联供应商，以减少招标的风险；还可以建立供应商的风险资料库，并对其绩效进行有效跟踪。数字员工在供应商管理过程中的应用业务流程如图 5-6 所示。

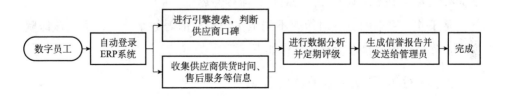

图 5-6　数字员工管理医院供应链的业务流程

5.4.8　产品注册证查询场景

数字员工上线后，可以自动通过多轮对话的形式，了解员工想要获取的注册证信息并进行发送。同时，数字员工还可以自动验证下载用户是否符合权限，并根据使用场景，在产品注册证文件上加载水印，确保文件的使用范围，以防止关键证件盗用等风险的发生。

5.5 医疗行业案例介绍

1.H医院业务场景数字员工解决方案

1）客户背景

创建于1898年的某省立医院，历经多年的风风雨雨，目前已经成为一家集医疗、教学、科研、预防、保健、康复、急救于一体的省级三级甲等综合医院。

医院信息化建设已基本完成，信息化的成果包括医院综合运营管理系统（HERP）、财务信息系统、医院信息系统（HIS）、科研经费管理系统、耗材管理系统（SPD）等。

在推动智慧医院建设中，该医院仍存在以下难题：

一是由于业务系统数量庞大，且各系统之间互不依赖，数据传输受到阻碍，造成了"数据孤岛"现象，导致使用大量人工操作，且工作效率不高。

二是科室成本核算流程复杂，操作步骤繁多，存在跨院区协同难问题，从而导致人为误操作概率大，耗时长，流程易返工。

基于此，K集团，针对医院不同工作场景，部署数字员工，助力该医院实现业务流程场景自动化具体操作如下。

2）针对不同场景部署数字员工

（1）助力医院实现自动化核算。

① 需求及痛点。每月各院区都需要人工进行科室成本核算。首先需要各院区进行数据采集、数据交换，再进行跨院区人力成本计算和成本归集、上报，经集团进行成本分配规则配置和成本分配后，由各院区进行成本分摊、二次分配、成本分配，以及分摊计算、成本发布、指标计算。

该医院的成本核算流程复杂，人为操作容易遗漏环节，导致核算流程易返工。另外，该项工作需要各院区与总院、集团的财务人员协同才能共同完成，不得不耗费大量时间用于沟通。

② 数字员工解决方案。

◎ 数字员工自动登录医院高效运营管理系统，按照既定业务流程，自动进行成本和工作量数据采集、数据交换，自动完成成本计算。

◎ 数字员工自动切换组织，完成所有院区的科室成本核算工作。

数字员工在医院成本核算中的业务流程如图 5-7 所示。

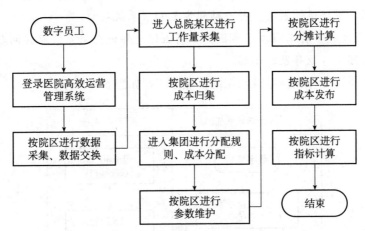

图 5-7　数字员工在医院成本核算中的业务流程图

③ 应用成效。应用数字员工后，医院人力成本大幅度降低，成本核算准确率高达 100%，核算效率大幅度提升，核算时间从 2 天（16 小时）降至 2 小时，如图 5-8 所示。

图 5-8　成本核算中数字员工的应用成效

（2）医院打通医保"最后一公里"。

① 需求及痛点。

医院信息化建设不断发展，业务系统间互联互通的需求逐渐增加，但是医院业务系统和部分国家数据上报系统、医保结算系统间却因为对接程序烦琐或无法提供对外接口而难以实现互联互通，这成为医院信息科之痛。

院内 HIS 系统无法与医保结算系统通过接口方式集成，导致门诊报销数据、住院报销数据无法同步，需要人工每日登录医保结算系统进行数据查询、下载，再登录 HIS 系统进行数据上传，而人工处理很容易出现遗漏和误操作。

② 解决方案。

◎ 数字员工定时自动运行，并自动登录医保结算系统，查询和下载门诊报销数据、住院报销数据，并自动同步至 HIS 系统接口。

◎ 通过数字员工解决了市医保、省医保、异地医保系统对接问题，保障数据及时同步，业务及时闭环。

数字员工处理医保结算数据同步业务流程如图 5-9 所示。

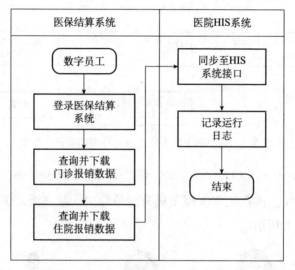

图 5-9 HIS 系统与医保结算系统集成中数字员工的业务流程图

③ 应用成效。

运用数字员工后，相比于人工完成此过程，时间缩短了 95%，不同系统间数据下载、上传准确率为 100%，同时也实现了原系统零改造，如图 5-10 所示。

图 5-10 HIS 系统与医保结算系统集成中数字员工的应用成效

（3）医院对账平台非侵入打通。

① 需求及痛点。医院信息化建设不断发展，业务系统间互联互通的需求逐渐增加，但是，医院业务系统和部分国家数据上报系统、医保结算系统间却因为对接程序烦琐或无法提供对外接口而无法实现互联互通，成为医院信息科之痛。

院内海鸥系统未提供对账平台功能模块的接口，导致对账订单明细、对账订单汇总、差错单明细数据无法同步，需要人工每日登录海鸥系统进行数据查询、下载，再手工上传到其他系统，而人工处理很容易出现遗漏和误操作。

② 解决方案。

◎ 数字员工定时自动运行，并自动登录海鸥系统，查询和下载对账订单明细、对账订单汇总、差错单明细数据，同步至指定的系统接口。

◎ 通过数字员工实现了跨系统的数据自动同步，减少人为操作带来的风险。

数字员工处理对账平台数据同步的业务流程如图 5-11 所示。

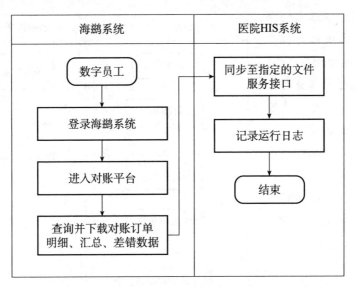

图 5-11　医院对账平台数字员工的业务流程图

③ 应用成效。运用数字员工后，相比于人工完成此过程，时间缩短了 90%，对账订单明细、对账订单汇总、差错单明细数据完全同步，效率大幅度提升，对账准确率达到 100%，同时也实现了原系统零改造。

| 90% | 100% | 0 |
| 时间缩短比例 | 准确率 | 原系统零改造 |

图 5-12　医院对账平台数字员工的应用成效

（4）医院实现临床试验自动开票。

① 需求及痛点。医院在收到临床试验费时，需要给医药公司开具增值税发票，但由于内外网络问题，首先需要登录内网 OES（产品订单执行系统）查询、核对待开票信息，然后手工导出，再切换外网环节，登录税控软件进行手工开票。

手工操作量大，每月近千张开票信息，需要人工整理、核对、开票，每月需要近 3 天时间，并常占用下班时间，易遭机构投诉。核对待开票信息过程易出错，导致多开或漏开发票的风险。

② 数字员工解决方案。

◎ 数字员工自动检查并核对系统内的收款信息，生成待开票记录。

◎ 数字员工自动登录税控软件，自动进行开票，并记录发票号，回填 OES（产品订单执行系统）。

数字员工处理临床试验开票的业务流程，如图 5-13 所示。

③ 应用成效。此流程中使用数字员工效果显著，相较于人工操作，可节省 95% 的时间，开票时间缩短到分钟级别，并且开票准确率高达 100%，极大地提升了客户的满意度，如图 5-14 所示。

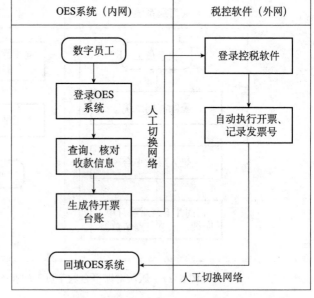

图 5-13　数字员工处理临床试验开票的业务流程图

95%
开票时间缩短到分钟级别

100%
准确率

0
零投诉

图 5-14　数字员工临床试验开票的应用成效

（5）助力医院单位、团队体检自动开票。

① 需求及痛点。针对单位、团队体检业务，需要医院工作人员定期开具增值税发票，需要从医院 OES 系统查询、下载、核对待开票信息，然后登录医疗电子票据管理平台手工开票。

该流程手工操作量大，每月近 4000 张开票信息，需要人工整理、核对、开票，每月需要近 1 周时间；人工容易出错，核对待开票信息过程易出错，导致多开或漏开发票的风险。

② 数字员工解决方案。

◎ 数字员工自动检查并核对系统内的收款信息，生成待开票记录。

◎ 数字员工自动登录医疗电子票据管理，自动开票，并记录发票号，回填 OES 系统。

数字员工处理单位、团队体检开票业务流程，如图 5-15 所示。

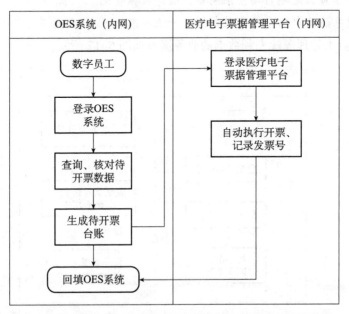

图 5-15　数字员工处理医院单位、团队体检开票的业务流程图

③ 应用成效。此流程使用数字员工效果显著，相较于人工操作，可节省95%的时间，开票时间缩短到分钟级别，并且开票准确率高达100%，不存在多开或漏开发票的风险，如图 5-16 所示。

| 95% | 100% | 0 |
| 开票时间缩短到分钟级别 | 准确率 | 系统零改造 |

图 5-16　数字员工处理医院单位、团体体检开票的应用成效

（6）助力医院专利数据自动统计。

① 需求及痛点。医院科研处需要定期从国家知识产权局——中国专利公布公告网站，查询并下载专利数据，因专利数据每季度更新一次，会涉及既往数据的状态变化，所以工作量逐年递增。

专利数量每年以 150～200 项的速度新增，需要手工录入，每年需要近一个月的时间来处理数据的统计分析工作，占用大量时间；同时，专利数据每季度更新，历史数据也需要进行状态变更，带来较大工作量。

② 数字员工解决方案。

◎ 数字员工定期自动登录网站，进行数据查询。

◎ 数字员工自动采集网站数据，并录入本地 Excel 台账中。

数字员工处理医院专利数据的业务流程如图 5-17 所示。

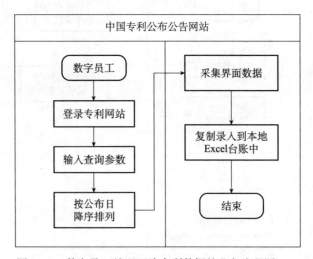

图 5-17　数字员工处理医院专利数据的业务流程图

③ 应用成效。运用数字员工实现此流程的自动化，统计时间可缩短到分钟级别，使医院在降本增效的同时，也大大减轻了工作人员的业务压力，统计分析数据准确率达到 100%，如图 5-18 所示。

96% 统计时间缩短到分钟级别　　　100% 准确率　　　100% 释放劳动力

图 5-18　数字员工处理医院专利数据的应用成效

5.6　小结

伴随着我国新医改的不断深入，整个医疗行业对医疗信息化建设的投资力度不断加大，传统的医疗信息系统仍有很大提升空间。许多医疗机构积极采用数字员工推进医院工作数字智能化进程，为整个医疗行业带来新的突破。在数字员工的加持下，组织能够高效处理医疗数据，打通医疗系统"数据孤岛"，不仅可以提高效率和准确率，还可以让医务人员将更多时间花在治疗病人和医学研究上，从而大大降低医务人员的工作负担。在未来，数字员工在医院信息化转型和数字化发展中将具有非常好的前景。

第 6 章

数字员工在金融场景中的应用与案例

6.1　金融行业概况

金融是指货币的发行、流通和回笼，贷款的发放和收回，存款的存入和提取，汇兑的往来等经济活动，是对已有资源重新进行整合之后，实现价值和利润的等效流通。金融业是指银行、基金、保险等行业，除了工业活动，所有与经济有关的行业都属于金融业，这是一种专门从事金融产品的行业，包括银行业、保险业、信托业、证券业和租赁业。

6.2　金融行业数字化转型发展现状及趋势分析

6.2.1　金融行业数字化转型发展现状

1. 银行业数字化转型现状

银行业的数字化转型更为深入，涉及面更广。银行业中数字员工的应用也是最广泛的。目前，国内很多银行设立了金融科技子公司，这为实现银行数字化做了充分的准备。在大数据高速发展的今天，许多数字技术正在逐步融入银行业务，加速了银行数字化的步伐。利用数字化技术，可以改善银行的风险控制系统，提高风险控制的质量。通过引入数字技术，可以增强银行的数据分析能力，从而使风险控制体系得到优化。另外，利用数字技术可提高银行业务的效率，通过强化数字员工应用，实现业务的自动化办理，提高银行的服务效率。

2. 保险业数字化转型现状

目前，各大保险公司纷纷提出数字化发展策略。利用数字化技术对保险业进行优化，提高了风控、服务和精算水平，从而推动了企业数字化转型。在当前保险业的转型过程中，利用数字技术可推动保险业的核心业务的转变。数字员工技术的应用可以使保险业的市场营销更加精准，利用数字员工技术，可以更精确地分析用户的需要，从而推出更为完善的保险产品。此外，数字员工技术能够增强保单核保的效能，开发智能化的理赔服务，从而推动保险工作更方便、更有效。

3. 证券业数字化转型现状

在目前的证券行业中，数字员工技术的应用还处于萌芽阶段。随着证监会加大数字化的支持力度，许多大型证券商随之加大数字化技术的投入，选择优秀的科技企业进行合作，增强了对数字技术的运用，从而提高了证券公司的运营效率和服务水平。在证券公司的运行中，利用数字化可以提高对客户价值的挖掘，从而提高客户的服务质量。数字化的运用也可以提升券商的服务水平，优化顾客的真实感受。

4. 金融行业在数字化转型中存在的问题

从上文可以看出，金融机构数字化转型取得了积极成效，但也滋生了一些问题和风险。从市场生态来看，由于缺乏统筹规划，机构之间重视程度和投入水平不一，数字化水平参差不齐，"马太效应"显现；从金融风险来看，技术改变金融运行机理，使得金融风险的隐蔽性、复杂性、外溢性更强，加大风险防控难度；从技术创新来看，当前的金融科技创新主要在应用层且同质化明显，涉及底层的基础软硬件研发不够、自主可控能力不强。

从整个行业的数字化转型实践来看，数据是金融行业当前面临的主要挑战之一。经过多年的发展积累，金融机构拥有了大量数据，在数据量方面具备了一定基础，但在数据的完整性、准确性、及时性方面，距离满足创新转型需要、释放数字化价值、符合监管数字化要求还有一定差距。金融行业信息化程度较深，但数据不一致、数据割裂、数据孤岛等现象严重，各种系统之间不能有效地互联互通，大量的跨系统数据处理工作耗时耗力，限制了工作人员的工作效率，而且有可能会出现错误。这些问题如果得不到及时关注和系统治理，将可能制约金融机构的数字化转型进程和创新发展效能的发挥。

6.2.2 金融行业数字化转型趋势分析

1. 金融场景的多样性和场景化的金融服务方式也将不断创新

2022 年，金融机构通过技术和场景的结合，为金融服务提供了更多新的数字员工应用场景，促进了金融服务的数字化。下面以银行为例进行说明。银行业务相对低频，单靠自身的经营无法获取海量 C 端流量，也不可能创造一个生态圈层。因此，可以通过场景的连接获得大量的交易信息，推进生态运营的建设，将平台的资源与场景连接起来，通过数据交换实现对客户的理解、服务以及对风险进行有效管理，从而建立以客户为本的金融服务体系。

2. 全面推进金融科技应用创新

金融机构进一步提升云计算、大数据、RPA+AI、区块链等新技术应用的创新能力，推动不同技术的融合应用，不断夯实数字化转型的技术底座。金融云加大对行业服务力度，成为金融业加速上云的推动手段，并从技术赋能向业务赋能加速转变，实现从单纯注重 IaaS-PaaS（基础架构—平台即服务）转向 SaaS（软件即服务）的全领域云计算应用。金融业进一步加大 5G、物联网、数字员工、量子计算应用的探索，提高创新活力。金融科技应用创新将进一步重点关注生态建设，依托金融科技赋能产业发展，与实体经济形成"良性循环"，开放化、场景化、生态化、平台化服务成为金融科技应用创新的重点。

3. 数字员工助力金融机构进行深度数字化改造

伴随着新一轮技术革命的来临，全球金融的数字化变革加速了金融服务、金融模式、金融生态等方面的升级，帮助金融机构实现深度数字化转型，将前沿科技融入企业核心竞争力。数字化转型在一定程度上解决了我国金融发展中存在的三个问题：工作效率低、人力成本高、合规要求高。

未来，随着人工智能、大数据、物联网、区块链等技术的不断发展，数字员工将以更先进的技术手段，探索更广泛的应用场景，建立更有效、更智能的基础数字化技术的工具与解决方案，实现商业模式、运营模式的变革与重构，这正成为当代数字时代的发展趋势。

6.3　金融行业有关痛点分析

在金融行业中存在众多平台系统，导致数据互通的成本较高，同时，为了响应合规监管的要求，人工重复操作较多，这给金融行业带来诸多痛点与堵点，下面列举金融行业典型场景下的相关痛点，如表 6-1 所示。

表 6-1　金融行业相关痛点

金融行业	相关痛点
银行业	信贷部房融贷信息填写及合同生成痛点
	大额和可疑交易填补痛点
	征信查询痛点
	银行发票验真痛点
	银行可疑预警基础报告痛点
	业务作业分配痛点
证券业	公开发行 / 定向发行数据比对痛点
	风控管理系统估值填报痛点
	数据查询痛点
	资金前端控制申报痛点

表6-1 金融行业相关痛点（续）

	保险执业证信息查询痛点
保险业	保险产品备案回执录入痛点
	保险业务处理痛点
	保单核对痛点

6.3.1 信贷部房融贷信息填写及合同生成痛点

银行业务中数据交互量较大，大量的数据处理工作耗时耗力，限制了工作人员的创造力，也难以确保工作效率，而且很可能出现错误。贷款业务是银行最重要的业务之一，需要以及时、高效的服务面向大众；而且，银行的放款审核一直是风险控制的重点，需要复杂的数据和严格的审批程序。申请贷款时，必须进行多种审核，稍有差错，就会造成放款时间延长。房融贷的整个审批流程分为三部分（授信、用信和出账），共20余个环节，每个环节都需要录入大量的信息，如果都由人工完成，其工作量极大且流程烦琐，录入信息出错的可能性大，同时机械重复性的工作还会极大地降低员工工作积极性。

6.3.2 大额和可疑交易填补痛点

各家银行需要严格遵循人民银行监管的要求，针对反洗钱中大额和可疑交易业务需要进行及时处理，业务涉及证件号等十余项填补内容，需要在反洗钱事中子系统、反洗钱基础数据平台、信用卡查询系统进行数据查询填补，每天需要处理两次，大概在300笔左右。由此可见，监控要求严格、信息补录数据量庞大、查询涉及系统多、操作烦琐、需多个岗位协同作业、沟通成本高，这些已经成为金融机构反洗钱业务管理中的主要问题和业务痛点。这些痛点问题都是规则性、重复性高的工作，因此适合运用数字员工实现流程自动化。

6.3.3　征信查询痛点

个人征信报告是反映个人信用状况最直观、最真实的资料。对个人信用状况进行评价，以便提供信用服务，是目前国内银行普遍采用的一种方式。但征信查询中的问题显而易见：一是涉及多个系统，登录复杂，为企业 / 个人提供授信，需要登录法院、工商、税务、裁判文书等 20 多个企业 / 个人征信信息相关系统的网站；二是由于汇入的总数据量大，容易出现差错，最终查询的结果信息必须由工作人员进行汇总，并以截取的方式保存，因而业务量很大。

6.3.4　银行可疑预警基础报告痛点

银行作为商品货币经济发展到一定程度的产物，必须加强风险管控、控制和防范风险，并对其进行风险评估，以保证其运营和资产的安全。因此，反洗钱也是银行工作中必不可少的重要一环。对于银行来说，每天都要完成大量反洗钱分析工作，负责该业务的工作人员每天都要花大量时间完成对于数据的分析和提取，如果每一笔业务都交给人工处理，就需要将近一个小时。这个环节包括手动整理烦琐的数据并对这些数据进行各种计算、统计、排序等，再将分析后的数据生成报告。如果在信息数字化时代，银行业还在使用人工处理如此烦琐的数据，无疑是一种人力资源上的浪费。

6.3.5　业务作业分配痛点

银行每天要处理的业务繁多，每个业务都包含许多不同的环节，比如资金结算业务就包含后台集中作业处理以及存续期风险监控等诸多环节。而业务流程自动化顶层设计与基层技术应用之间有一定距离，依然保留着大量低附加值和重复性高的手工环节。资金及理财结算团队每天需要处理的交易不止一个种类，数量也非常多，目前的分配方式是通过自主开发的分配系统

（即 Excel 宏处理）来按照一定的规则进行业务的自动分配，没有专门负责人处理某项交易的情况，实际上每个经办柜员每天可能需要处理不止一种交易的多个业务。

6.3.6　公开发行 / 定向发行数据比对痛点

固定收益部工作人员需要每日跟踪相关项目数据，并进行数据下载比对，如有差异，则向对应的相关项目负责人发送邮件通知，其工作业务枯燥烦琐。工作人员需要每天比对数据，登录系统，进行公开发行 / 定向发行，下载数据后进行数据比对，若存在差异，则将差异逐个标出，没有差异则流程结束。这就造成了人工成本高，效率低，且准确性难以保证。

6.3.7　风控管理系统估值填报痛点

在系统自动化程度逐步提高的情况下，风险管控将逐渐成为基金运营的业务核心和价值所在，运营流程的设计也将逐渐从业务流导向转变为风险导向。基金估值业务中的数据风险管控可归纳为三类：逻辑一致性、数据准确性和数据完整性。逻辑一致性多依赖于设计线性流程业务逻辑，保证下游数据尽量不会被上游的错误数据污染；数据准确性人工一般依赖双人复核进行保证；数据完整性往往需要依靠事后的第三方资金和持仓核对保证不遗漏交易。人工进行证券估值业务需要大量的人力保证数据的准确性和完整性，风险管控的难度大大提高，投入成本也一直居高不下。

6.3.8　数据查询痛点

证券业务通常需要进行较为复杂的流程，业务人员需要在多个系统、表单之间进行复制、切换、输入，数据的采集、拆分、合并等任务烦琐，随着规模扩张，人力成本、所需要花费的时间大大增加。由于证券行业具有波动性特点，我国证券市场的业务流程管理模式还不完善，业务监控不全面，数据统计与分析能力较差。业务人员每日必须登录上海清算所的交易系统，导出现券交易、质押式回购等数据后进行检查，再进行全额结算的数据查询，最后导出数据结果并进行最终检查。整个过程需要大量人工复制粘贴，劳动强度大且效率低下，同时准确性难以保证，人工输入易出错。

6.3.9　资金前端控制申报痛点

资金前端风控是对交易参与人及相关参与人的交易业务单位全天申报的净买入总额进行额度管理，通过交易所对交易参与人实施前端控制的制度。工作人员需要每天进行不同系统的操作，登录清算系统，检查外部资金是否已经维护，是否进行上海/深圳资金前端风险控制申报，连接 PROP 综合业务终端和 D–COM 业务终端进行申报，确认申报后业务流程结束。整个过程操作烦琐，人工成本高，且效率低下。

6.3.10　保险执业证信息查询

以销售为主导的保险企业中业务人员众多，流动性也相对较大。手动查询保险代理人的执业信息就成为一项不可避免且具有重复性的劳动。国内某大型保险企业的业务人员需要根据人员信息手动进入保险中介监管信息系统，依次查询执业资格。每月在涉及此类工作时需要操作 500 次以上，一个业务人员在极其专注的状态下每次查询耗时至少 1 分钟，每月需要至少 2 个工作日才能完成该工作，这使得企业亟盼数字化工具以完成重复性的工作内容。人工操作的执行成本高，耗时耗力，且出错率高，回溯校验成本高。

6.3.11　保险产品备案回执录入

保险公司的保单种类较多，业务处理过程较为烦琐，并且与保险品种及其相关业务之间的关联度也较高，规则较多。因此，在保险产品备案以及回执录入这一工作流程中，人工手动操作较为烦琐且极易出错。在此流程中，人工需要手动登录保险监督管理委员会的系统，下载已备案的产品信息，并识别和筛选数据进行分析，手动将已备案通过的产品信息录入 OA（自动化办公）系统。整改过程数据量大，登录操作烦琐，耗时耗力，且出错的可能性大。

6.3.12 保险业务处理痛点

由于保险公司资料来源复杂，人工将纸质资料、电子文档等资料输入资料库，程序复杂且费时，若有差错，则会对公司的财务及信誉造成损害；同时，大部分的保险公司依靠庞大的商业体系。新制度和新技术的应用将使新制度和已有的商业体系相结合；保险类电话销售必须合规，不得有虚假宣传和歪曲政策。在频繁的法律和法规的修订中，还须防范重大的法律和金融风险。总之，保险业的数据量很大，不断地输入、输出表格数据，是一种机械且重复的工作，不仅时间长，而且出错的风险大，给公司造成的损失也大。

6.3.13 保单核对痛点

保单核对是每个保险公司都会涉及的业务，较大的企业大约平均月需要审核 2 万人次左右的保单，其业务量大，耗时长。在投保人确认投保后，保险公司要逐项审批投保人的信息合规性，筛选是否符合投保条件，以避免因为审查漏洞造成的效益损失，整个处理需要 1 周的时间。通过人工处理流程，不仅费时费力，还常会出现错误。

6.4 金融行业数字员工应用场景

金融行业数字员工的具体应用场景如表 6-2 所示。

表 6-2　金融行业数字员工的应用场景

金融行业	相关应用场景
银行业	信贷部房融贷信息填写场景
	大额和可疑交易填补场景
	征信查询场景
	银行发票验真场景
	银行可疑预警基础报告生成场景
	业务作业分配场景
证券业	公开发行 / 定向发行数据比对场景
	风控管理系统估值填报场景
	上海清算所数据查询场景
	资金前端控制申报场景
保险业	保险执业证信息查询场景
	保险产品备案回执录入流程场景
	保险业务处理场景
	保单核对场景

6.4.1　信贷部房融贷信息填写场景

　　数字员工的应用能实现贷款审批流程自动化，提高服务效率。数字员工可以自动填报房融贷流程中的 13 个环节：首先，数字员工自动登录填报系统，读取 Excel 表格信息并将这些信息进行建档，然后填写调查报告、授权方案和担保信息。数字员工可以自动进行对私单项授信审查与审批，并在最后进行授信审批书的打印工作。数字员工处理房融贷信息的业务流程如图 6-1 所示。

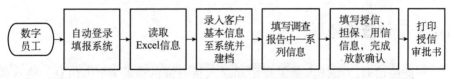

图 6-1　数字员工处理房融贷信息的业务流程图

信贷部房融贷信息的填写包括 19 个流程，如果全部由人工手动完成，那么单个信息的填写就需要花费 30 分钟左右，因此非常耗费时间。数字员工可以帮助业务人员自动完成 13 个流程的填写，可以将单个信息填写的时间缩短为 5 分钟，从而极大地节省了时间，提高了工作效率。此外，数字员工可以 7×24 小时不间断地工作，并且不会因为疲惫而产生工作失误。对于银行而言这可以节省许多人力资源，让业务人员将精力投入到更有创造性的工作中，从而为客户提供更好的服务。

6.4.2 大额和可疑交易填补场景

数字员工可以将补录任务根据固定规则进行场景识别，判断业务类型，然后根据各个业务点的查询路径，查找客户的交易信息，最后将查询结果中的对应项补录至反洗钱系统。反洗钱信息补录数量庞大，年均 300 万笔左右，由于涉及操作系统多、操作烦琐等问题，人工操作每笔信息补录需要花费 10 分钟左右，但是数字员工的应用可以让流程实现自动化，业务人员只需一键点击，单笔信息就可以在 1 分钟内完成补录。反洗钱信息的录入要求具备一定的准确性，但是人工处理大量信息的过程中难免会出现错误，而数字员工可以很好地避免这一点。数字员工能准确无误地登录多个系统并获取缺失的详细信息，然后将这些数据自动填补到反洗钱系统中。此外，数字员工还有一个显著的优势就是它不需要休息，可以全天候运行。这样一来，不仅满足了信息实时更新的需求，还大大地降低了银行和其他金融机构的人力成本。数字员工处理大额和可疑交易填补的业务流程如图 6-2 所示。

图 6-2　数字员工处理大额和可疑交易填补的业务流程图

6.4.3 征信查询场景

查询征信时，工作人员需要手动录入待查询的企业 / 个人信息，将这些信息录入多个不同的系统且都进行截图保存，因此完成一笔征信查询可能需要花费 30 分钟以上。而使用了数字员工之后，工作人员只需轻轻点击鼠标，数字员工就可以将上述流程进行自动化操作，只需 5 ～ 6 分钟就可以完成一单征信查询。征信查询涉及多个政务系统，不同系统的操作也有差别，因此对于刚刚上手的银行业务人员来说可能操作比较困难。但是有了数字员工的帮助，这些烦琐的步骤可以一键解决，并且数字员工还可以灵活地应对系统的卡顿问题，随时保存数据，稳定运行。征信查询完之后，还需要将查询结果进行登记。在数据登记录入的阶段，人工手动录入免不了会出现一些差错，而数字员工就可以很好地避免这些问题，其准确率能达到 100%，银行的业务人员也可以将时间花在更有价值的业务处理上。数字员工处理征信查询的业务流程，如图 6-3 所示。

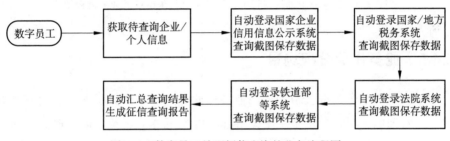

图 6-3　数字员工处理征信查询的业务流程图

6.4.4　银行可疑预警基础报告生成场景

人工操作时，反洗钱人员总是先登录总行的反洗钱平台，提取系统提示的预警信息，登录分行的查询辅助系统，然后提取预警账户的流水数据，在整理分析并提取好信息后，编辑分析统计报告。而数字员工参与后，会自动登录总行的反洗钱平台，提取好预警信息，然后自动登录分行的查询辅助系统提取预警的账户流水，整理分析好信息后，自动生成账户交易情况，分析统计报告，提交给负责反洗钱业务的人员，这样能免去人力要做的那些烦琐、机械的工作，而让人力资源专注于不能被机器代替的工作上。

人工执行所需的处理时间长，流程多，涉及的沟通细节多，需要调取多个系统平台数据，流程非常烦琐。而运用数字员工，可模拟工作人员操作计算机，对相关信息进行提取、整理、分析，自动生成账户交易情况统计分析结果，定期分类归纳有关数据和生成报表，实现反洗钱监测分析自动化，帮助银行员工释放精力来处理团队中其他更复杂的任务。在数字员工的帮助下，银行能够把原来浪费在收集信息、处理数据这样机械的工作上花费的时间转移到更能够发挥人才作用的地方，相信这也能够使银行在处理不法分子的时候有所帮助，从而使银行更好地分辨洗钱的踪迹。数字员工处理银行可疑预警基础报告生成的业务流程如图 6-4 所示。

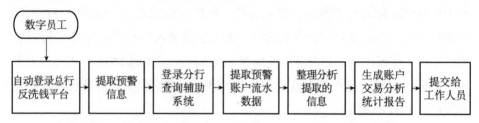

图 6-4　数字员工处理银行可疑预警基础报告生成的业务流程图

6.4.5　业务作业分配场景

在数字员工参与前，负责专门业务作业分配的工作人员需要根据业务类型（比如到期 / 日中）分别登录 X-pad-s 与 X-pad-g 系统，依次点击不同模块导出报表，再保存到相关文件夹，通过手工录入相关报表，保存到指定文件夹，接着运行 Excel 宏，点击刷新交易分配与交易分割，最后判断是否为最后一次执行，如果是的话则点击"日结"。可以看出，人工操作这样的系统非常麻烦，而有数字员工参与后，则会简单不少。数字员工首先会根据业务类型自动登录两个系统，判断不同的模块，然后导出相关报表到相关文件夹，录入报表并保存后自动运行 Excel 宏，刷新交易分配与交易分割，最后判断是否为最后一次执行，若是则点击"日结"。

人工执行所需的处理时间长，流程多，数据量大，操作过程烦琐，且过程耗时，出错可能性比较大；而数字员工每 10 分钟就能执行一次流程，还能自动登录系统，导出数据报表，在提升业务质量与速度的同时保证了 100% 的准确率，节省了大量的人力。在数字员工的帮助下，原来浪费在烦琐复杂的业务分配这样机械的工作上花费的时间转移到更能够发挥人才作用的地方，相信这也能够帮助银行把冗余的事项从员工身上移开，把人力资源分配到最适合的地方。数字员工处理业务作业分配的业务流程如图 6-5 所示。

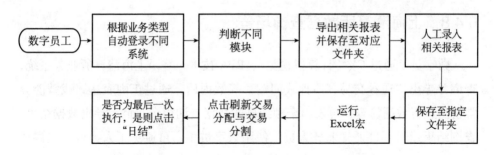

图 6-5　数字员工处理业务作业分配的业务流程图

6.4.6　公开发行 / 定向发行数据比对场景

数字员工能帮助银行业务人员推进业务流程，自动登录、数据获取、比对，提高准确性，节省大量人力进行数据获取及复核，大大提高效率。业务人员填写好流程中所需的系统用户名和密码、所需数据后，启动数字员工完成。数字员工会自动登录系统，进行公开发行 / 定向发行，自动下载数据后进行比对：若存在差异则通知相关业务人员，若无差异则流程结束。

数字员工部署快，成本低，不破坏现有系统，节省人力。利用数字员工可使自动流程标准化，防止由技术故障、操作失误等原因导致的交易异常，降低风险与结算风险，从而维护交易和结算的秩序。

6.4.7　风控管理系统估值填报场景

工作人员需要每天对不同系统进行操作，先登录估值系统，浏览信息并提取所需关键信息，退出估值系统后再登录风控系统，填写资产净值和资产份额等关键信息。使用数字员工后，业务人员只需填写好流程中所需的系统用户名和密码、所需数据，交给数字员工完成即可。数字员工会自动登录估值系统，根据获取到的数据表抓取所需数据，完成后退出估值系统，再自动登录风控系统，填写资产净值和资产份额等关键信息后退出系统。使用数字员工可节省人力，打通前中后台系统，改变后台系统孤立的局面，从而使服务效率和质量明显提升。

6.4.8 上海清算所数据查询场景

数字员工通过 CV（计算机视觉）、RPA 技术，登录上海清算所业务系统，查询并导出"现券交易、质押式回购"等数据后，通过正则表达式或智能异常检测进行数据检查，再发出全额结算的数据查询指令，最后导出数据结果，查询结果通过邮件通知业务人员。使用数字员工，可避免了人为操作失误风险，节省人力成本，提高业务效率、合规性，减轻员工的工作量，时间节省80%；同时，让工作人员从重复烦琐的数据导出、拆分、重组工作中解放出来，将时间利用到更需要专业技能的工作中，有效提升了效率。

6.4.9 资金前端控制申报场景

业务人员填写好流程中所需的系统用户名和密码、所需数据后，只需启动数字员工完成即可。数字员工会自动登录清算系统，检查外部资金是否已经维护，是否进行上海 / 深圳资金前端风险控制申报，连接 PROP 综合业务终端和 D-COM 业务终端进行申报，确认申报后业务流程结束。此过程使用数字员工，可节省人力，使自动流程标准化，防止由技术故障、操作失误等原因导致的交易异常，在保证证券市场安全、稳定的基础上，有效减少银行间的结算风险，维护证券市场的正常运转。

6.4.10 保险执业证信息查询场景

数字员工可以自动查询、抓取、录入、整理保险代理人的执业证信息，从而实现整个流程的自动化。使用数字员工后，无须人工手动一步步操作，业务人员只需一键点击，数字员工即可快速完成信息读取、网页登录、信息查询等一整套操作流程。以前，传统人工单次耗时 60 秒钟，而有数字员工查询，每一个人仅需 20 秒。原本每月人工需要 2 个工作日完成的任务，在数字员工的帮助下可降低至 3 小时。另外，使用数字员工可达到零出错率，大大降低了校验成本，因为人工操作存在一定的出错率，所以人工录入信息之后还需要花费大量的时间进行校验，来确保准确性。而数字员工不仅能快速进行信息查询和录入，而且能保证 100% 的准确率，大大降低了校验成本。

6.4.11　保险产品备案回执录入流程场景

数字员工可以自动登录保险监督管理委员会的系统，下载已备案的产品信息，并识别和自动抓取筛选数据，将已备案通过的产品信息录入到 OA（办公自动化）系统中。

保险公司与客户保持低频交易，平均每年与客户接触仅 1～2 次，客户关系本就比较薄弱。业务人员若将大部分时间耗费在类似的信息录入工作中，就无法为客户提供及时的服务。而数字员工的流程自动化服务既可以快速更新产品备案信息，又可以节省时间，提高保险业务员的服务质量。另外，大量的保单也会增加产品备案和回执录入的工作量。在使用数字员工前，业务人员需要手动将保险产品的信息录入进行备案，然后登录双系统将备案信息下载并进行回执上传，这一过程涉及多项数据的迁移，因此需要花费业务人员大量的时间，这对保险公司而言是一项极大的人力资源浪费。而使用数字员工，能让信息的导出录入进入自动化流程，大大节约了时间。

6.4.12　保险业务处理场景

数字员工可以代替保险专员完成手动填写表格和提取客户信息的工作，并将其合同信息登记到公司内部系统中的流程自动化机器人。这样可以为保险专员节省宝贵时间以便在客户沟通、审查表格和提高整体流程效率方面承担更多责任。

在数字员工投入使用之前，保险专员要进行大量的表单和数据导入导出，这些都是具有规则性和重复性的机械工作，不仅流程烦琐、过程耗时，而且具有一定的出错风险。数字员工的使用可以将这一整套流程进行自动化处理，保险专员只需要复核最后需审理的异常文件，因而增强了工作效率。此外，在处理保险业务的过程中，一旦出现错误，责任是由公司承担的，因此公司的经济和声誉将在一定程度上受损，这也会导致客户对公司的信任度降低。而数字员工的使用，可以很好地避免出错，达到 100% 的准确率，从而大大提高客户的满意度。

6.4.13 保单核对场景

数字员工能够自动核对信息、自动录入数据并自动发送邮件，它结合了RPA 技术自动化的功能和 OCR 技术智能识别的功能，可实现保单核对处理流程的自动化。随着保险市场的扩大，保险公司平均每月需要审核上万人次的保单数量，这也意味着公司需要付出大量的人力成本。而数字员工投入使用后，后续的信息提取和信息识别都将由数字员工自动完成，并将核对结果通过邮件通知业务人员。业务人员只需人工核对异常保单即可，这大大缩短了业务时间，降低了人力成本，提高了工作效率。另外，一份完整的保单包含投保人大量的个人身份信息，在人工核对保单的过程中业务人员需要处理大量的数据信息，这个过程中难免会出现错误。而数字员工的使用，能每天定时处理新增的保单信息核对任务，且出错率为 0，这极大地提高了工作的准确性。

6.5 金融行业案例介绍

1. 某银行的数字员工项目实践

1）需求及痛点

某银行由于缺少灵活的管理操作，必须不断雇用新的员工来应付每季度的工作量，比如交易调查、资金追踪、账户对账、资金回收以及审计凭证等这些比较重复烦琐的工作，因此需要该银行在 3 ～ 4 个月内开始招募员工，花一个月左右的时间让新员工上手新工作，然后培训上岗，业务完成后，再缩减规模解散团队。这不仅浪费了管理层的时间，还增加了运营成本。

此外，该银行是一个在 33 个国家 / 地区经营众多产品的国际性银行，它在考虑控制经营成本和复杂性的同时，也要充分运用科技手段。例如：如何更省时省钱地进行常规审计和认证流程？如何优化供应商的付款对账流程，保证零错误执行？如何降低由于季度性资源管理高峰带来的组织压力和运营成本？等等。

2）数字员工解决方案

（1）实施数字员工，可实现交易调查、资金追踪、账户对账、资金回收、审计凭证、资金支出等流程的自动化。

（2）创建从发票到付款的自动化端到端流程的机器人。

从 IT 角度而言，该银行将数字员工视为公司员工，只是数字员工拥有不同于人的访问权限。对于有些领域，该银行还基于数字员工的布置进行了架构重组。例如，有些交易环节会因国家 / 地区不同而有流程差异，之前该银行为三个国家 / 地区各设有一个支持团队，但现今，其新建了一个单独的团队来支持全部三个国家 / 地区的业务，方便数字员工集中处理大量的交易，从而创造更多价值，并且这些流程差异不需要特别的专业人士就能完成。此外，其还搭建了一个控制室，以便监督所有数字员工在各个中心、各个国家的工作状况，安排数字员工的工作以达到各地区间的工作量平衡。

该银行搭建了两个团队并行的项目管理方式，这两个团队都得到了集中化的支持，但其并非集团所属的团队。其中一个团队是项目的"天使用户"和公司的技术专家，现在这个团队已经有 40 多人了，并将继续扩大。另外一个团队则为整个公司提供次级专业技能，并能服务公司不同的职能部门，该银行估计该团队将达到 200 ～ 300 人员规模。该银行下一步计划搭建第三个团队，以便服务于公司更多部门，做更多基础性的自动化业务。

集团交付中心鼓励全公司各部门开始体验自动化，用其提高日常的人工效率，并且希望各业务 / 职能部门将此视为帮其完成业务目标的免费工具。

3）应用成效

（1）常规的审计认证。全球大约 8 个地区的 500 多个数字员工实现了成本节约 40%；在末端传递过程中，可以节约 70% 的工作时间，如图 6-6 所示。

（2）供应商的付款对账。在进行数据审核时，可以有效降低人工劳动，实现零失误对账。

（3）季度性工作量管理。降低临时资源的费用与要求，提高资源管理效率，减少员工流动对公司经营造成的压力。

 70% 时间节省　 100% 对账准确率　 40% 成本节约

图 6-6　数字员工的应用成效

2. 某银行借助数字员工实现数字化转型

随着金融产业的数字化转型，人工智能、区块链、云计算、大数据等新技术纷纷出现，为金融业的发展提供了一个历史契机。该银行在数字转型的过程中，引入了数字员工，从而实现了数字化转型。

1）需求及痛点

该银行在实施数字员工前，曾尝试过用其他的方法来提高系统的处理效率，例如爬虫，但是效率不高，与现有系统在融合、跨系统运行、合规性方面都存在挑战。

此前，该银行的账户信息备案、贷款业务进件量统计、监管事项监控、用户视频录入等业务均耗费了大量人力、物力。其银行的部分业务也是跨系统的，比如将最新的公司名录分别下载到不同的网页上，这不仅效率低下，而且很容易出现错误。与此同时，该银行也在为企业的数字化转型寻找最好的途径。在了解了数字员工技术之后，银行开始部署数字员工。

2）数字员工解决方案

为了进一步解放生产力，降低操作风险，提高工作效率，该银行决定投入使用数字员工。该银行陆续投入了后台数字员工、前台数字员工和数字员工平台建设。数字员工主要应用在办公室、金融市场部、运营管理部，那么，该怎么执行呢?

（1）办公室：监管事项督办。数字员工每天都会登陆监管信箱，接收监督信息，并将其转发到相应的办公信箱。该流程优化后，办公人员无须每天登陆监管信箱查看最新的监管事务通知，从而减少了重复的人工作业。所有的通告邮件都可以通过特定的邮箱直接浏览和转发，这让办公室职员能够更好地集中精力做其他有价值的工作。

（2）运营管理部：人行（中国人民银行）账户信息自动备案。利用数字员工完成对公账户数据输入到人行账户管理系统进行申报，并将 PDF 格式的银行账户信息及查询口令发送至银行柜台，运用数字员工后柜员省却了银行对公账户的开立和人工录入的重复工作。

3）应用成效

在监管事项督办业务方面，运用数字员工后，工作人员每天无须多次登陆，可以节省大量时间。在人行账户信息自动备案业务方面，使用数字员工后，每家银行的数据录入时间也从 10 分钟缩短到了 2 分钟。数字员工能够更迅速、更精确地进行银行账户的申报，准确率达到 100%。数字员工的效率高且易于操作，可 7×24 小时连续高质量地工作，极大地促进金融业务的顺利发展，如图 6-7 所示。

图 6-7　数字员工的应用成效

3. Z 保险公司理赔数字员工应用

1）需求及痛点

Z 保险公司安徽省分公司车险理赔部在处理车险案件时，由查勘员线下选择三家供应商进行询价，导致车险理赔部无法有效驱动区域内多家供应商为事故车主提供更优质的服务，由于缺失成本管控手段，对下游配件厂、维修厂、律师事务所等供应商无法进行考核，以甄选优质供应商。该保险公司决定携手 L 公司研发理赔资源管控平台，并深度使用数字员工，以期降低人为操作风险，提升流程透明化管控能力，提升理赔资源处置收益，降低理赔运营成本支出，提高理赔工作效率与质量。

2）数字员工解决方案

基于智能工作流引擎，通过可视化界面拖曳元件，完成车险理赔业配件询价、低碳修复、残值竞拍、公估师聘请、律师聘请五大核心场景的业务流程上线。

数字查勘员在线上发起案件询价，系统通知区域内符合条件的全部供应商进行报价，基于数字员工实现供应商报价的横向比价及历史案件比价，实现自动化集合竞价，从中选取最优供应商。

案件完成后，数字员工会根据供应商业务完成情况进行多维度打分和评价，为部门筛选优质供应商提供有效的管理手段。

数字员工可实现多个系统的数据打通，构建完整的业务数据中心，形成可视化数据报表统计页面，为管理层提供决策依据。

3）应用成效

自 2021 年 11 月份该上线理赔资源管控平台和对应数字员工上线以来，截至 2022 年 3 月 8 日，全省 16 个城市累计 440 位职工使用该平台，累计处理案件 5669 起，日均处理车险案件 110 余起，其中数字员工自动化处理案件达到 1385 件，为该保险公司节约了人力成本和运营成本近 200 万元。

6.6　小结

目前数字员工在欧美已经被广泛采用。RPA 作为数字员工最核心的技术能力，得到了广泛的应用。通过 AI 技术的应用，数字员工的应用范围将会越来越广，在金融行业中，它可以根据客户的需求开发出更多的产品。

数字员工将成为一个很有意义的发展方向。一方面，数字员工将加速新技术的应用。以 AI 为例，之前 AI 和金融的融合还不算太快，但 AI 与数字员工的结合却很快，并且能够直接嵌入金融业务，这大大加快了 AI 等新技术落地到金融场景里的速度。而另一方面，数字员工为金融技术应用带来了更多的内容。现在的金融机构都很注重场景的孵化，以满足更多的场景需要。

随着新的技术和场景的出现，数字员工也将迎来一个新的突破。在将来，我们将不再依赖表格式互动，而转向声音与影像的交互方式，从而产生海量的非结构化数据，而数字员工则会为其带来新的产品应用。从长远来看，数字员工并不是一种过渡，它会随着其他技术的发展而不断发展。数字员工如同自动化理念一样，与 IT 系统一起发展，成为金融技术计划的重要组成部分。

第 7 章

数字员工在制造场景中的应用与案例

7.1 制造行业概况

制造业是指在机械工业时代，按照市场的需要，用一定的资源（原料、能源、设备、工具、资本、技术、信息、人员），经过加工，转化为可供使用的大型的工具、工业品和生活消费品的行业。按照制造过程中所用到的材料形式，制造企业可划分为离散制造和过程制造。

相关数据显示，截至 2021 年，我国制造业增值在 GDP 中所占的比重达到了 27.4%，相比于 2020 年时的数据，提升了 1.22%。这是从 2011 年以来，我国的制造业增值在 GDP 中所占的比重第一次出现上升的情况。从这一点我们不难看出，我国的制造业发展状况还是相当不错的。这对于我国的总体发展有重要的意义。

随着中国经济与制造业的快速发展，中国制造业从业人员的薪酬水平也在不断提升，2022 年中国制造业从业人员的平均薪酬已增至 8.3 万元 / 年。但相较而言，中国制造业的人均产出并没有非常明显的提升。迅速增长的劳动力成本，以及仍然相对低效的产出水平，导致中国制造业逐渐失去人力成本的比较优势。在此情况下，中国制造业也需要凭借自动化、智能化的生产制造解决方案，提高生产制造的效率，减轻人员成本压力。

7.2 制造行业数字化转型发展现状及趋势分析

7.2.1 制造行业数字化转型发展现状

1. 数字化制造技术在我国已获大量应用

当前，我国数字制造技术正在快速发展，其发展趋势主要有：一是正从2D向3D转变，并形成以模型为基础的工作指南；二是并行与协同，通过对产品、工艺过程、生产资源进行建模模拟和集成优化等，提供多学科的技术与制造的协同性和并行性，从而达到对产品和工艺设计成果的早期验证；三是向数字化装配与维修转变；四是数字化车间与数字化工厂，它是一种新型的生产模式，将数字制造技术运用到车间和工厂，有效地运作，为实现高效的物流、精益生产、可重构制造、多元化制造等先进制造模式提供了辅助手段；五是由机器、设备、系统网络等构成的工业互联网，它可以将连接能力、大数据、数字分析、3D打印等更深层地融合。

2. 我国制造业数字化初见成效

数字化制造具有柔性化和敏捷化的特征，能够对市场的需求做出迅速反应，在制造业由以生产为主转向以市场为导向的过程中，我国的数字化发展初见成效。首先，我国在生产中增加了对数字产品的投资；其次，数字化制造发展迅猛，仪器仪表、数控机床、机器人等行业的自主创新成果已经初见成效，3D打印等新兴行业得到了快速的发展；此外，制造业的数字化经营也逐渐走上正轨，信息化技术已广泛地运用于制造业。

3. 云计算平台将是新的商业模式和商业形态的重要突破口

现在的云化不只是原来的计算存储上云，云化里面现在有两个重要的价值点：一是倒逼企业加速内部综合集成；二是推动跨企业协同共享，催生一些社会化资源配置的新模式、新业态。因此，随着云计算服务的大规模落地，企业用户对云服务的要求也越来越高。从底层的架构出发，公有云、私有云、混合云等都是以用户为中心的，而随着产业客户的个性化需求的发展，云的应用也逐渐增多。

4. 传统设备数字化改造难度大，难以一体化接入

在数字化转型的进程中，对传统的高端设备进行适当的数字化改造和再利用，是目前推动制造业数字化转型的必然选择。传统设备的数字化改造比较困难，其原因在于：一是不同的知名企业的不同设备采用了不同的外部通信接口或工业现场总线协议，造成了复杂的异构系统集成与互联，从而影响了产品的一体化接入和互联互通；二是一些电子设备的系统被严格地封闭，缺乏标准的通信接口导致系统的开放、更新和共享的难度较大；三是许多传统的机械化、自动化设备在初始阶段没有充分考虑到数据采集、网络控制等方面的要求，使得二次数字化改造难以进行，这就限制了网络接入和互联。

数字化转型是一种战略转变，而非单纯的企业信息化工程，必须在战略层次上进行全面的规划与顶层设计。但是，当前一些企业注重网络、系统和平台建设，而忽视了从全局的角度推动企业数字化转型，我国目前还缺乏与之相适应的组织结构、运行机制、管理体制等配套的变革，而数字转型仅限于信息化的运用。有些企业仅仅注重数据的收集，而忽略了从数据深层挖掘中促进企业战略转型；在企业的经营模式、服务模式和管理模式等方面，缺少大数据的应用。

7.2.2 制造行业数字化转型趋势分析

1. 流程领域有望率先实现智能化

工作中的一切都可以数字化和智能化，但要找到合适的切入点。在流程领域中，生产过程具有基本的连续性，生产工艺比较简单，生产流程清晰连贯，所以整个生产过程的数字化难度相对较小，这是数字化的加速引擎。生产流程数字化、工作透明化为流程重组提供机会，可提升业务效率，从而沉淀了更多的数据，带来了数据辅助业务智能决策的机会。在对各阶段的数据进行全面融合之后，流程领域企业需要更多地利用人工智能技术，比如机器学习、自然语言处理、计算机视觉等技术，进行实时数据分析和实时决策，并进一步将智能系统延伸至供应链、生产后服务等各个环节，最终实现全面智能化。弹性的集成技术是实现企业内业务、数据互联的核心技术，从而进一步实现信息和数据的实时交互。

2. 数字技术加快向制造领域渗透扩展

在过去的一段时间里，移动支付、电子商务、网上购物、视频直播和智慧物流等新形式的快速发展，促进了供需之间的空间匹配，降低了交易费用，激发了消费的巨大潜能。面向未来，以 5G、物联网、大数据、RPA+AI 为代表的数字化和智能化技术，将推动数字化技术和制造业的深度融合，形成"人机协同"的智能制造模式，数字化设计、智能化生产、网络化协同、服务化延伸等新的发展模式蓬勃兴起。

3. 制造业将不断朝着超级自动化方向发展

超级自动化要求通过协调 AI、传感器、机器学习、RPA、低代码开发平台以及 BPM（业务流程管理）工具来实现。从一定意义上讲，制造业处于高度孤立的环境中，很多生产企业仍在高度依靠人工生产，但是很多生产过程都是重复的，加之劳动力成本的快速上涨，人工的效率却依然很低，这就造成了中国制造业在人力成本方面的竞争优势正在逐步丧失。而发展超级自动化可以接替人工任务，使运营过程更具透明性。生产厂家可以将重复性强且关键的工作交给数字员工，从而解放员工，让员工去做更多的具有创新性和复杂的工作。

7.3　制造行业有关痛点分析

制造业规模巨大，在业务需求方面差异巨大，这里我们列举制造业在日常管理过程中各环节的一些典型痛点，如图 7-1 所示。

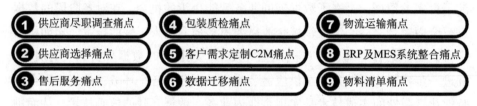

❶ 供应商尽职调查痛点	❹ 包装质检痛点	❼ 物流运输痛点
❷ 供应商选择痛点	❺ 客户需求定制C2M痛点	❽ ERP及MES系统整合痛点
❸ 售后服务痛点	❻ 数据迁移痛点	❾ 物料清单痛点

图 7-1　制造业行业痛点

7.3.1　供应商尽职调查痛点

某制造业销售公司的采购部需要对经销商、供应商开展背景调查，核实股东、诉讼记录以及负面消息，并进行风险提示。业务人员需要依次登录天眼查、企查查、法院、中国裁判文书网等，检索经销商或供应商的企业名称，核实股东、诉讼记录以及负面消息，并且人工判断风险系数。如果风险系数达标，则前往 SAP（企业管理解决方案）系统录入主数据；如果风险系数不达标，则发送邮件向财务、法务和合规部门提示风险。在此过程中，工作人员需要进行大量跨网页重复的复制粘贴操作，效率低，劳动强度大，并且很容易因为疲劳而出现错误。

7.3.2　供应商选择痛点

供应商的挑选过程通常包含：准备报价请求，与供应商沟通与讨论，分析供应商文档，评估供应商，审核信用，最终决定供应商。以往这一过程都是手工操作，业务人员首先要组建供应商筛选团队，对市场的竞争状况进行分析，确定供应商的选择目标，建立供应商的评估标准，邀请供应商参加评选设计，然后由各公司的团队对供应商的能力进行评估，最后确定供应商，并将最终的结果发给负责人。在这一过程中，供应商的选择流程漫长而烦琐，需要多方的配合与沟通，投入时间多，成本高，人工处理出错率高。

7.3.3　售后服务痛点

人工在收到客服的转接服务后，需要查找服务票据数据，然后分两步处理请求：如果产品的问题不大，就需要向相关部门反馈客户需求；而如果需要退货，则需要手动填写退货单，接着联系物流合作伙伴，在确定退货时间后为客户预约上门取货，最后在收到退货之后，验收确认。对于拥有众多客户且从事大量生产活动的组织来说，售后服务虽然必要，但是在操作上有着非常麻烦的流程。公司需要通过人工的方式来更新每天处理的售后，这样的操作不仅费时费力、烦琐劳累，而且会因为工作枯燥单一破坏员工的工作积极性。

7.3.4　包装质检痛点

人工参与包装质检是一个流水线工程，需要人工一个个检测包装是否通过质检，将不能通过质检的包装筛出来并录入应用程序数据，最后写质检报告。采用人工质检，其缺陷在于，对识别的准确度无法用数据衡量、规范，不同质检员的质检标准很难一致。另外，为了保证质量，质检员通常会选择多裁一些带缺陷产品，无形中增加成品的浪费，且很难监管。人工包装质检的过程花费了质检人员大量的时间和精力，工作内容重复性高且烦琐，业务工作量大且效率低下，很容易导致员工士气下降和员工流失。

7.3.5　客户需求定制 C2M 痛点

C2M 模式（customer–to–manufacturer，用户直连制造），是指将顾客与制造商直接联系在一起，即消费者与工厂直接联系，着重于制造商和消费者的联系。实际上，这是一个"聪明"的模式：C2M 模式，用户可以通过平台进行订购，然后根据需求，进行设计、采购、生产及发货。它的主要内容是：完全的柔性制造，小批量、多批次的供应链响应。C2M 模式将库存、物流、总销、分销等各种中间环节进行优化，减少库存等不必要的成本，让消费者以极低的价格买到高质量的产品。

其过程如下：在收到客户提交的订单要求后，开始分析用户的需求、痛点，然后按用户个人数据生成需求报告。在形成场景服务方案后，寻找厂商进行 C2M 定制。最后在获取了用户的反馈之后，记录下用户的数据。人工执行所需的处理时间长，流程多，涉及的沟通细节多，需要调取多个系统平台数据，流程非常烦琐，耗时耗力且效率低下。

7.3.6　数据迁移痛点

企业在数据迁移时，需要将数据从旧系统转移到新更换的系统当中，这一过程涉及大量的数据搬运工作，需要耗费大量的时间和精力。甚至对于一些小问题，进行数据迁移也要花费大量的时间和成本。不过，在这个过程中可能会由于工具缺陷和无法测试，导致数据丢失和迁移失败，无法有效迁移数据。如果企业无法有效地迁移数据，就会限制其利用新技术平台的能力，并增加被锁定在某一个平台上的风险。

7.3.7　物流运输痛点

制造业企业通常涉及大量的货物内外流动，供应商和订单较多，易出错。从采购原料以满足生产需要，追踪运输路线，到制造特定的产品，并保证在适当的时间把货物运到适当的地方——这些对业务至关重要的大量物流信息要等待制造商跟踪及处理，这不仅意味着成本的增加，而且服务不及时还会影响用户体验，可能导致客户疏远。

7.3.8　ERP 及 MES 系统整合痛点

针对企业的实际需求，在企业内部配置了多种 ERP（企业资源计划）子系统，包括财务管理、生产控制、物流管理、采购管理、分销管理、库存管理、人力资源管理等。为了进行数据交换，员工常常要在不同的系统之间切换。此外，由于某些业务缺乏现代集成界面的运营系统，其在实际运作中常常缺乏灵活性和透明性，从而造成数据集成不良的情况。

7.3.9　物料清单痛点

BOM（物料清单）是制造业中至关重要的数据文件，包括原材料、组件、子组件和其他构成产品的细节列表，这是计算机辨识物料的基本依据。

此文档将为公司的全体员工提供有关材料内容、数量、方式、地点以及其他细节。任何一个疏忽或微小的差错都可能会导致材料计划、物料需求的偏差，产品成本的计算不精确，交货延误等问题。

7.4 制造行业数字员工应用场景

7.4.1 供应商尽职调查场景

在数字员工投入使用之后，业务人员只需前往OA（办公自动化）系统填写"新增供应商申请"，数字员工会定期登录OA系统下载指定时间段的"新增供应商申请表"，然后依次登录天眼查、企查查、法院、裁判文书网等，检索经销商或供应商的企业名称，抓取股东、诉讼记录以及负面消息，并发送"合规调查表"邮件给业务人员，待业务人员判断完风险系数后，数字员工再根据风险系数决定是登录SAP（企业管理解决方案）输入主数据，还是发送邮件向财务、法务和合规部门提示风险。在此过程中，数字员工通过7×24小时不间断的工作可以大大地提高工作效率和准确率。人工完成整套流程操作需要花费大量的时间，而数字员工可以帮助企业每月节约80～120小时，被释放的人力可以去处理更有价值的工作，同时也可以提高员工的幸福度。

7.4.2 供应商选择场景

数字员工可协助员工完成这项任务，只需要在执行指定项目的初始阶段进行人工操作，就可以通过数字员工自动产生供应商列表、评估报告等。数字员工参与后能够在确立市场竞争环境指标后，自动爬取相关数据形成报告，再由工作人员建立供应商评价标准之后根据评价标准形成对应的供应商报告，将判断结果以邮件形式返回给工作人员，相关人员可以直接选择供应商，最后把结果返回给数字员工，数字员工再分发结果邮件给相关人员。数字员工执行的时候，能够大大提速，加快流程进度。流程化之后，确定一定的标准，数字员工就能够自动爬取数据形成报告，完成后发送给工作人员，从而大大降低中间的沟通成本。人工只需要最开始确定标准以及最后决策即可。

7.4.3 售后服务场景

数字员工介入后，在平台上收到服务请求后，能够自动匹配服务票据数据，然后根据用户不同的请求启动流程。如果有意见反馈，数字员工会在后台更新客户数据资料；而如果需要退货，则会调取数据自动生成退货单，根据用户选择所在地匹配物流伙伴。在激活了退货事件后，数字员工还会为用户预约上门取货，最后验收确认。数字员工处理售后服务业务流程如图 7-2 所示。

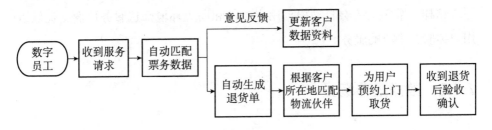

图 7-2 售后服务场景流程图

数字员工的使用减少了人工在后端流程花费的精力和时间，节省了与不满意客户打交道的时间。数字员工参与后，能把原来可能浪费在填写表单、寻找物流伙伴这样的杂务上的时间大大缩短。

7.4.4 包装质检场景

使用数字员工后，包装质检过程可实现智能自动化，数字员工可将数据源与包装产品的图像集成，调用和运行模型，利用模型预测包装是否通过质量检验，若有不合格产品，数字员工可自动更新各应用程序中的数据，创建报告和警报，提示产品质量不合格。在此过程中，利用数字员工可降低重复性、机械性劳动，避免人为工作差错，将准确率大大提高。自动化生成报告可提高流程可视性；同时数字员工可 7×24 小时不间断工作，从而实现自动化的信息时代智能工作新模式。

7.4.5　客户需求定制 C2M 场景

数字员工会主动自发地寻找用户的需求及痛点，然后在平台上对相关的产品或服务进行展示。在此之后，若收到用户的订单请求，数字员工则会调取用户的购买数据生成场景服务方案，接着向可提供服务的厂商发送订单请求，最后通过 C2M 定制，收集用户反馈，更新用户数据。数字员工参与后，厂商从被动接受用户的要求变为自动更新用户数据，生成用户报告，发现用户痛点和需求，进行相关产品的推送展示，从而帮助用户挖掘需求，解决问题。这样，数字员工会自动根据用户条件和周边环境筛选服务厂商，提供以用户体验为中心的服务。

7.4.6　数据迁移场景

在日常管理复杂化、新兴业务需求增多和数字化转型的需求下，制造业常常面临着数据迁移的压力。数字员工可用于一次性的大规模操作，比如数据迁移。数字员工被设计成可以处理多种层次的系统，可过滤某些数据，使数据传输更精确、快速、自动。同时，由于其可扩展性、非侵略性，可以将其整合到多个系统中，实现对结构数据的跨系统的自动处理、数据的迁移、数据的完整性和精确度的检验。在此过程中，数字员工可自动将系统中想要迁移的数据批量导出，并将其自动录入到新系统中。

7.4.7　物流运输场景

数字员工可一天 24 小时监控订单状态，即时更新相关系统中的订单的移交细节，不但弥补了人力在监测方面的不足，也避免了供应商和订单数量较多时容易出错的状况。另外，数字员工可以自动分配送货伙伴，与基于人工智能的智能路由系统进行联动。智能路由系统负责协调多个物流合作伙伴，而数字员工则负责根据产品的位置自动分配送货伙伴，两者的协同工作可大大提高配送效率。数字员工还可即时发送延误通知。当订单延误时，数字员工能在第一时间向客户发出通知，告知其情况，避免人工提醒不及时而影响客户体验的状况。在这一过程中，数字员工能够与运输管理系统进行整合，对货物的运送进行有效监测，同时协助厂商及时跟进存货及送货进度，以保证工作及时完成，降低人为误差。

7.4.8　工厂记录管理及报告

数字员工能让制造商更容易、更有效地记录和分析有关资料。它能够自动进行数据的采集、处理、监控、存取和更新网络连接系统中的变化，以及为其他部门提供报表，从而提升整个系统的工作效率。此外，数字员工还可以为企业的经营模式和内部的工作信息、实时的仪表盘等信息提供报告。

7.4.9　ERP 及 MES 系统整合场景

数字员工可以将 ERP（企业资源计划）、MES（制造执行系统）等多种系统集成起来，取代手工操作。数字员工能够自动地产生诸如库存、应付和应收账款、定价和其他等报表，并且可以被自动地用电子邮件发送或下载到共享文件夹中。同时，它还能促进诸如 MES 等运营管理平台与其他管理系统之间的互动，提高业务的灵活性和透明度，大大提高数据集成的能力。

7.4.10　物料清单场景

利用数字员工可以自动地建立和更新 BOM（物料清单）。数字员工可以完全复制人工制作 BOM（物料清单）的过程，使用屏幕捕捉技术，快速建立并追踪变化，从而避免人为失误，实现 BOM 过程自动化。

7.5 制造行业案例介绍

1. 业务自动化，D 公司的数字转型之路

1）客户背景

D 系统集成有限公司是该信息通信集团在华独资的子公司，负责 D 集团在华所有企业的 IT 技术支持及服务，主要经营的业务有：计算机系统集成；计算机硬件、软件的研发；销售自行研发的产品；技术咨询、技术培训、技术服务；计算机及相关设备、软件和电子设备的批发；等等。D 公司始终致力于为客户提供更好的产品和技术支持。

2）需求及痛点

对于制造行业来说，库存的预估和入库监控是避不开的两大难题。库存预估方面，公司各原材料负责人每周都要从 ERP（企业资源计划）系统中下载原材料金额数据，再用模拟库存金额与销售目标金额进行比较，最终完成原材料库存预测。因库存数量多且种类繁多，每次导出的数据多达上万条，处理起来费时费力。而在入库监测方面，为保证原材料不断供，业务人员每 4 小时就要完成一次材料上架，很容易在上架数量上发生人工错误。

3）数字员工解决方案

库存预测方面，引入数字员工后，数字员工可以自动登录 ERP 系统下载原材料金额数据，还能让数据自动匹配校验，完成原材料库存预测。入库监测方面，数字员工可以自动登录 WMS，下载上架管理信息，检查未上架单据，再根据单据信息查找到对应原材料，计算上架时间偏差值，最后汇总反馈给相关部门。

4）应用成效

数字员工的应用使库存预测的工作耗时降低至每年 403 小时（约 16 天），使入库监测的数据准确性大大提高，同时将业务人员从机械重复的工作中解放出来，让他们把时间投入到自我提升的活动中去，从而对公司人才储备产生正面影响。

2. 突破制造挑战，赋能业务升级

1）客户背景

W 科技公司是 ICT 产业全球领导厂商，全球 500 强企业之一。W 有限公司是其子公司，主要负责笔记本计算机、显示器、智能音箱、液晶电视、手持装置、平板、计算机等产品的研发制造。随着该公司在信息科技界的迅速发展，企业的软件功能不断细化，制造业务也愈加广泛，企业信息系统的数量正在快速增加。企业内部的办公系统功能交叠、数据来源多样，使得办公难度持续升级。因此，该公司决定通过自动化技术的帮助，解决这一办公难题。

2）针对不同场景部署数字员工

（1）合约审核场景。

① 需求及痛点。签核合约是一项谨慎的工作，每签核一份合约，都需要承办人员层层核对合约条款，以防止出现对公司不利的内容。同时，一些合约的签订还具有周期性，前后期的合约条款大致相同，但承办人员每一次都需要逐一审核合约条款。这一过程的人工操作重复性高、手续烦琐，人工审核还有可能出现错位，给公司带来不利影响。W 公司希望通过引入数字员工代替人工完成签核合约，提高签核效率和准确率，同时将员工从该项工作中解放出来，投身于更有意义的工作中。

② 数字员工解决方案。该公司利用数字员工优化了审核流程。通过设置好时间表，数字员工就可以在指定的时间运行起来。数字员工可以利用图文识别、语义理解等技术，自动产出当前合约与模板之间的比较文档，给出差异详细信息，简化承办人员的审核操作，提升审核效率，减少人工比对出现错误的概率。

③ 应用成效。采用数字员工之后，不再需要承办人员人工条条核对合约条款，承办人员只需要审核由数字员工产出的比较文档，对差异项目进行审核即可，合约处理全程不足 10 分钟，极大提高了业务效率以及审核精准度。

（2）供应链与采购管理场景。

① 需求及痛点。由于客户需求不断变化，采购人员需要根据客户提供的预估订单数量和实际来单数量，多次登录公司内部不同的资源管理系统查看物料库存信息，检查并计算是否需要下新订单给厂商，或者调整订单的交货日期——如果需要，则手动重新填写新的订单和交货日期并提交。整个场景

操作过程固化、烦琐、复杂，且重复率高。W 公司希望采用数字员工代替人工完成这一场景。

②数字员工解决方案。数字员工可以自动登录公司系统，快速查询库存，并计算缺料时间、缺料数量，如果需要，可以修改已有订单的到期日以及生成新订单并发送通知给厂商。

③应用成效。引入数字员工后，工作效率提升了近 10 倍，每年可以节约数百小时，高效缓解了采购人员压力，提高了业务效率。除此之外，在退货信息维护、SAP 系统基础资料的维护等流程中也运用数字员工实现了自动化。

公司从最初的引进 RPA 简化办公流程，到如今自主研发并搭建覆盖机器人全生命周期的赋能平台，企业内部已经形成了系统且高效的协同管理机制。目前，该公司正在从 RPA+AI 的单点实验迭代升级至企业级的应用阶段。截至目前，公司内部数字员工的应用已达到近 1800 个，这些已上线的应用每年节省了公司约 468 000 工时的人力成本。数字员工在为该企业运营降本增效的同时也大大减轻了员工业务压力，为更多员工提供了完成高附加值工作的时间。

7.6 小结

制造业是国家生产力的直接反映，是区别发达国家和发展中国家的一个主要因素。作为国民经济的重要支柱产业，制造业的发展势头很好。然而，随着人口红利的逐步消失和劳动力成本的上涨，传统的制造业中，企业依靠人力发展的路径变得越来越窄。但是今天，数字化员工的诞生为制造业提供了一条新的道路。

数字员工主要用于大量重复、标准化、规则明确的日常工作，是企业信息化过程中较为先进的一种，它的应用环境满足了大量重复、条理清晰的特点；总的来说，数字员工的出现恰恰为制造业的数字化转型升级提供了新的思路，制造业办公流程自动化让其更加高效，从过去每天的人手操作重复性工作变成流程自动化办公，且大大降低人为操作错误率，真正达到制造行业一直都在追求的降本增效。

第8章

数字员工在电商场景中的应用与案例

8.1 电商行业概况

电子商务简称电商，是指以电子交易的方式在互联网、内部网和增值网上进行交易活动和相关服务活动，将传统商业活动各环节电子化、网络化。电子商务主要涉及的活动包括电子货币交换、供应链管理、电子交易市场、网络营销、在线事务处理、电子数据交换、存货管理和自动数据收集系统等。

商务部数据统计显示，2011—2021 年，我国电子商务交易额持续增长，2021 年，全国电子商务交易额达 42.3 万亿元人民币，同比增长 13.7%。中国继续引领全球电子商务市场，并且拥有全球最多的数字买家，成为历史上第一个将一半以上的零售额进行在线交易的国家。

8.2 电商行业数字化转型发展现状及趋势分析

8.2.1 电商行业数字化转型发展现状

1. 融合创新态势不断加深

随着新一代信息技术的飞速发展，新的商务模式、业务形态正在不断涌现。比如社交电商、直播电商、生鲜电商等，新模式产业链也日渐完善。电子商务的发展进一步促进了线上与线下、产业链上下游、国内外市场的交互融合。传统零售业正在加速进行数字化转型升级。相关数据显示，目前全国百家连锁企业的网上销售份额已达 23.3%。

服务业的数字化步伐不断加速，网上展会、远程办公、电子签约等在人们的日常生活和工作中得到了广泛的应用，在线餐饮、智能家居、共享出行等极大地便利了人们的生活。农村电商的发展为工业品下乡、农产品进城提供了渠道，农业数字化进程加快，截至 2021 年，全国农产品网上零售额达到 2.05 万亿元，同比 2020 年增长 11.3%。2021 年我国跨境电商零售进出口总值已达到 1.98 万亿元人民币。电子商务以数据为纽带，加速了制造业的融合和创新，推动了智能制造的发展。

2. 数据运营力为电商企业注入"强心剂"

数字化时代的到来使世界经济格局发生了翻天覆地的变化，数字经济正在成为全球经济可持续增长的新动力。随着 5G、云计算、人工智能及 RPA+AI 等数字技术的日益成熟和普及，越来越多的电子商务企业致力于通过提升企业内部数据运营力提高企业的盈利能力。电商企业想要长期发展，必须经历数据运营能力从无到有、从弱到强的构建过程。

大数据处理一直是行业应用的重点，尤其是在数字化时代，人工智能、物联网及数字员工等应用都对数据处理提出了更高的要求，因此大数据处理能力也就成了数据中心的核心竞争力。高效运营 + 技术革新成为电子商务跨越式多方位增长的重要引擎。面对新的产业发展机会，中国的互联网企业正在从以往的资本模式和人口红利中走出来，以科技推动商业创新、抢占市场先机、开拓新的发展机会。

3. 传统电商不断向新兴电商迭代演化

传统的电子商务通过近 20 年的发展，不断迭代进化。传统的电商平台往往面临着一系列问题：入驻平台的成本昂贵，难以独立构建私域流量；流量黏性不足，平台活跃程度较低；拉新费用高，拉新难度增加；数据管理困难，操作复杂，运行效率低；等等。

从外部环境来看，我国移动电子商务的普及率已达 70% 以上，人口红利已接近尾声。虽然头部电商的业绩提升显著，但顾客成本不断增加，发展模式开始积极求变。针对传统电商拉新难、流量瓶颈等"顽疾"，一系列行业创新方式如智能推荐、虚拟主播、智能客服、3D 产品展示、AI 换脸、RPA+AI、数据湖、云计算协同等正在努力探索出一条新的电商可持续增长之路。值得关注的是，新兴电商实现了零到一的原始突破，这为我国电商企业的整体实力提升和实现可持续发展提供了宝贵的经验。如何持续占领消费者心智，将短暂的流量变成可持续的"留量"，则是这一成长过程中我国电商企业所需面对的新课题。

4. 平台获客成本攀升，用户需求分析势在必行

货币化率就是平台的变现能力，它反映了以平台为基础的电商企业通过佣金和广告实现盈利的能力，典型电商平台如京东、阿里的货币化率每年都在提高。货币化率从另一个角度反映了平台入驻卖家的投入成本大小，而且在零售电商行业中，日用消费品、服装类商品的佣金比其他品类更高。获客成本上升，企业运营和市场营销面临压力，零售行业倡导以用户为王，关注用户需求势在必行。中国百货业协会的调研显示，百货公司对于搜集到的消费者数据资料的使用，侧重于对顾客的偏好研究和精准营销，以便为顾客提供更加个性化的商品及服务。用户需求的增加加快了电商的发展，也使得数字员工在电商场景下的实现变得更加迫切，从而降低人工成本并增加效能。

5. 数字化使跨境电商逆势增长

面对市场竞争的加剧，大量企业将交易由线下转向线上是被迫之举，也是顺势而为。跨境电商依赖非接触式支付，相对灵活快速，受疫情的影响较小。此外，大量的线下交易也适时地转移到了线上。数字化不仅使交易模式发生了变化，也使贸易格局发生了改变。网上展览、跨境直播、云洽谈以及其他形式的创新活动，让世界各地的企业联系更加紧密。数字赋能洽谈、通关、结算和其他贸易联系成为可能，大大提高了贸易效率；散落全球的 1800 多个"海外仓"与电子商务平台国际站、独立站共同构建起全链条的跨境供应体系。

其中，数字技术对提高产品的营销和流通效率起到了很大的促进作用。

从营销数字化、交易数字化到产业链数字化，中国的数字贸易化在不断地升级发展。数字化外贸不光能解决"买卖"问题，也能更好平衡"生产与需求"的问题。相比于其他没有使用数字化模式的同行 7 天、15 天出样衣的节奏，一家服装外贸企业通过外贸数字化服务平台可以实现对供应链的不断实时调整，并及时收集、分析海外市场数据，成功将时间缩短为 3 天出样、10 天出货，得以更快进入市场，掌握市场先机。由此可见，以往跨境电商供应链中广泛存在的"数据孤岛"现象，将通过数字化的方式被打破，并以此提升行业风险预估和动态调整能力，实现跨境电商产业链、供应链的创新升级。

跨境电商的逆势增长，与数字技术的力量、平台与企业之间思维方式的变化以及政策的不断优化是分不开的。工商部和海关管理局已经开始采取一系列措施，以解决通关手续烦琐、跨境运输成本较高和退换货效率低下等问题。从设立跨境电商综合试验区、建设数字口岸，到开展跨境电商企业对企业出口试点，从优化跨境电商进口商品退换货监管，到大力推动跨境物流运输体系数字化建设，用相关举措不断优化营商环境，推动跨境电商等新业态、新模式加快发展。

8.2.2 电商行业数字化转型趋势分析

1. 数字化是电商行业转型的必然趋势

当前，中国经济已由高速增长阶段转向高质量发展阶段，面对日益复杂的国际环境，特别是自从 2020 年新冠肺炎疫情大规模暴发以来，我国积极倡导企业数字化转型，加快建设数字化企业，打造数字化产业链。电商管理者必须摆脱传统的管理思维方式，努力克服数字化转型带来的阵痛，勇于接受数字化革新。纵观当今世界，数字经济已经成为全球经济的主要形态，随着云计算、大数据、人工智能及 RPA+AI 等技术在各行各业的广泛应用，可以说谁掌握了信息与数据，谁就掌握了市场。

在此期间，传统电商企业面临着两难境地：一方面，传统电商企业收益增长率处于停滞状态，利润空间不断缩小；另一方面，互联网企业规模正在不断扩大，并将新兴的数字技术融合到诸多其他行业，实现企业的跨界经营。传统电商企业若不积极寻求转型，仍然故步自封、裹足不前，必将消失在数字化经济的浪潮中，被市场淘汰。数字化转型已成为电商在数字经济时代生存发展的关键环节。

2. 数字化引领助力电商高质量发展趋势

在浙江义乌举办的 2021 中国国际电子商务博览会暨数字贸易博览会上，智能制造、数字营销、5G 应用及智能融合技术等数字技术的最新进展获得展示，这些技术的应用将会促进传统的电子商务企业的数字化转型，使其由"新业态"走向"新常态"。J 集团在展会上展示了工业级手持终端、超高频射频识别、视觉识别产品及智能采集融合技术，这些产品和技术在物流快递、零售电商、生产制造、医疗卫生、公共事业等行业中被广泛应用，帮助企业进一步提升生产经营效率。另外，中国移动、美的美云智数、深圳盈达资讯等十余家国内的数字产业巨头，也都在智能制造、大数据、数字营销等领域展示了最新的数字化发展成果。

调查显示，尽管在此次疫情中线下产业受到了较大的冲击，但是电商等网络公司却得到了快速的发展。通过调研得到的数据，部分电商公司的网上订单比例从 20% 增至 70%，另外，海外需求依然在，只是数字化、碎片化的订单趋势，使制造企业迫切需要在管理、生产和供应链方面进行数字化改革。在下一阶段，企业急需与具有技术优势的数字化企业在智能制造、柔性生产等领域进行协作。从 2018 年设立数字贸易区开始，中国国际电子商务博览会逐渐成为数字经济展示、理论经验展示、实践交流的窗口，构建了数字贸易商、数字中国建设者交流合作的重要平台。

3. "新外贸"的发展促使跨境电商进行数字化变革

《关于加快发展外贸新业态新模式的意见》指出了目前我国当前发展速度最快、潜力最大、带动作用最大的新型贸易形式就是跨境电商。相对于"旧外贸"，以跨界 B2B 为代表的新型数字外贸已经成为自疫情发生后，发展速度最快的一种贸易形式。新的数字技术和数字工具正在促进整个对外贸易的各个环节的优化与完善，"中国经验"和"中国方案"已成为跨境电商在全球范围内的一个新的范例。由此可见，对外贸易的风向正在由"旧外贸"逐渐转向"新外贸"，由线下贸易向网上贸易、从单一贸易到综合贸易转变。也就是说，目前，传统外贸模式已经开始落后于现代社会的外贸模式。在5G、区块链、人工智能等数字化技术得到迅速发展的背景下，"旧外贸"将会逐渐让位于"新外贸"。同时，在综合的作用下，"新外贸"也将在外贸企业做出战略调整和贸易实战中逐渐形成、完善和发展。

"新外贸"的"新"，关键在于数字化，即"跨境电商平台 + 大数据 + 算法 + 场景 + 跨境供应链"。这种外贸方式主要通过跨境电商平台的线上流程结识新客户，依托大数据算法锁定客户，细分客群，确定目标市场，进一步通过线上询问签订意向订单，随后，跨境电商与跨境物流在跨境供应链上达成关于合作交易和运输的共同意识，并促进物流、信息流、资金流和商流实现一体化，从而解决各方"履约难"的问题。从"新外贸"的发展模式看，跨境电商数字化趋势成为外贸和经济转型的支撑点，为了迎合"新外贸"发展趋势，跨境电商数字化发展趋势成为必然。

4. 数字化助力直播电商发展多样化直播场景的趋势

从某种意义上说，直播电商能在短期内发展这么快，一方面是因为疫情，另一方面也是因为它为人们提供了一种全新的购物方式。在了解产品的过程中，在非直播情况下，消费者需要依靠图片和图片的详细介绍了解产品；而在直播中，消费者通过主播多维度、立体化的展示了解产品的详细情况。此外，主播还能根据弹幕情况实时为用户答疑解惑，有效地满足了顾客在购买前充分了解产品信息的需求。5G 时代，直播电商将会把这种优势进一步放大，直播技术的不断发展将会为不同的直播场景提供更多的选择。

随着技术的不断发展，线上购物与线下购物的体验壁垒正在被逐渐打破。比如一些直播间和基地，已经开始使用 MR（混合现实）/VR（虚拟现实）技术，给直播间带来了一种更加真实的"云逛街"体验，让消费者的手脚得到了真正的解放，变成了一种全新的购物模式。未来，随着科技的发展，数字员工、VR/MR 与 5G 技术的融合将会为我们带来一个崭新的"视界"，购物模式将更加丰富。另外，随着数字员工的发展，线上购物的后台可以通过数字员工协助员工进行，通过协助后台的客服提高员工的效率，以及客户满意度，使线上购物的体验更好，从而打破客户对线上购物的质疑，促进电商的快速发展。

8.3　电商行业有关痛点分析

今天电子商务的竞争日益激烈，对于商家来说，随着流量获取成本上升，粗放经营 / 管理的时代已基本结束，商家需要在具体的服务中形成运营优势，而电商运营存在诸多痛点。这里列举一些典型痛点，如表 8-1 所示。

表 8-1　电商运营痛点描述

痛点项	痛点描述
1	信息孤岛，难以整合
2	多平台多交叉运营，促销动作复杂多变
3	高人力成本和重复劳动
4	达人效果难跟踪，管理难度大
5	直播复盘烦琐，直播优化无从下手
6	账单难管理
7	财务报表多，下载耗时耗力
8	跨境电商的商品评论留存效率低下
9	跨境电商跟卖严重
10	跨境电商订单信息管理不便
11	利润计算复杂

8.3.1 信息孤岛，难以整合

电商企业每时每刻都在生产数据。庞大的数据量给企业带来了棘手的难题。在电商企业数字化迅速发展的今天，电商企业的经营功能已经被细化，其信息系统在不同的经营阶段、不同的经营功能上都在发挥作用，如线上电商系统、线下订单系统、仓储系统、营销系统和财务系统等多套系统并行运行时，多系统间由于技术、成本等原因无法很好地实现数据对接。同时，各个电商平台店铺数据孤立，无法对全平台数据进行同比、环比。不同系统、不同店铺之间的数据无法共通，在业务平台和软件系统之间，存在着严重的数据障碍，使得整个业务链条"孤岛林立"。在这种情况下，企业必须打通"数据孤岛"，以便从整合的信息和数据中获得更有价值的洞察，以此实现流程优化升级、降低运营成本的目的。

8.3.2 多平台多交叉运营，促销动作复杂多变

电商行业各类促销活动层出不穷，满减优惠抵扣等规则不断变化，尤以优惠券比对、去重工作最为烦琐，业务量巨大且易出错。各平台系统又大不相同，导致用人成本急剧增加，效率低下，无法满足日趋频繁的大促需求。另外，在大促期间，卖家必须在指定的电商平台上填写自己的产品信息进行注册，这个过程中有很多的重复、粘贴工作，会浪费电商运营工作人员的大量时间。

8.3.3 高人力成本和重复劳动

随着人力成本的上升，电商作为密集型劳动行业，单靠人力求发展的道路越走越窄。如何最大程度提升业务效率、优化人力成本从而创造更大价值，一直是电商企业升级思考的重要方向。调研显示，电商企业内部各个部门存在着大量重复、机械、烦琐的工作流程，如何让员工从无意义的工作中解脱，更多参与到具有创造性的工作中，是电商公司急需解决的问题。另外，电商平台涉及的品牌店铺繁多，不同平台的商品上架更新、订单处理、库存跟踪、物流管理及售后服务的烦琐流程都使人力成本居高不下。

8.3.4 达人效果难跟踪，管理难度大

面对愈加复杂的电商直播环境，广告主开始通过规模化合作达人来满足愈加多元的营销诉求。与此同时，广告主在达人筛选、内容创作、投中监测和投后度量等一系列链条中，又急需在各个环节进行精细化管理和降本提效。

过去，广告主对于达人的筛选标准往往基于自身或代理商的主观经验。通常，他们会基于达人的粉丝数、播放量、评论数等表象数据，以及广告主对于达人的目标人群和个性化诉求进行综合评判。然而，由于缺乏细致数据和过往商业化合作情况作为辅助考量，导致广告主依靠经验选出的粉丝量大的达人，合作之后商业化内容的播放量、带来的转化效果未必高。并且，这种依靠主观经验选达人的方式，在以往只需合作几位达人的项目中尚且可行，但是面对当下动辄几百个甚至上千个达人的合作需求，这种人肉筛选的模式显然效率极其低下。在筛选出达人后，存在合作达人多且直播次数多，对达人推广的效果不能准确跟踪，同时也存在达人管理难度大的现象。

8.3.5 直播复盘烦琐，直播优化无从下手

客户使用平台进行直播时，须对直播平台上的直播的过程数据，如视频、音频、话术、销量、点赞和在线人数等进行采集和分析，为改进直播内容和过程提供数据支撑。客户一般会在抖音、小红书、快手等多个平台开设直播间，但由于平台没有直播视频回放功能，后期复盘没有材料，导致改善直播无从下手。虽然可以人工录屏，但耗时较长，同时人工处理录屏和比对非常耗费时间，总结效率低下。多店铺多直播间也使人工跟踪效果差，缺乏统一规范的调查方法。

8.3.6 账单难管理

各大平台都会涉及账单下载的工作，因为要跟平台应收对账，所以首先会获取平台账单，另外每个品牌会在多个平台同时开设店铺，做账单下载工作往往是低价值的，且重复烦琐；另外，多个店铺需要逐一登录，然后去下

载账单数据，下载合并数据非常耗费时间，而且每日都需要下载订单报表，工作重复且附加值低。电商平台对账工作也会有一些特殊的情况，比如一些消费者在平台上购物，等收到货之后可能不会或推迟点击确认收货，这就会造成一种情况，就是平台是有订单的，但支付数据里不会产生这个账单；此外，还会存在退换货的情况。因此这些数据情况非常复杂，拿到后一般不能直接对账，这就要求财务人员耗费大量的精力对数据进行处理。

8.3.7　财务报表多，下载耗时耗力

每一次的财务核算工作都需要运营人员手动打开店铺网页下载相关的财务报表并按照一定的格式命名、保存，交由财务人员，这种工作重复单调，流程烦琐耗时，如何高效获取店铺财务报表是电商企业当前所面临的一大挑战。店铺中与财务相关的报表纷繁复杂且下载耗时较长，因此每次月度、季度结算时都需要安排专人下载报表，但仍然面临着漏下、错下和网络卡顿等问题，同时，这种工作重复性高、枯燥乏味，难以激发职工的工作热情，部门间也时常互相催促工作，非常影响和谐。

8.3.8　跨境电商商品评论留存效率低下

顾客的评论明显影响着商家的转化率。在购买商品前，越来越多的人会查看商品评论。既有顾客的评论很可能决定着潜在顾客是否购买商品。因此，对商家而言，获得良好的反馈与评论非常必要。有研究发现，79%的顾客相信线上评论的程度与个人建议相当。商品评论需要手动复制留存，工作量大，效率低，耗时费力。由于人手有限，运营人员往往无暇顾及。

8.3.9　跨境电商跟卖严重

跨境电商平台商家也深受跟卖的困扰。尤其是促销活动期间，跟卖现象更加严重。商家不仅要忙于筹备活动，还要投入精力打跟卖，分身乏术。根

据产品清单，大量的产品被跟卖，销量被瓜分。苦心经营的产品被蹭流量、抢夺购物车，甚至被拖垮下架，销量大打折扣，同时比价严重，低价不断挤压利润。在同一条产品线上，价格战不可避免，利润空间受挤压。大量跟卖商品信息需要下载留存，跟卖商品信息也需要手动下载留存，因此工作量大，耗时耗力。

8.3.10　跨境电商订单信息管理不便

有些跨境电商的卖家在售卖定制产品时，往往会要求顾客提供产品的图片和文字。在大量下载订单的时候，下载的数据中没有客户定制的内容，而只是提供了一个链接。卖家从链接中批量下载得到了以订单号命名的压缩包，但解压后发现，图片和文字信息交杂错乱，难以管理。

8.3.11　利润计算复杂

跨境电商公司亚马逊在日常运营中通常会使用 ERP（企业资源计划）管理 FBA（亚马逊物流）库存，ERP 已经录入了商品的成本、物流费用等数据，但是计算海外仓库存的动态成本和利润还需要结合店铺销售情况，因此在计算店铺利润时需要各组员工结合 ERP 中的商品头程成本信息，手动逐个下载店铺后台的日期范围报告，这种复杂的计算过程导致只能每个月计算一次，效率十分低下。

8.4　电商行业数字员工应用场景

在电商领域，商家往往需要耗费大量人力在很多冗杂的工作上，这些工作效率低，并且转化率不高，却不得不完成。这里列举电商行业数字员工应用的典型场景，如表 8-2 所示。

表 8-2　电商行业数字员工应用场景

场景项	具体场景
1	数据集成场景
2	营销管理场景
3	商品管理场景
4	订单处理及库存跟踪管理场景
5	物流管理场景
6	售后管理场景
7	达人管理场景
8	直播录屏场景
9	账单管理场景
10	财务报表下载场景
11	跨境电商商品评论留存场景
12	跨境电商跟卖监测场景
13	跨境电商订单管理场景
14	跨境电商利润计算场景

8.4.1　数据集成场景

数字员工最擅长的操作之一就是跨系统数据迁移。数字员工可以模仿真实员工在计算机中的操作，并根据特定的规则自动执行，特别适用于跨系统、跨平台的数据采集、整理和录入。数字员工拥有开启和使用多种应用程序的能力，如打开邮件和附件程序、登录各种应用程序、移动文件和整理文件夹、从网站获取资料等，可实现数据的复制、粘贴、合并、提取、录入、整理的自动化处理。在不改变企业现有 IT（信息技术）系统结构的情况下，数字员工可以从各个系统中抽取和整合数据，并能与电商企业的原有工具相结合，读写数据库、连接到系统 API，打通系统之间的数据壁垒。

数字员工可以有效地解决目前企业常用的 ERP、CRM 等信息资源管理软件和 Excel、Word 等办公软件集成困难等问题，缩小系统之间的差距。与人工操作相比，数字员工安全、高效、准确，对数据传输的质量也有更高的保证。

8.4.2　营销管理场景

数字员工可以在各个不同的电商平台上完成批量活动报名，并将参与促销的相关商品信息、价格、数量、运费等内容输入到活动报名页面，帮助品牌把控各类活动，协助商家进行高效的活动管理，提高运营效率。同时数字员工还可自动准备进行平台比价、批量新建优惠券，按规则进行价格对比，输出可视化数据，赋能员工价格分析能力；实现优惠券发放及 IP 去重，极大节省人力，提高时效性，让电商营销更智能。

8.4.3　商品管理场景

1. 商品自动上下架

数字员工可代替人工实现商品自动上下架、替换商品图片。数字员工可以自动获取商品信息，更换商品主图完成上架，在大促期间更换活动商品，可提前设定流程任务，同时也可以自动识别文件，完成业务操作，提升效率。

2. 自动抓取各电商平台的商品信息

数字员工可以对商品排名自动实时更新，以非入侵方式接入各大电商渠道平台，获取商品库存、价格及排名数据，并调用数字员工定时通知。利用数字员工也可自动抓取各电商平台商品信息，帮助品牌快速获取爆款信息，提高店铺运营效率。

8.4.4　订单处理及库存跟踪管理场景

在订单处理和库存追踪上，数字员工取代人力自动处理产品订单，批量打单，高效率配送，订单抓取、处理、核对库存、打印出库单等全过程自动化，准确率高、不漏打、不重打。使用数字员工可以大大降低人力成本。

8.4.5　物流管理场景

在物流管理方面，数字员工通过登录商户后台，可以实现对物流状态的详细数据采集和数据记录，避免人工差错，确保物流信息的准确性。一旦出现问题，数字员工会马上通知服务人员，与顾客取得联络，加速推进物流进程，提升顾客的购物体验。

8.4.6　售后管理场景

在售后服务方面，数字员工支持 24 小时客服在线，并根据设定好的流程自动发送及回复消息，让客服脱离重复烦琐的售后工作，将更多时间专注于提升店铺转化率。同时数字员工能够快速地自动抓取店铺各类单品的评论内容，帮助店铺运营人员深度分析每个单品的优劣势，这有助于后续产品的优化，进一步为店铺提升转化率。

8.4.7　达人管理场景

基于 RPA+AI 技术，致力于互联网 KOL（关键意见领袖）领域，通过链接海量数据源，基于关键词、国家、语言、粉丝量、分类等多维度搜索网红，匹配合适的网红，让广告主寻找网红不再困难。同时，平台支持自定义数据更新频率，定期采集网红在社交媒体上的表现。数字员工通过采集各渠道的相关数据进行汇总和分类，帮助每一位广告主挑选出最合适的网红进行营销合作，可以帮助营销专家用最快的速度触达网红。同时数字员工可用于全过程的数据追踪和自动化运营，包括合作网红数据更新、样品物流追踪、播货数据监控、粉丝画像分析及广告追踪等过程数据分析，利用数据更好地进行营销。

8.4.8　直播录屏场景

借助数字员工，对每个直播间的每场直播进行全过程录屏，根据该直播间店铺的销售数据，分析成交量峰值的时间段，并对该时间段的视频进行语音转文字处理，将格式化的转译内容存入数据库与非格式化的视频转码进行上传。同时通过搭建相关平台，运营人员可随时登录平台，查询、下载数字员工采集并转译的直播数据，并可参阅直播内容分析仪表盘，高效优化直播内容，提升成交转化率。如此看来，运用数字员工可以使直播复盘更高效，话术凝练更精准，数据采集更有效。

8.4.9　账单管理场景

数字员工可以每日自动登录各大平台的店铺账号，通过设置好的筛选条件，把符合筛选条件的账单数据自动下载，其中筛选条件可灵活自定义，以满足业务的个性化需求。数字员工在下载所有的订单数据后，可进行账单查询，简单便捷，并且可以分别展示对应状态的账单，如已结算账单、已退款账单等，这能方便财务人员高效便捷地处理账单。

8.4.10　财务报表下载场景

数字员工能够帮助企业很好地解决财务报表下载耗时长的问题，并全面自动化。利用数字员工可以根据指令自动下载各电商平台店铺的财务报表，数据抓取、整理的工作也都交给了数字员工。经测算，自动化后，数据获取效率提升 9 倍有余，且减少了中间数据流转环节，大大提升了效率以及数据安全性。

8.4.11　跨境电商商品评论留存场景

利用数字员工可以自动打开跨境电商平台网站，依次采集相关商品评论内容（标题 / 型号 / 图片 / 时间等），并将采集到的评论和图片分类存放至文件夹，同时将数据信息录入 Excel。数字员工能 7 × 24 小时工作，可全天循环采集指定商品评论，替代人工自动批量汇总商品评论，从而减少商家及运营人员的工作量，释放人力，助力商家改善客户体验，提升转化率。数字员工处理跨境电商商品评论留存业务流程如图 8-1 所示。

图 8-1 跨境电商商品评论留存场景流程图

8.4.12 跨境电商跟卖监测场景

如在亚马逊平台上，数字员工可以自动读取 ASIN（亚马逊标准识别号），自动进行跟卖监测，若找到线上被跟卖的商品，会将商品相关信息记录到表格，同时自动将跟卖界面截图并保存到表格所在目录下的载图文件夹。数字员工可 24 小时监控商品被跟卖时间、被跟卖次数等，让夜间跟卖者无处遁形。数字员工会自动下载并保存跟卖信息，第一时间处理跟卖行为，提升跟卖监控效率，减少商家及运营人员的工作量，助力商家打击跟卖，降低损失，提升转化率。

8.4.13 跨境电商订单管理场景

相比于国内电商订单，跨境电商订单更不便于管理，因为需要下载压缩包，但解压后图片命名常是乱码。为了解决这个问题，数字员工可以通过表格自动地将下载的顾客订单资料进行分类，并将其命名为订购编号，再将其批量上传至工厂加工或自己的 ERP 系统中。数字员工能够自动地处理这些低价值的重复劳动，从而为电商卖家和运营人员节省大量的时间和精力。

8.4.14 跨境电商利润计算场景

经过对业务场景的流程进行梳理，通过使用数字员工，可获取利润计算所需要的平台报表，企业本地抓取自有 ERP 系统的数据和数字员工获得的数据，最后汇总两者的数据进行计算，使得货物成本、利润的变化可以更便捷、清晰地呈现出来，实现一个技术人员完成全自动的利润计算，从而降低人力成本，实现每周的利润计算，更快地应对市场变化，将综合效益大幅度提升。

8.5　电商行业案例介绍

1. 数字员工助力 M 公司，深度赋能电商业务数智化转型

1）客户背景

M 公司在美国创立，主要经营业务以男女士护肤品、化妆品为主，形成独特的品牌效应，其所研制的护肤品在 150 多个国家和地区畅销。其品牌被广泛的人群接受并给予较高的评价。

2）需求及痛点

M 公司有关负责人说，在日常运营中，业务人员需要通过平台查询、下载和统计海量的数据，这种重复性的枯燥工作，不但费时费力，而且容易出现错误，耗费大量宝贵的人力资源。另外，这种枯燥的工作很容易导致员工丢失其创造性，使其不能更好地为公司创造更高的价值，导致公司价值的流失。

3）数字员工解决方案

谈及合作之初的洽商，M 公司项目经理 Leo 表示，与 A 公司一起推动 RPA 项目，这既是自身的发展需求，也是考虑到其是 M 公司 RPA 深度合作伙伴，在 RPA 业务流程开发上有扎实的技术基础，同时在助力企业智能化转型升级的道路上经验丰富，A 公司数字员工技术成熟，可以切实满足 M 公司的业务需求。Leo 希望在项目开展过程中，双方项目组成员能以认真负责的态度，在项目涵盖范围、风险把控以及各个进度节点上及时有效地进行沟通交流，确保项目成功交付。

A 公司将从 RPA 的部署应用与 M 公司的现实需求出发，为 M 公司达成电商平台数据采集，实现日报、周报数据可视化自动呈现，并以强大的数据集成与分析能力，为 M 公司线上销售提供基础数据支撑，打通 M 公司在直通车、超级钻展、品销宝、阿里妈妈等平台的电商业务，赋予企业数字化转型升级的动力。在项目执行期间，A 公司有计划地进行资源调动，保障技术支撑和人员支持，并与 M 公司方面精诚团结，确保按时且保质保量地交付项目。

4）应用成效

在现代电商企业数字化转型的过程中，数字员工以其特有的技术优势，打通了各部门和平台之间的业务壁垒和流程断点，使业务流程能够灵活制定和组织，从而全面提升了业务处理的智能化水平。

2. 某电商携手 Y 科技公司，数字员工助力品牌电商强劲增长

1）客户背景

Y 科技公司凭借自身在电商自动化领域的丰富经验，助力电商数据采集、消费者私域运营、全员运营管理等方面加速数字化进程，快速拥抱新零售变局。

Y 科技 CEO 表示："我们致力于赋能零售品牌智能自动化解决方案落地与增长，从实际业务场景出发，从全渠道数据集成、电商营销自动化、零售电商财务一体化三大领域，着力构建前台赋能中心，为品牌方的数字化、智能转型提供强有力支持，赢得瞬息万变的中国市场。"

2）需求及痛点

在新零售时代，数字员工正成为品牌电商企业实现强劲增长的新动能。B 公司携手 Y 科技，通过采用业界领先的数字员工解决方案，推动数字化转型，助力全渠道精细化运营，提升消费者满意度。

但是，大量的数据录入、低价值、烦琐的重复性劳动等对许多组织而言，都是亟须解决的问题，对于 B 公司亦是如此。这些低价值的劳动耗费着人力、物力，还不能提升公司价值，无法创造出更有价值的内容，因此 B 公司想进行转型。

3）数字员工解决方案

B 电商的数字化战略以数据为核心，以技术创新为驱动力，聚焦业务重塑，建立新型企业运转模式。长期以来，该电商在数字化方向进行了许多有益的尝试和探索。为进一步提升运营效率以及员工、客户双重体验，该电商选择与 Y 科技携手，借助 Y 科技公司数字员工的卓越能力，实现业务流程自动化、智能化升级，通过数字员工赋予电商数智化转型新动力。

与此同时，数字员工为企业提供了推进人机协作、赋能全员运营的有效

方式。实际上，数字员工本身就是一种技术普惠，可以让一线业务人员高效完成业务流程自动化，通过高科技赋能、业务共创的模式，实现数字化转型升级。通过采用数字员工，解决了时间、地域、人工限制等问题，数字员工可以获取历史上 30 天的业务数据，周末也能定时不间断工作，而且有退供数据可参考，为企业提供良好的决策支持。

4）应用成效

当一个部门的数字员工带来一定的实际成效后，该电商将其逐步推广到其他品牌及部门——在数十个业务场景中运用了数字员工。未来，双方将进一步加深合作，不只将个别业务条线实现自动化，而是通过打造 RPA+AI 企业智能生产力平台，助力该电商迈向数字化、智能化。

3. Z 电商引入发展自动化工具智能办公，实现工作效率成倍提升

1）客户背景

Z 电商于 2006 年创立，主要业务包括门店运营、数字营销、IT 解决方案、仓储配送、客户服务五大方面。Z 电商的产品涵盖了中国最大的网络购物平台天猫和京东，以及移动社交商城、智能零售等多个渠道。Z 电商于 2015 年 5 月在美国纳斯达克挂牌上市，为其在国际市场的拓展开辟了一条崭新的道路。艾瑞顾问称，Z 电商在中国的电商领域处于领先地位，按 GMV（商品交易总额）计算，2019 年的市场份额稳居业内首位。

2）需求及痛点

随着人力成本的上升，电商作为密集型劳动行业，单靠人力求发展的道路会越走越窄。作为走在电商数字化最前列的代运营公司，Z 电商认识到：如何使企业的经营效益最大化、人力资源效益最大化，为企业带来更多的价值，成为 Z 电商转型升级的一个重要思路。

Z 电商在内部调研后，发现店铺数量和销售平台众多，不易管理，还存在"信息孤岛"现象，内外部数据无法打通。此外，员工重复性工作多，公司内部各个部门都存在着大量的重复、烦琐、非主观判断的工作流。如何让员工从无意义的工作中解放出来，使他们更多地参与到创造性的工作中，成了 Z 电商急需解决的问题。

3）数字员工解决方案

目前，Y公司数字员工和Z电商开展深度合作：Y公司数字员工协助Z电商搭建售前、售中、售后一整套销售流程自动化体系，并通过培训赋能销售运营部门。截至2021年，Z电商在客服、数据和财务等多个部门挖掘并搭建了数字员工280多个，平均每日运行时长2 000小时，相当于每天有1 000个数字员工在为Z公司工作，主要解决那些重复、烦琐、非主观判断的工作，像财务自动退款、运营的数据日报周报等。

4）应用成效

使用数字员工后，Y公司不仅降低了人力成本，提升了人效，降低了人工失误风险，最重要的是员工可以释放创造力，去做更多高价值的工作。另外，"科技基因"驱动着Z电商持续进行技术升级与变革，通过数字员工全方位赋能，Z电商实现了自动化转型，更加高效地服务于全球用户，助力品牌成就科技未来。

8.6 小结

随着互联网红利逐步走上顶峰，商家的数字营销方式也越来越多，电商企业之间的竞争日趋激烈。目前，许多企业都在尝试运用数字员工这一全新的自动化运营工具来减少成本和提高效率。数字员工可以模仿人工在计算机上进行操作，并且根据特定的规则完成任务，特别适合处理大量枯燥重复的任务，例如商品的上下架、批量修改信息、跨系统数据协调、电商结算等。

无论是线下的实体店，还是线上的电商，都充斥着大量的烦琐重复的人工操作流程。完成这些流程不仅需要花费大量的时间和精力，还需要冒着人为失误的风险，企业的市场竞争力还可能因此受到影响。数字员工能够有效地对电商的业务流程进行优化和改进，从而解决传统的商业流程无法应对的业务量过高这一问题。而且，数字员工在企业中是"外挂"一般的存在，既便宜又安全。尤其是针对电商经营中普遍存在的问题，数字员工可以在较低的成本下，协助用户顺利完成在各个环节中重复、烦琐、费时、费力、容易出错的工作。

第9章

数字员工在能源场景中的应用与案例

9.1 能源行业概况

能源，亦称能量资源或能源资源，是指可产生各种能量的物质的统称，通常指能够直接取得或者通过加工、转换而取得有用能的各种资源，包括煤炭、原油、天然气、煤层气、水能、核能、风能等一次能源和电力、热力、成品油等二次能源，以及其他新能源和可再生能源。

能源是国民经济发展的重要物质基础，能源的掌控决定一个民族的未来。能源的开发与有效使用水平以及人均消费能力，是衡量生产技术水平和生活水平的重要标志。我国的能源生产逐渐由弱转强，生产能力得到了极大提高，我国已经成为世界上最大的能源生产强国，初步形成了煤炭、石油、天然气和可再生能源的多轮驱动型能源生产系统，为国家发展起到了很好的支撑作用。

在经济、社会发展中，能源也是必不可少的。当前，我国已从高速发展时期步入高质量发展时期，面对高品质能源系统的支持需求，提出了新的"能源革命"。"能源革命"需要我国当前的能源结构发生质的变化、结构的变革，世界能源革命对我国的能源发展具有重要的指导意义。在"能源革命"的浪潮中，各个能源企业都开始了数字化的变革，使能源的数字化变革成为其新的经济增长点。

9.2 能源行业数字化转型发展现状及趋势分析

9.2.1 能源数字化定义

能源数字化转型就是能源企业在能源生产、传输、交易、消费等各环节中，使用新兴数字技术优化资源配置、安全保障和智能交互的功能，实现能源企业智能化、数据化、信息化运营管理和能源行业的智慧化发展形态。它的关键是运用新的技术全面地开发和利用能源全生命周期的深层数据价值。比如 AI+RPA 技术，就是让数字员工代替人工做运营过程中的重复性工作，并且可以更好地收集、存储、处理和分析能量装置的数据。能源企业在生产、运输、交易、消费等全过程中，充分挖掘和利用各种数据，对其进行分析、处理，以达到优化自己各个环节的运行效率，提高能源企业的运行效率，最终提升自身企业的运营效益和提高能源产业的资源利用率和安全性。

9.2.2 能源行业数字化转型发展现状

2020 年 9 月，习近平主席在联合国大会上发表讲话，表示中国将努力为 2060 年前实现碳中和的目标而奋斗；2020 年 10 月，五部委联合发布《关于促进应对气候变化投融资的指导意见》。其主要内容是制定新的标准、新的规则，并通过引入民间资本、外资等方式促进气候投融资的发展。十九届五中全会提出了 2035 年的远景目标和"十四五"期间的经济和社会发展的主要目标，其中明确提出要大力发展绿色的生活方式，降低污染排放。因此，清洁绿色能源将成为未来能源发展的主要方向。

能源领域是实现"双碳"目标的主战场和主阵地，能源产业的低碳转型是实现目标的重要途径和战略选择。目前，数字产业已成为我国经济转型发展的新动力。以数字化转型为载体，推动能源行业的结构性变革，推动能源行业的绿色低碳发展，这既是时代的迫切需要，也是行业发展方向。为了响应国家的号召，实现自身的突破，煤炭、石油、电力等不同的能源行业按照各自的发展需要，进行了多元化的数字技术应用和数字化转型，在改善生产流程、降本增效、改善安全等方面，都取得了良好的效果。下面详细地介绍和分析电力、石油和煤炭工业在能源工业中的代表性企业。

1. 电力行业数字化发展现状

1）行业整体营收增速放缓，营业成本居高不下

当前，中国电力工业正处于一个新的"痛苦"阶段，整个行业的收入增长速度缓慢，经营成本不断上升，盈利水平不断下降，给电力工业的高质量发展带来了严峻的挑战。从经营增长上看，2018 年开始连续下滑，2020 年由于疫情的冲击，总体增长速度明显放缓，市场竞争日趋激烈；在运营成本上，公司的运营费用高，运营效率低下，需要改进管理方式和发展方式；在经营利润上，2015 年以来已有显著下降，单一性服务在激烈的市场竞争中对公司的盈利有很大的影响，新的利润增长点将是整个行业的共同寻找目标。

2）数字化变革效果初显，劳动生产率增速明显

能源电力是国内最早进行内部信息化改造的领域之一。早在 2010 年前后，国家电网已完成了内部基础信息化建设，并进一步深化完善 ERP 等系统应用。2015 年前后，公司建立了大数据平台，并持续加大了对信息化的投入与管理体系的改革，企业内部的劳动生产率在管理改革过程中有了显著的提升。当前，随着宏观经济发展的减缓和电力行业的转型升级，电力行业企业的内部管理效率的提升需要更加依赖数字化的手段，建立企业级的数字化平台，以信息化为基础，挖掘企业的数据的深层价值，推动组织结构、人力资源、财务等各方面的变革和提高。

3）电力行业数字化市场规模迎来全面增长

国家电网和南方电网在 2020 年加大投资力度，加速数字基础设施的建设，构建以企业大数据中心为代表的工业互联网和人工智能平台，以信息基础设施和融合基础设施为重点，强化数字设备的购买和服务创新。在"十四五"电网投资的带动下，中国能源和电力行业的数字产业规模在 2025 年将达到 3700 亿元左右，年复合增长率达 10.8%，涉及智能电网、自动化控制、巡检运维、灵活性服务、能源管理系统等；能源电力数字化升级约占 18%，包括大数据、RPA+AI、云计算和区块链等技术应用改造。

2.石油行业数字化发展现状

1）石油行业数字化进程缓慢

石油工业的数字化过程与其他工业的发展速度相比，发展较慢。石油工业在转型过程中所要求的技术可以快速地从其他产业中借鉴，也可以从大型IT公司处获得协助和支持，从而实现更加安全高效的数字化转型方式。事实上，石油产业的数据量非常庞大，却没有一个统一的数据标准，其来源和类型非常复杂，即使在企业内部，也经常会出现大量重复性的数据，并且结构化的数据只有20%，所以很难在企业不同的部门和团队之间进行共享。

2）行业观念不再保守，积极开展数字化转型

石油行业的观念较为保守，抵制风险。随着数字化转型，石油企业经营方式会发生变化，员工总数也会相应地减少。简单的手工操作的业务将会被新兴技术取代，例如数字员工技术的快速发展会将员工从简单重复性的工作中解放，投身于更安全和高价值的工作，从而需要具备相应的新技能。在解决员工忧虑的同时，雇主还需要执行和拓展数字技术，以满足企业的环境需求和股东的期待，这种过渡对于取得长期利益至关重要。

3）数字化转型困难，"信息孤岛"现象严重

根据对能源行业数字化水平的行业对标数据进行分析后发现：包括油气行业在内的我国能源行业比其他行业数字化转型起步较晚，相比其他行业系统，互联数据互通程度低，在数据管理层面，能源行业企业在数字化资产的整合能力、分析能力和预测能力方面的得分都明显低于其他行业的企业。

从当前石油行业的数字化转型来看，企业和部门之间存在技术、生产等方面的障碍，能够通过合作实现双赢的实际案例较少。没有整合能力和生产"孤岛"的存在，都会对企业的生产产生负面影响。由于各个部门所承担的工作内容不同，技术的运用也有差异，如果不能找到有效的结合方式，就很难解决这些问题。

3.煤炭行业数字化发展现状

1）煤炭企业对数字化转型存在认知偏差

越来越多的煤炭企业希望通过信息化、数字化、智能化建设，提升企业

核心竞争力。各大煤炭集团在此方面的投入不断加大，重视程度不断提升。然而，部分煤炭企业高层领导缺乏对两化融合（工业化和信息化）、数字化转型的深刻理解，或是将关注点仅放到煤矿智能化建设一个领域，把智能矿山等同于数字化转型，或是认为实施一些大的信息化项目和一些大的系统就实现了数字化转型，因而在认识上存在偏差。

2）煤炭企业数字化转型整体处于起步阶段

目前，煤炭数字产业市场潜力巨大，为适时整合优势资源，部分煤炭企业将信息技术、数字经济作为企业未来发展的潜力板块，纷纷开始布局数字化转型。如山东能源集团将所属信息技术公司北斗天地公司注入到收购的上市公司中，并更名为云鼎科技，成为行业首家主板上市的煤炭企业所属信息技术公司；平煤神马中平信息公司、开滦中滦科技公司、伊泰信息公司等煤炭集团所属信息技术企业，均具有自主研发产品的能力和相应的解决方案，以及服务于企业外部市场的能力。

煤炭企业数字化转型与两化融合在高级水平阶段的基本内涵一脉相承。但从煤炭行业来看，达到这一阶段的企业并不多。很多企业处于转型前期加速建设或准备的"数字化升级"阶段，但取得的实质性效果不佳。煤炭企业普遍认识到数字化转型的紧迫性，但该如何推动落地尚需一定的过程。

3）煤炭企业新技术应用不切实际

全力发展新一代的信息技术，如大数据、工业互联网、5G、人工智能和数字员工等技术与煤炭企业生产运营中的各类场景相融合，是煤炭企业数字化转型的重要内容，特别是在 5G 应用方面，走在各行业前列，已被工信部列入 5 个重点行业实践。但很多煤炭企业由于缺乏顶层设计、系统谋划和基础支撑，在很多新技术方面的应用不切合实际，很难发挥应有的作用。

4）煤炭央企数字化转型起到引领作用

国家能源集团、中煤能源集团等央企对数字化转型认识深刻，信息化基础坚实，目前在行业中处于领先地位。例如，国家能源集团以"建设具有全球竞争力的世界一流能源集团"为目标，对集团进行了数字化转型的顶层设计，并提出了数字化转型的策略；中煤能源集团编制了相关规划，明确了集团数字化转型的战略目标。

5）行业外部反向推动作用力增强

各类互联网企业、新技术企业和电信运营商等开始将业务重点由消费端转向产业端，其中煤炭产业成为了业务重点。例如，不仅华为成立了煤矿军团，腾讯、阿里等巨头企业也从不同领域大力拓展煤炭业务，各大运营商在重点产煤省份加速布局，许多新技术企业成立了煤炭事业部。这些技术企业投入大量资源，将对煤炭行业数字化转型产生推动作用。

4. 能源行业数字员工技术应用现状

目前，我国的能源公司在数字员工的智能应用方面，已经取得了较快的发展，以后来居上的速度迅速赶超国际先进水平。在部分能源公司中，已在ERP、市场营销、生产等业务应用系统中，布置了上百套数字员工的实验性部署，并初步形成了智能操作控制与交互服务体系。尤其是在调度自动化和安全保障体系上，我国的能源公司实现了对能源的最优分配，安全、经济、节能、环保等方面的综合效益显著，能够为用户提供可靠、经济、清洁、互动的能源供应和增值服务。

在能源公司内部，利用RPA+AI技术的简单易用和降本增效的优点，可以快速建立一套自动化的流程，将原有的系统平台与之相连。

对于能源企业内部来说，RPA+AI技术以其简单易用、降本增效的优势，迅速打造自动化流程，连接原有的各个系统平台。它将重复性高、劳动强度大的工作流程完全交给了数字员工来完成，从而为基层人员节省了大量的宝贵的时间，并将更多的精力放在了创新和决策工作上。同时，利用数字员工后，其操作的准确度几乎达到100%，极大地节省了因失误造成的费用，保障了生产的安全。由于大大缩短了数据收集和整合的时间，所以定期报告的管理决策能够更加及时地反映企业的动态和市场走向。

而在这些成果的背后，离不开国内各大能源企业在多年的系统实践中积累的丰富经验，科研人员勇于探索，积极推动RPA和AI技术的推广，加快了我国能源产业的智能化发展。我们的能源公司尽管起步较国外同行较晚，却以一种强烈的社会责任感和强烈的社会使命感，加快推进数字系统工程，加快从一个传统的能源供应商转变为一个全新的综合能源提供商，持续增加

RPA 和 AI 的投资，将提高用户使用的便利性和满意度作为持久发展的目标。

9.2.3　能源行业数字化转型趋势分析

1. 数字化是传统能源转型的必然趋势

通过运用数字化技术，能源企业可以引导能源有序流通，建设更加高效、清洁、经济的新型能源系统，从而使能源系统的安全性、生产率、可及性、可持续性得到改善。在能源领域中，数据的分析和链接广泛应用，极大地提高了运营的效率，降低了大约 10% 的能源消耗。数字化的能量系统可以精确地识别出哪些人需要能量，并且清楚地知道怎样才能在合适的时间和地点以最小的代价供应能量。新的数字化能源商业模式正在形成。

对于能源企业而言，数字化被视为实现能源转型的重要途径，原因如下：

1）全球能源转型面临新的挑战

尽管我国的能源消费结构不断优化，以煤炭、油气等一次能源为主的消费结构逐步转变为基于电力系统的二次能源结构，然而，全球气候变化与环保的双重压力依然明显，各大能源企业纷纷选择适度地开发新能源，以期获得更大的市场份额。新能源在电力系统中的应用最多，其数字化的优点更能满足电力系统的发展需要。

2）能源数字化符合能源转型降本增效、绿色的核心要求

在网络时代，能源的整个产业链——能源的勘探、生产、运输、销售、服务等各个方面都将全面融入数字化的平台，这就迫切需要高效计算、海量数据、即时通信等技术来推动节能减排、环保，加快能源产业的转型。同时，数字化也会让某些洁净的能源技术，如碳捕捉和碳封存，受益颇多。

3）传统能源行业发展模式在经济数字化时代遭遇瓶颈

传统的能源公司要从提供单一的石油和电力产品转变为以"产品＋服务"为主的综合性服务企业。数字化技术给率先进入数字化领域的公司带来的竞争优势，将会逼迫其他的能源公司跟随转型。传统的能源产业也会不断朝着数字化的方向进化。

2. 传统能源行业与数字化企业的融合

在国际油价持续走低、新兴产业迅猛发展的背景下，传统能源公司纷纷寻求与拥有新技术、新业务的数字化企业进行合作，以推动其发展。在这样一个庞大的发展市场面前，世界知名的高新科技企业都在和石油公司进行战略合作。以石油天然气行业为例，主要包括以下三个方面：第一，利用 AR（增强现实）眼镜、高性能计算、云、大数据、物联网、工业互联网、数字员工等技术，对油气田进行操作和维护；第二，利用物联网、大数据技术和数字员工，提升传统石油公司的经营效率；第三，推动能源公司与科技公司进行新的合作与创新，将运营技术与信息技术相融合，以解决企业实施数字化改造工程所遇到的困难。

传统的油气公司通过与技术企业的合作，运用最新的信息化技术、大数据、云计算、RPA+AI，建立一个全新的能源生态体系，从而优化管理流程，降低生产成本，提高安全运营，创新合作模式，优化能源结构。

3. 智能化是能源数字化未来发展的必然方向

能源结构的低碳化、清洁化、终端能源电气化是世界能源转型的必然趋势。在这一进程中，数字技术将扮演不可取代的角色。在数字技术和能源行业高度融合的今天，智能化将是未来能源发展的一个高层次发展阶段。

1）智能化推动能源数字化转型进入新阶段

在海量的大数据分析和人工智能的基础上，智能化的发展能够提供大量的技术、经验和宝贵的资讯，极大地提升能源行业的效率，降低成本，增强企业的竞争力。

2）智能化是能源数字技术迭代的发展方向

智能化是世界科技发展的主要方向，对能源产业的转型也将产生深远的影响。当数字员工的成本比人力少，且工作效率和安全性更高时，数字员工必然会取代人力，能源的数字化发展也会步入智能化的时代。比如，利用数字员工在石油勘探中的应用，会使世界上许多以前不能开发或需高成本开采的油气田得到释放，从而使世界上的可开发能源发生重大的改变。随着智能电网的广泛应用，电力系统可以做到实时监测、分析、分配、决策，从而达到电力的分配和利用的高效率。

3）智能化提供全新用户体验

智能化将为能源数字化发展带来全新的用户体验，根据不同的用户需要，构建符合不同层次客户的个性化服务要求。以通用电气公司为例，其之所以建立人工智能公司，目的是利用大数据分析、机器人及人工智能技术，为用户提供先进的监测服务。世界上的能源供应和需求时刻都在发生改变，逐渐向更加定制化、清洁化、电气化的方向发展。

4. 能源行业需进一步加快能源数字化转型的步伐

作为世界第一大能源消耗国，中国的能源转型已成为当务之急。《关于推进"互联网+"智慧能源发展的指导意见》是我国在 2016 年发布的，旨在促进能源和现代信息技术深度融合，促进能源生产和市场营销模式的变革，重塑能源产业链、供应链和价值链。数字技术与智能管理模式的运用，将使分布式能源生产、运输、交易、消费等环节得到有效实施，从而使光伏、风电、核电等清洁能源健康有序发展。同时，要充分利用高科技网络公司在能源转型过程中的积极作用，与能源公司积极进行战略合作。

但目前，我国的传统能源产业与高新技术产业的整合仅局限在建立试验平台、模拟实验室、超级计算、通信和数据应用等方面。如果只停留在将能源数据数字化、网络化，也就是能源管理的平台，那么，在能源生产的层面上，并没有发生根本的变化。特别是在能源行业的供应链下端，由于缺少数字技术的支持，能源的数字化还处在起步和摸索的阶段。我国的能源产业应启动数字化、智能化改造。

9.3　能源场景有关痛点分析

伴随数字化、智能化进程的加快，能源行业也在通过数字化、智能化不断进行转型升级，但在能源行业前后端，仍存在很多单一、重复、烦琐的事务性工作，需要大量人工来完成，故人力成本高、业务效率低下。这里列举能源行业典型场景痛点，如表 9-1 所示。

表 9-1 能源场景痛点描述

痛点项	痛点描述
1	出车单派单痛点
2	工单跟进痛点
3	工单催办痛点
4	系统安全监控痛点
5	营销在线稽查痛点
6	电费回收率计算痛点
7	生产安全隐患痛点
8	数据安全痛点
9	"数据孤岛"痛点
10	技术保障痛点

9.3.1 出车单派单痛点

电力公司在进行电路抢修工作时，需要及时获得工具车的实时信息，这就需要对车辆进行统一调度管理。相关管理人员需要每天登录车辆统一管理系统，将每天的出车信息录入系统，其工作量很大，且这一流程重复、费时、易出错。

9.3.2 工单跟进痛点

某城市供电局的供电故障报修工单，要求客服中心每日登录企业信息平台，将当日的故障报告记录在营销管理系统中，以便全过程跟踪管理。为保证用户的需求能得到迅速响应，客户服务中心制定了SLA（服务等级协议）要求（5分钟内派发相关责任人，35分钟内维修人员到达现场，75分钟内填写预计复电时间，4小时内回复，等等），并通过客服中心跟进工单的处理情况。尽管这种机制在某种程度上保证了业务的质量，但是由于工作量大、耗时长，仍存在差错、漏报等问题。

9.3.3 工单催办痛点

在供电局供电服务中心的值班大厅中，每天花费至少 60 分钟进行工单催办已经成为工作人员的日常任务之一。类似于客服工单催办这种重复性工作还有很多，因为公司要处理大量的电力用户问题和设备问题，所以很多员工要处理各种报表，统计报表，输入数据，这些都是非常耗时的事情。一般情况下，一个员工每周要处理 230 份工单，每周只能统计一次，且无法细致到每个细分环节。

9.3.4 系统安全监控痛点

在进行系统安全监测时，需要人工登录攻防系统，查询名单，记录高危、可疑、成功的攻击，将清单信息存储在表格中，并将表格发给有关工作人员。在这一过程中，由于人工不能 24 小时进行实时监测，难免会出现疏漏，导致相关人员不能及时应对高风险的袭击。

9.3.5 营销在线稽查痛点

线上营销稽核系统每个月都有超过 100 000 条的异常数据，必须由人工进行异常确认。因为异常数据量大，查询处理速度较慢，每 100 条异常信息的处理时间平均为 10 分钟，最多 20 分钟。每个月都有很多异常数据，这会导致数据堆积，影响业务的正常进行。

9.3.6 电费回收率计算痛点

每个供电所每天都要上报电费的回收率，而且每个站的计算标准都不一样，计算也比较复杂。这个过程非常烦琐，需要耗费大量的时间和精力，而且会存在计算失误。

9.3.7 生产安全隐患痛点

安全生产方面的事故主要由意外和人员操作不当造成。国内的电网企业一般已部署了先进的监视设备，甚至设置专门的物联网在线监测设备，并对设备状态进行评估，但最终都需要靠人力来发出预警以及跟进，当监察结果未能及时跟进或未得到快速响应时，伤害仍然难以避免。常见的安全隐患有：一线员工在进行检修工作时比较容易发生意外，如摔伤后未能得到及时救治，造成终身残疾甚至死亡；自然灾害发生后产生的次生灾害，如南方雨季暴雨洪灾的来临，导致输变电设备发生漏电，发生人员触电事故；电网设备老化或事故未得到及时处理，导致大面积停电，如偏远地区输电设备起火，关键设备工作状态发生意外，此类事故在全世界范围也时有发生；网络系统受到病毒攻击，未能及时部署安全策略，导致人为事故。

9.3.8 数据安全痛点

1. 敏感数据管理不足

随着电力行业信息化程度不断加深，电力企业内部的各部门、组织、区域之间的电力数据的传输和共享越来越频繁，因此必须对电网中的数据进行脱敏处理，从而达到"用、护"相结合的目的。然而，一些电力公司还在使用脚本或人工进行数据脱敏处理，且脱敏规则不统一，造成脱敏效果较差，数据质量差，数据间的关联关系被破坏等问题。

2. 风险行为监控不足

由于电力企业组织规模庞大，系统交错复杂，人员众多，在日常工作中若出现越权访问、下载、篡改等违法操作，很难被及时发现和定位，这给企业内部数据安全问题与调查带来困扰。另外，据我国风险评估机构调查发现，超过20%的电力公司的资料库都是直接接触互联网的，而且大部分资料的版本非常老旧，许多经过修正后仍有安全漏洞，很有可能会被外界侵入。与此同时，为了适应"云大物移智"（云计算、大数据、物联网、移动互联网、人工智能）时代的发展，电力公司逐渐打破了内外网之间的物理隔离，比如让员工可以通过万维网直接进入内部系统工作的现代化办公环境，也为计算机病毒和黑客入侵提供了更多的机会。

3. 数据库运维管控不足

由于电力企业网络复杂、业务性质特殊、数据库繁多，故在运维专区中经常采用堡垒机来管理运维人员，但是这样的管理方法在保护数据安全方面会产生一些问题：操作人员没有遵循操作规范而操作数据库，非法导出敏感数据，没有仔细审查数据库操作行为，等等。

9.3.9　"数据孤岛"痛点

现代能源企业往往实施了多个系统，由于不同系统的开发标准不统一，界面不一致，系统间的数据交换通常由人工完成，故出错可能性较大。通过编程平台整合不同数据来源会面临两大难题：一方面需要大量的数据分析，定制数据接口，实施难度高；另一方面每个部门的业务环境和需求经常发生变化，导致数据输出发生变化，数据接口的实时更新几乎不可能做到。

9.3.10　技术保障痛点

能源行业涉及国家工业基础和人员安全，为了避免作业流程中的失误可能导致的严重后果，企业建立了大量的合规和监察系统，产生海量数据需要处理，但人员监督处理能力有限，无法实时同步，甚至还有人为因素的遗漏。用新的自动化流程来连接已经实施的系统，例如财务控制系统、人力资源绩效管理系统、ERP 系统等，数据的准确性、可靠性、安全性都存在很大问题。

9.4　能源行业数字员工应用场景

数字员工可以采用非侵入式的手段解决能源行业中众多跨系统的数据操作，并把员工从烦琐重复的工作中释放出来，优化整个企业流程，实现降本增效。这里列举若干能源行业数字员工的典型应用场景，如表9-2所示。

表9-2　能源行业数字员工应用场景

场景项	应用场景
1	出车派单场景
2	工单跟进场景
3	工单催办场景
4	系统安全监控场景
5	营销在线稽查场景
6	电费回收率计算场景
7	生产安全场景
8	数据安全场景
9	技术保障场景
10	实时运维管理流程场景
11	安全评测和计划流程场景
12	电网调控流程场景
13	调度计划流程场景
14	运行方式流程场景

9.4.1　出车派单场景

员工需要登录车辆统一管理系统，填写用车人员和车辆信息的提交申请，安排派车，并发送短信给驾驶员。而利用数字员工，可以自动登录系统，完成出车的录入，从车辆的申请、车辆的审核，到车辆的发放，都会自动完成，并根据用户的需要，将车辆的信息发送给相应的工作人员。利用数字员工来完成复杂的工作，既能提高工作效率，又能对需求做出及时的反应，从而为客户带来更好的服务体验。

9.4.2　工单跟进场景

数字员工能更好地追踪整个维修工作，确保 5 分钟内就能把工单派送到相关部门，而且事后整个工作流程都能追踪。采用数字员工可以准确跟踪数据状态、跟踪频率、跟踪数据范围等，并根据实际情况对数据进行精细配置，并灵活地设定报警规则，实现各种报警方式。这既大大提高了工作的效率，也大幅减少了工作中的错误。

9.4.3　工单催办场景

在数字员工的帮助下，一份工单催办只需要 30 秒就能完成，可缩短 80％的工作时间。每日由数字员工登录系统，取得工单信息，进行时间比对，对超时工单，每日会发出短信提示，并自动形成每周报告。由于采用了数字员工，一线职工的工作压力大大降低，不需要人手值班，将每日一次的工单通知提醒升级为一周一次，提高了供电服务的安全性和可靠性。与人工相比，基于业务需求的数字员工效果明显，效率高、成本低、速度快、质量好、态度好，作业效率可提高 5 倍，而且可以减少人为误差，实现全年不间断作业。

9.4.4　系统安全监控场景

使用了数字员工后，可以 7×24 小时进行全天候监视，自动定时登录攻防系统，读取所有的数据，并读取点击记录时间，自动判定攻击类型是否符合报警要求——如果达到要求就会立即发出警报，还能将每天的攻击记录汇总到指定的信箱中。有了数字员工，对高风险的攻击反应能力大大提高，能够 24 小时实时监视。

9.4.5 营销在线稽查场景

利用数字员工，不需要进行在线人工审核，就能实现对"业扩报装"[①]的数据自动查询。根据已有的标准验证异常数据，可提高300%的工作效率；发放异常数据，并将其存档，避免产生积压。数字员工能够迅速地处理大量的业务系统数据，按照规则和使用者需求做出精确的配置。另外，采用数字员工可以降低业务数据的积压，消除稽核误差。

9.4.6 电费回收率计算场景

利用数字员工可以为每个供电所量身定做自动计算电费回收率的程序，并且用户可以根据自己的需求进行调整。有了数字员工，就不再需要人工计算电费回收率。数字员工可自动完成多个步骤操作查询等业务工作，解决操作过程繁复、输出的数据类型众多等问题。数字员工也可以在一定周期内反复工作，从而降低大量的人力消耗。

9.4.7 生产安全场景

改造后的自动化流程让所有预警和跟进工作变得迅捷而有效。数字员工打破系统界限，可以不停歇地实时监控。员工的操作失误往往是由健康问题或情绪低落造成的。如能提前整合员工健康信息，通过数字员工把数据结构化，自动对每位前往作业的员工提前进行健康评估、情绪测评，对于处于不适宜状态的员工停止派发工单，则会减少操作失误。数字员工将成为一线员工的好助手，员工的人身安全就多了一道保障。

9.4.8 数据安全场景

由数字员工代替人工承担大量基础数据的处理工作，可使人员泄密的可能性几乎为零。立足国内自身研发力量开发数字员工平台，并在适当的时候开放源代码，让电网企业完全放心使用。

---

① 指与发展新的电力用户所相关的业务，简称"业扩"。

由于电力企业的数据结构复杂，各个业务之间的数据流通渠道不同，而采用人工去敏处理的效率较低，质量较差，监测能力较差，这一难题可以用数字员工来解决。数字员工能够找到并标识储存于内网和暂储在外网中的数据，当数据被跨部门分享或向政府部门发送时，必须对重要数据降低敏感性，以保证接收方不会再次传播数据内容。另外，数字员工可以实现全方位监控，记录包括非法访问、数据库违规操作、数据批量导出或篡改在内的一系列风险行为，能够对所有的数据存取行为进行稽核，并利用数据分析技术与电力企业典型的数据操作审计策略需求相结合，对风险行为进行识别与预警，并在事后进行准确、高效地溯源。

9.4.9　技术保障场景

数字员工能实施 24 小时不间断监察，通过 OCR（光学字符识别），或其他人工智能图像识别软件，实时发现出现的异常情况，彻底消除人为失误的可能。另外，通过分阶段实施，获得实验性实施经验，得到 POC（概念验证）认证，逐步在企业全面推广，避免在实施过程中出现系统性误差的可能。此外，数字员工能够实施自我监督，通过全流程管控数字员工，对数字员工操作结果进行二次确认，为流程自动化的可靠性增加了一道保障。数字员工属于非侵入式开发，即在原有系统外加载数字员工的操作，故不会降低原系统的安全性。

9.4.10　实时运维管理流程场景

利用数字员工，可以实现统一的设备集中监测工作界面和业务流程，实现电网调度和变电运维的业务协作，实现对设备运行信息的分级分送，加强设备运行状态在线监测与健康状态评估、遥控操作与现场巡视操作、异常处置与缺陷管理等工作之间的衔接，提高日常运行绩效和应急控制的时效性。

具体流程应用列举如下：

1. 终端在线状态监测

登录计算机自动化系统，查看终端不在线天数，分析判断是否存在故障，登录营销系统发起故障检修单，通过邮件通知检修人员。该流程能及时保障用户用电安全，减少设备不在线时间，增加电网企业效益。数字员工处理终端在线状态监控业务流程如图9-1所示。

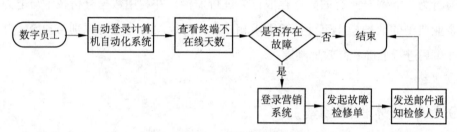

图9-1　终端在线状态监测流程图

2. 巡检数据管理应用

数字员工在监控终端对数据进行自动采集，并与历史数据进行对比，发现异常就报警。该流程能节省大量的常规资料人工输入时间，对异常设备进行集中管理，提高作业效率。

9.4.11　安全评测和计划流程场景

数字员工的应用健全了调度控制中心安全内控机制。该流程结合主要业务流程，建立关键业务节点和专业交接面的安全审计制度，实施全方位绩效评估和反馈，实现安全闭环控制，全面提升调控运行安全绩效和安全风险预控能力。

具体流程应用列举如下：

1. 效能监察管理应用

通过对业务流程数据进行采集，对每一个业务节点进行评价，形成提升计划，实施后检查是否有未完成的执行措施，整理结果后，通知相关人员进一步处理。该流程让安全评测工作人员能将时间、精力更多集中在业务流程的梳理和计划的策划上。对于措施的执行情况的跟进，由数字员工负责，从而能更好地执行流程管理，不断提升流程的效率和安全性。

2. 检修数据上传整理应用

具体应用：从在检修数据设备上采集开始，到录入形成 Excel 文档，同时对数据进行规则分类整理，预测并形成 Excel 文档。解决原先需要大量烦琐的录入工作，完成后，还需要逐一核对才能提交。该流程极大地缩短工作完成的时间，处理数据量大，并确保正确率 100%。

9.4.12　电网调控流程场景

采用数字员工，可以有效地改善电力系统的实时运行控制能力。在常规调度下，增设了设备运行的集中监测功能，同时，将安全分析预警、实时计划优化调整、实时动态预报实时监控等功能扩展到电力系统运行状况，使调度运行由经验型向分析型、从单一运行功能向多功能、从事后被动型向事前主动型转变。

具体流程应用列举如下：

数字员工自动收集台区电流电压数据，自动识别异常数据指标，实时通知预警相关运维人员，或做出自动应对策略。通过主动监测设备状态，及时发现异常，阻止次生灾害的发生，保障人员及生产的安全。

9.4.13　调度计划流程场景

数字员工可以更好地统筹安排调度运行计划：基于智能电网调度技术支持系统，细化负荷预测，定制和校核发输电计划和检修计划，优化电网运行管理结构，达到电力资源的优化配置，提升调度计划精益化水平。

1. 配电工作流程应用

具体应用：从基层提交配电要求开始，到审核追踪配电结果，完成数据自动化采集、核实、审核，到事后跟踪提前预警。全程自动化，并在申请提交时，进行了需求核实，提交主管部门做出合理的审批。此过程可实现流程自动化，减少人为出错，通过预审核给决策提供依据，降低决策风险。

2. 用电负荷预测应用

该流程从用户登录到用户数据查询，并对数据进行分析，整理得出用户未来用电状态，工作可以细化到对每一个用户的预测。用户数据自动采集分析，通过分散模型分析，封装结果统一调配，保护了每个用户的数据隐私。同时，只有在数字员工的支持下，才可以定期进行规模如此之大的数据采集和分析。

9.4.14　运行方式流程场景

数字员工的应用保障了电网运行方式的统一管理，确保各级电网运行的统一标准、集中计算、集中决策、统一执行，实现主网统筹运行。

具体流程应用列举如下：

1. 电网支撑信息系统应用

将省级以下各层级配电、输电、用电、调度统一集中到省级以上的信息系统中，数字员工将统一执行数据传输、识别、安全检查、运维统计、自动分析。充分利用数字员工带来的跨模块、跨平台、跨系统优势，集中对来自不同系统的数据结构化、标准化，并集中计算、集中分析，统一制订输配电计划和检修策略。在跨地域、跨系统的运行中，去除人为出错可能，让集中化运行成为可能。

2. 配网电子化移交流程应用

整个流程，从设备资产台账的初设开始，直到运行管理部门投入运营结束，其中，数字员工将自动采集移交信息，对功能设置、物料信息进行自动审核，并每隔 15 分钟检查移交状态，若发生超预期事件，则向负责人发出提醒。在此过程中，数字员工能及时推进设备移交流程，保证系统数据与实际的一致性。

9.5　案例介绍

1. 数字员工助力 A 电网提升效率

1）需求及痛点

在门户网站可访问性的校验工作中，确保指定账号能够正常访问省级电力公司的网站是一项日常基础性工作。在使用数字员工之前，员工每周需要访问测试 27 家省级电力公司的门户网站，并使用指定账号登录各公司门户网站，检查各个公司的门户网站，确认账户的正确性，完成测试记录。完成这一过程一般要花费数小时。另外，员工还要定期收集资料，根据特定的搜索词从各个部门的网站上检索重要的资料，对其进行分类整理和统计，因而花费了大量时间。

2020 年 7 月 1 日，A 电网大数据中心成立 RPA 技术攻关团，集中力量解决"离代码近、离客户远"这一难题，并深入到公司各部门和基层单位进行调研。在调查过程中，团队成员发现，日常的税务申报、扣账、业务办理、人力工资管理、资料收集等工作都要投入大量人力和时间。这种固定流程在无形中为公司增添了大量的费用。

2）数字员工解决方案

A 电网大数据中心开发了一套基于企业数字员工的专用解决方案，并开始开发数字员工的应用场景——门户网站可访问性自动校验。

团队秉承"把产品做成服务"的理念，在公司有关部门的领导下，进行了深入的应用场景调研，经过多次流程梳理、测试、调试，最终于 2020 年 9 月 3 日正式完成了门户网站可访问性自动校验场景的研发部署。

基于自动化和智能化技术的数字员工代替传统的人工进行业务规则明确、烦琐、重复性高的人机交互工作，这是数字员工发展的一个主要趋势。A 电网大数据中心创造性地提出打造企业级数字员工，依托"数智国网"汇集 RPA 开发者、前沿 AI 技术以及第三方机器人等生态服务，面向公司各专业领域持续开发适用于调度、营销、审计、党建、工会等多种场景的服务。

A 电网公司的物资信息化主要涉及经法、ERP、ECP（电子商务平台）等系统，但是这几个系统之间的合同管理模块接口还没有接通，所以需要用人工来维护各个系统的数据，且存在数据重复录入的问题。采用 RPA 工具后，就能实现对供应商的信息自动进行多系统填报，在保证准确录入数据的同时，还能对供应商信息进行全息、多维度、可视化分析。

3）应用成效

利用数字员工执行一次门户网站可访问性自动校验的任务仅需要几分钟，测试工作可以从原来的每周一次改为现在的每天一次，大大提高了校验的效率和准确性，成功将员工从烦琐的重复性工作中解放。

数字员工拥有高效、便捷、智能等多种优势，很适合成为公司员工的"贴身助理"。数字员工可以助力员工完成 30%～50% 的重复性生产劳动，让员工更专注于创造性工作。通过人机合作取得了"1+1>2"的效果。

在企业的 RPA 服务中心，每位员工都有自己量身定做的数字员工助理。数字员工助理效率高，成本低，速度快，工作质量好，在它的参与下，总体的工作效率比手工操作提高了好几倍，而且可以减少人为误差，并全年不间断。

数字员工在运营管理工作中同样扮演着智能助手的角色。A 电网大数据中心基于企业级 RPA 服务中心，部署了物资信息化助手、新闻自动抓取、员工生日祝福、节假日廉政提醒等应用场景。

2. 某科技公司"数字员工"助力某电力集团实现业务流程自动化

1）客户背景

某电力集团股份有限公司成立于 1993 年，当时隶属于国家能源部，后历经电力部、国家电力公司、中国国电集团公司管理，现隶属于国家能源集团。2009 年，该集团在香港主板成功上市，被誉为"中国新能源第一股"。通过 RPA+AI 打造的数字员工已相继在财务领域上岗，真正实现了 7×24 小时在线工作，释放人力，降本增效。

2）针对不同场景部署数字员工

（1）财务报表数据抓取与填报。

① 需求及痛点。财务工作人员每月需要登录集团财务报表系统，下载资产负债表、利润表等报表，并人工进行报表的整理、计算，再填入电力数据填报平台。

每月集中处理大量报表数据，需耗费将近 5 ～ 6 天的时间，重复性较强，工作量巨大；人工在数据下载、处理过程中极易出错，且较难发现，最终导致数据合规性风险。

② 数字员工解决方案。

◎ 借助 RPA+AI 打造的数字员工，每月自动登录财务报表系统，下载相关报表，自动进行数据的汇总和计算。

◎ 数字员工自动登录电力数据填报平台，将整理好的数据自动完成填报，并保证数据的安全合规。数字员工财务报表数据抓取与业务填报流程如图 9-2 所示。

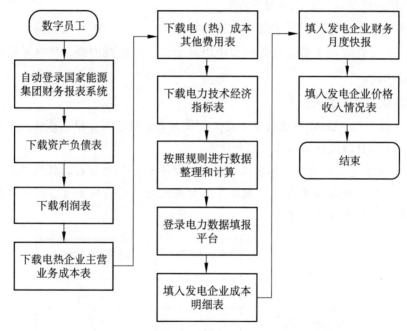

图 9-2　数字员工财务报表数据抓取与业务填报流程图

③ 应用成效。通过数字员工的运用，该电力集团的财务效率得到大幅提升，同时，人力成本也大幅下降。通过具体数据我们可以看到，在数字员工的介入下，单位人力成本由原来的 4 个人降至 1 个人。另外，人工进行财务报表的工作极容易出现错误，但数字员工可以规避错误，从而使正确率达到 100%。最后，数字员工使工作效率由原来人工的 128 小时 / 月，降到现在的 20 分钟 / 月。最终为企业带来了降本增效的效果，如图 9-3 所示。

75% 人力成本从4个人降至1个人
100% 正确率
384倍 人工128小时/月，数字员工20分钟/月

图9-3 数字员工应用效益图

（2）统计联网直报平台数据抓取与填报。

① 需求及痛点。财务工作人员每月需要登录集团财务报表系统，下载资产负债表、利润表、购电费统计分析表等报表，并人工进行报表的整理、计算，再填入国家统计联网直报平台中。

每月集中处理大量报表数据，耗费将近4个小时，重复性较强，工作量巨大；人工在数据下载、处理过程中极易出错，且较难发现，最终导致数据合规性风险。

② 数字员工解决方案。

◎ 借助RPA+AI打造的数字员工，每月自动登录财务报表系统，下载相关的报表，自动进行数据的汇总和计算；

◎ 数字员工自动登录国家统计联网直报平台，将整理好的数据自动完成填报，并保证数据安全合规。数字员工处理统计联网直报平台数据抓取与填报业务流程如图9-4所示。

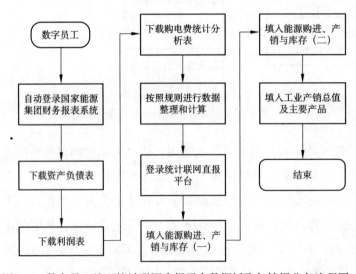

图9-4 数字员工处理统计联网直报平台数据抓取与填报业务流程图

③ 应用成效。随着互联网的发展，对于各大公司来说，资金流通越来越快，财务人员的重要性也愈加凸显，但是随着劳动力成本的上升，公司难以更好地发展。基于此，通过数字员工技术的融合，一方面可降低人力成本，另一方面可降低出错率，提高工作效率。我们通过公司的具体数据也可看出：人力成本由之前的每单位 2 人降低至每单位 1 人，正确率通过数字员工的改善提高至 100%，效率由之前的 16 小时 / 月提高至 20 分钟 / 月，如图 9-5 所示。最终，在数字员工的协助下，公司实现了"1+1>2"的效益。

图 9-5　数字员工应用效益图

（3）进项税发票认证。

① 需求及痛点。财务工作人员每月需要处理大量发票抵扣工作：登录财务系统下载记账单据的增值税发票信息，并与抵扣联发票进行逐一对比，将抵扣联发票标记为"已报销"，然后登录国家税务总局提交抵扣申请，打印发票明细和抵扣统计明细。

每月处理的抵扣发票数据巨大，不仅要核对纸质抵扣联发票，还需要与财务系统记账单据核对，工作烦琐、枯燥；人工核对抵扣联发票和记账单据容易出错，存在数据安全、合规风险。

② 数字员工解决方案。

◎ 借助 RPA+AI 打造的数字员工，利用 OCR 自动识别和提取抵扣联发票号、发票代码，并记录至台账中；

◎ 数字员工自动下载财务系统记账单据，根据发票号 + 发票代码进行规则校验，自动标记"已报销"，并自动登录税务局网站，完成抵扣申请和打印发票明细、抵扣信息统计明细。

数字员工处理进项税发票认证业务流程如图 9-6 所示。

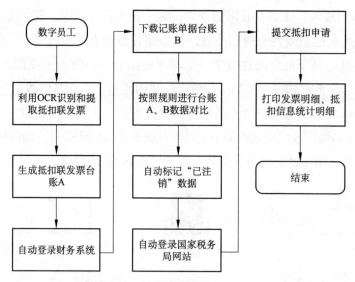

图9-6 数字员工处理进项税发票认证业务流程图

③ 应用成效。进项增值税作为财务人员每月需要核对并抵扣的工作，其工作量大，内容枯燥，且重复性较高，对于员工来讲，这项工作耗时耗力，且出错率较高。对于财务人员来说，这项工作降低了他们的创造性，使其不能做更多的更有价值的工作。而通过引入数字员工，一方面，降低了人力成本，将人力从这项枯燥乏味的工作中解放出来；同时，也提高了工作效率。另一方面，数字员工提高了正确率，从而使财务数据更加精确，降低了合规风险。该公司引入数字员工后的成效变化巨大：人工效率大幅提升，高达80%以上；正确率提升至100%；工作效率提高了320倍，由原来的每单位月160小时提升至30分钟。因此，引入数字员工对于公司来说是一个短期投资、长期回报的项目。

（4）发电量自动填报。

① 需求及痛点。业务人员每天需要从邮件系统下载发电量数据，然后登录客户业务系统下载实际发电量数据，进行数据的计算处理，并最终将发电量数据在业务系统完成手工填报。

业务人员每天需要下载数据、处理数据、填报数据，工作内容重复、枯燥，占用业务人员大量时间；人工在下载、处理、填报数据过程中容易遗漏或重复，导致最终数据不准确，存在安全、合规风险。

② 数字员工解决方案。

◎ 借助 RPA+AI 打造的数字员工，每天自动下载邮件系统和业务系统发电量数据。

◎ 数字员工自动根据规则进行数据的计算，自动登录业务系统完成填报，确保数据安全、合规。

数字员工处理发电量自动填报业务流程如图 9-7 所示。

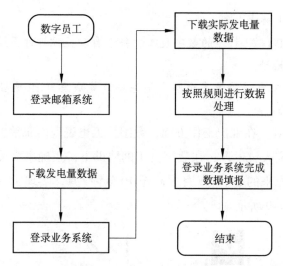

图 9-7　数字员工处理发电量自动填报业务流程图

③ 应用成效。针对发电量自动填报场景，数字员工协助员工的工作成效体现在：一方面，加快了填报流程，提升整体效率；另一方面，简化流程，减少人工作业量，从而降低人力成本。通过公司实践后的数据，也可以看出数字员工实施后所带来的效益：正确率提高至 100%，并且时间效益上，由最初的 2.5 小时 / 月降低至 10 分钟 / 月，效率提高 15 倍，最终实现了降本增效，如图 9-8 所示。

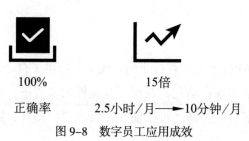

图 9-8　数字员工应用成效

（5）恶意 IP 地址自动维护。

① 需求及痛点。业务人员每天需要从邮件系统下载恶意 IP 地址列表，然后登录十几个防火墙系统，进入安全策略界面，进行批量维护。

业务人员每天需要实时监控邮件系统，及时获取恶意 IP 地址邮件，并下载附件列表，批量维护十几个防火墙系统，工作重复且量大；人工在监控和维护的过程中存在不及时、漏维护、误维护等情况，导致安全、合规风险。

② 数字员工解决方案。

◎ 借助 RPA+AI 打造的数字员工，每天自动监控邮件系统，确保第一时间获取恶意 IP 地址。

◎ 数字员工自动登录多个防火墙系统，完成恶意 IP 地址的批量维护，并保证维护准确。

③ 应用成效。在维护工作方面，数字员工也表现得非常出色。通过对其进行测试，研究人员发现：在数字员工的协助下，正确率大幅提升，效率也大大提高，由原来的 2 小时 / 月提高至 10 分钟 / 月，实现了真正意义上的降本增效，如图 9-9 所示。

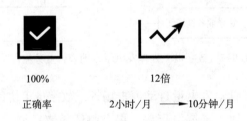

100%　　　　　　　　12倍

正确率　　　　2小时/月 ——→10分钟/月

图 9-9　数字员工应用成效

9.6 小结

如今，RPA+AI 技术为能源行业的一线员工提供了自动化工具，能够按照既定的业务规则来实现自动化，在保证准确性的前提下，减少工作量。将繁重的工作交由数字员工去做，可以使工作效率得到提升，同时能够对需求做出快速的响应，为顾客提供更好的服务体验。

数字员工在能源行业的优势有许多：首先，简化了人工操作步骤。数字员工在不改变原有系统的基础上，以高安全性、可靠性为原则，通过仿真操作，将重复的输入操作变成了自动操作，从而提高了工作的效率和精确度。其次，数字员工全天候值守。数字员工可以使内勤人员从大量重复的机械作业和长期值班的工作中解脱出来，并防止由于工作疲劳造成的精度下降。

数字员工还补充了系统所缺少的功能：现有的系统功能不能适应企业的变化，大量的详细信息的查询由于业务系统的性能问题而受到了限制，数字员工可以在多个系统中进行资源的集成与重构。数字员工能自动读取信息系统数据清单，并以 Excel 档案的形式储存在当地。当遭遇高风险的攻击时，数字员工会立即发出警告，将每天的攻击记录汇总到指定的信箱中。高风险的攻击反应速度更快，24 小时实时监测。

能源企业的生产经营活动很多，每个结算数据都涉及划价、结算、入账等过程，因此工作量大、易出现差错。员工通过远程自动化数据平台，将现场的工作量自动上传至企业数据库，数字员工就会从中自动抽取相关数据，在 2 分钟内完成各个项目的结算。

最后，数字员工可以帮助企业赢得更大的竞争优势，并拓展市场份额。任何一家大型公司都需要大量的人力进行高频率交易，因此需要更多的数字员工协助，这样可以节省资金和时间，并提高办公效率。

第 10 章

数字员工在房地产行业的
应用与案例

10.1　房地产行业概况

　　房地产行业是指以土地和建筑物为经营对象，从事房地产开发、建设、经营、管理以及维修、装饰和服务的集多种经济活动于一体的综合性产业，是具有先导性、基础性、带动性和风险性的产业。

　　其主要业务范围有土地开发，房屋的建设、维修、管理，土地使用权的有偿划拨、转让，房屋所有权的买卖、租赁，房地产的抵押贷款以及由此形成的房地产市场。在生活中，人们习惯将从事房地产开发和经营的行业称为房地产业。

10.2　房地产行业数字化转型发展现状及趋势分析

10.2.1　房地产行业数字化转型发展现状

1. 房企数字化转型进行时

　　在我国房地产行业由"增量市场"向"存量市场"转变的过程中，房地产行业的数字化转型日趋明显。从 2015 年开始，各大地产企业就积极推进数字化转型，通过数字技术为房地产注入新的动力。2021 年，前 50 名的龙头房企的数字化速度明显加快，企业的整体数字化投资也有了大幅提高。在资金投入上，有 60% 左右的房地产企业在数字化方面投资规模增长，平均每年都有 1 亿元的投入；大约 28% 的房地产企业在数字化方面的投资规模保持不变，年投资总额达到 7 000 万元；12% 左右的房地产企业在数字化方面的投资规模出现了下滑，平均每年的投入只能达到 5 000 万元。

2. 数字化、信息化、智能化同步发展，房企探索重点各异

在数字化过程中，各大房地产企业的数字化方法在不同阶段都有所展现。

房地产企业智能化尝试引导行业的发展，目前已经得到了地产企业的普遍认同。随着人工智能技术的发展，AI 呼叫、车牌识别等领域的智能化应用越来越广泛，未来随着科技的发展，机器的自我学习能力将会进一步增强，从而代替人力。

房地产企业的信息化管理是一种管理手段，目前已经步入成熟阶段，在员工操作、经营管理、经营决策和商业模式层面实现了工作效率、业务控制能力、决策质量和业务创新能力的提高，在总体水平上，提高了企业的管理效率，提高了企业的运营效益。

作为房地产企业主动优化业务的手段，数据化通过打通各部分数据，构建主数据平台，以"数据思维"为基础，将数据分析的结果结合计算机的逻辑分析能力，应用于企业决策，打破原有的思维模式，更加强调数据的逻辑性。

在目前的数字化转型过程中，各家地产都有自己的发展方向。数据显示，在前 50 名房企中，78% 的房企数字化转型为自研框架；26% 的房企数字化应用为自研产品；目前仅 24% 的房企打通了数字化的全业务流通。

3. 头部房企认知度较高，引领数字化转型趋势

从整体来看，目前房地产企业的数字化转型程度两极分化比较明显：头部房企的数字化尝试开始较早且进程较快，与中腰部房企之间呈现断层差异。主要原因是：中腰部房企本身营业压力较大，没有富余的精力及资金投入数字化建设，目前仍有部分腰部房企处于从传统作业方式向信息化迈进的过程中。相反，头部房企对数字化认知程度高，且每年设置相关投入预算，对房

地产行业的数字化转型起到趋势引领的作用。同时，部分头部房企成立高科技子公司，首先以集团为试点进行管理输出，之后会逐步进行外销。

在建设重点方面，头部房企的数字化建设重点多集中在面对 C 端客户的营销环节，即通过打通客户线上及线下触点，挖掘潜在客户，在降低获客成本的同时提高客户购房体验。而中腰部房企数字化建设主要聚焦在经营层面，即重点关注利用软件实现高效协同，计划管控（包括但不仅限于开发进度、关联销售进度、付款进度）等。在建设难点方面，头部房企各部门数据难以打通，且数据不规则、不统一，在后期整合数据、搭建数据中台方面存在难度。中腰部房企的难度在于认知不到位，缺乏"数据驱动效率提升"的意识。数字化成本高，且短期内没有利润，中腰部企业经营压力较大，没有富余的资金投入。

10.2.2 房地产行业数字化转型趋势分析

1. 由粗放式管理逐步向精细化管理转变

针对目前在行业大环境中的拿地及融资紧张等问题，房企管理人员逐步意识到数字化的重要性及紧迫性，开始借助数字化工具探索管理运营模式，由粗放式向精细化转变或将成为未来房企的主流发展方向。具体表现为：在行业属性方面，由重资产向轻资产属性转变，注重管理及运营红利；在业务方向上，由专一化向多元化地产业务拓展；在决策方面，更重视位置、消费等数据带来的价值；在运营方面，逐步向以客户为中心的方向迈进。在存量红利及数字化意识的双要素带动下，未来房地产行业必将迎来以数字化为主要驱动力的新时代。

2. 功能趋向模块化和集成化，数据相关能力为重要建设方向

随着房地产数字化转型的深入，相关产品及服务会形成面向不同类型客户差异化、针对同类型客户标准化及简便化的趋势。就产品形态而言，针对中小型房企的产品将会更加注重模块分解和可配置性，面向大型头部房企的产品则会更加讲究能力集成及可扩展性。此外，随着转型路径由信息化向数字化过

渡，数据的价值将日益凸显，数据挖掘、数据沉淀、数据呈现、数据分析以及借助数据输出智能决策将成为房地产数字化产品能力演进的重要方向。

3. 技术与房地产业务将进一步融合

为了进一步优化数字化产品、提升整体的数字化规划能力，未来的技术供应商合作不可或缺，如数据中台的建设、客户平台的建设等。合作形式将聚焦于数据/模型调用或联合开发，旨在为房企提供更完整的数字化解决方案。此外，部分房企在数字化建设过程中会将主要精力投入建立技术底座方面，而忽略技术与业务的融合，从而造成数字化投入产出比不理想的结果。针对这一问题，技术供应商和房企双方企业在未来可通过联合共建来解决，即供应商提供技术能力，房企提供关于对房地产业务的深层次理解，从而实现优势互补，形成技术与业务的生态闭环。对于头部房企，其生态合作趋于与硬件、软件设备及咨询公司达成伙伴关系，在应用产品上有自主研发趋势，以打造能力可控的自主品牌。

10.3 房地产行业有关痛点分析

房地产行业进入"后开发时代"，众多房地产企业面临增效提质、变革转型的挑战。行业进入平缓发展期，面对日趋激烈的竞争，企业管理数字化在转型升级过程中遇到诸多挑战。下面列举房地产行业典型痛点，如表 10-1 所示。

表 10-1 房地产行业痛点

痛点项	痛点描述
1	房地产行业物业管理痛点
2	房地产开发成本管理痛点
3	回款管理痛点
4	供应商资质审核痛点
5	商业租赁管理租金收款对账痛点

续表

痛点项	痛点描述
6	"数据孤岛"痛点
7	合同网签痛点

10.3.1 房地产行业物业管理痛点

房地产企业的物业资产经营与物业服务经营是一项综合性的产业，因其具有高度的劳力特性，其在经营和功能上往往要耗费大量的人力来完成繁杂的工作，难免会出现人为失误，而且由于人员的流动性等因素，很难保证工作的连贯性和连续性。

物业管理的难点是：面临基本的工资水平和不断攀升的物价，以及不断提高的员工工资和运行费用；服务品质不统一，经营稳定性差，因地产项目分散在各地，且不同的政策及环境差异导致不同地区的物业公司结构差异较大，使物业整体经营难以进行；经营效率低下、交流费用高、人力资源调配困难、流动性大、企业内部员工流动频繁，企业要想保持高质量的服务品质，常常需要更多的中层管理者对一线员工进行管理，这就导致了企业的组织结构变得复杂。

10.3.2 房地产开发成本管理痛点

房地产开发成本管理流程的一个重要环节就是成本月报的编制。对房地产公司而言，其成本月报的编制非常困难，而且难以达到预期的效果。造成这种情况的主要原因有以下四个。

1. 口径不一致

一方面，月报编制者和目标成本编制者缺乏沟通，导致月报编制者对科目的第二、三级内容的理解不够透彻；另一方面，目标成本科目分类常常与合同结构、台账等不完全相符，导致在对合同工程量清单进行分类时，难以形成统一的口径。

2. 专业壁垒

房地产企业内部流程或专业间存在沟通问题，月报编制者未能出席工程例会，或公司的工程部未能及时整理、上报现场签证或设计变更，或故意延迟对现场签证及设计变更的确认，从而造成月报编制者对签证或设计的变更没有及时了解，难以在月报中进行动态反映。

3. 缺乏能力

月报编制者的专业管理能力较差，虽善于根据图纸进行计算，但对签证和变更的及时匡算不熟练，或对项目业态内容不了解，或未能充分指导并发挥造价咨询单位的作用。

4. 有意掩盖

房地产公司有关部门或工程公司报喜不报忧，有意掩盖费用的超支。

10.3.3　回款管理痛点

销售回款是房地产企业实现资金流动的最根本保证，也是公司保持偿债节奏和防范风险的基础。在房地产开发链条中，销售是影响回款的直接因素，销售受投资计划、建设进度等因素影响。回款会直接影响融资、投资计划以及建设进度，进而影响其他环节。可见，在回款管理中加强对房地产开发各环节的联动管理，已经成为当下房企的生死之战。回款管理的难点主要在于回款的实时分析和跟踪较为繁杂，工作量大，耗费精力。

10.3.4　供应商资质审核痛点

房地产公司的供应商资格审查程序比较复杂。资格审查分为四个步骤。第一步，资质证明要合法。对于某些必需的项目，必须提供相应的供应商资质证书原件；无法提供原件的，须在复印件上盖公章。第二步，审查的项目必须齐全，包括供应商注册资本、企业资质、业绩、规模、信誉、技术人员资格、资历、财务状况等。第三步，审查方式要严格。查阅供应商的资格证明材料，向认证机构核实其所提供的证书编号等信息，并在提交多份资质证书时，要留意其原件上的单位名称是否相符。第四步，对审计程序进行监督。在开标时，应将供应商的资质证明、产品认证证明等公开，并请各投标人的代表相互检查、监督。在这个过程中，要进行大量的信息采集和录入，而且操作非常烦琐，不仅工作量大，而且容易出错。

10.3.5 商业租赁管理租金收款对账痛点

营业部顾问要定期登录网银系统查询收款金额，并与系统中的租金金额核对，查看是否有误。单从对账角度来说，租金收款的核对汇总就是其中最基本，也是最烦琐的工作，交易金额大、笔数多，需要分别登录网银系统和ERP 系统进行核对，重复性高，增加了人员的工作量，且对账时难免会出现统计错误的情况，耗时耗力。

10.3.6 "数据孤岛"痛点

房地产领域的数据分析问题多、数据来源广、数据清洗难度高、数据迭代周期长，因此这个行业里的企业内部十分容易形成"数据孤岛"现象。"数据孤岛"现象一旦形成会让企业内部的不同事业部之间缺乏可以联动的数据纽带，长此以往会给企业带来运转效率低下的问题，严重的话还会对高层的决策产生负面影响，因此我们必须防止"数据孤岛"现象的发生。

10.3.7 合同网签痛点

说起房地产的合同网签，置业顾问、项目负责人等都很头疼，因为集中开盘之后要集中与客户签合同，短时间内网签业务量极大，又必须及时处理，否则会导致按揭回款变慢。传统的网签主要靠人工录入，错误率本来就高，忙中出错的概率更高，而且业务系统与网签系统数据若不一致，还会影响数据准确性；各个地区的网签系统频繁更新，进一步增大了录入工作量。相比其他业务，网签处理时间较紧、重复性工作较高，这使得整个业务流程效率非常低。

10.4　房地产行业数字员工应用场景

目前，领先的房地产企业已经在积极探索数字化转型，而自动化和智能化的应用也给房地产企业提供了全新的发展机遇。眼下，数字员工在帮助企业提升工作效率方面已经取得了明显进展。下面列举房地产行业数字员工应用场景，如图 10-2 所示。

表 10-2　房地产行业数字员工应用场景

场景项	应用场景
1	银行流水账单下载场景
2	会计凭证制作场景
3	销售经纪场景
4	租务管理场景
5	传统物业管理场景
6	成本月报编制场景
7	回款管理场景
8	供应商资质审核场景
9	数据集成场景
10	网签合同场景

10.4.1　银行流水账单下载场景

银行流水账单是一项日常性、重复性较高的工作，往往是其他财务环节的依据。企业中有多个银行账户，因此财务人员要核对、下载数千份银行发票回单，不仅耗时，而且很可能有重复下载或疏漏。

数字员工可自动登录银行并下载每天银行流水账单。采用流程密码箱可以对多组密码进行加密储存，实现全过程的自动操作，既保证了账号和信息的安全，又为企业节约了大量的时间和费用。数字员工会自动登录银行的后台，并进入打印的账单界面；同时，将回单保存为 PDF 格式，并将其打包为 zip 上传到服务器。

10.4.2　会计凭证制作场景

会计记账凭证是财务核对的起始阶段。每月的月底，房地产公司的财务人员都会将会计记账凭证归类、整理，此过程烦琐，费时费力。

数字员工在自动读取银行回单、费用报销单的同时，还可以读取会计科目，建立会计凭证工作簿，一键自动生成会计凭证，从而简化会计凭证的制作过程，减轻财务人员的负担。数字员工可实现会计凭证附件的自动上传，能有效地解决因附件种类繁多、资料繁杂而造成的操作困难，保证税务稽核工作的顺利进行。

10.4.3　销售经纪场景

物业团队常会代理房地产项目的销售和经纪业务。数字员工能够一键完成房地产网站的数据采集、图片下载、信息汇总、数据汇总和整理，为业务人员提供快速、便捷的房源信息管理服务。通过大量的数字员工向潜在客户发送房屋信息，可避免人工发短信的烦琐程序。另外，数字员工还可以在不同的交易平台、租赁平台上，实现对空置房的快速、批量上线，对已经售出、已经出租的房子进行一键下线，并对多个平台的信息进行整合，更快速地进行营销和宣传。

10.4.4　租务管理场景

在招租、租户管理、退租等阶段，利用数字员工可以提高租务管理的效能，提高服务品质、顾客体验，保持高租赁率，为资产投资人或持有者实现物业增值。

物业管理人员利用数字员工进行大量的书面合同资料输入，可以方便租客入住、退租、变更合约。在根据出租人的规定判断租客的资质时，业务人员可以利用数字员工快速地查证和存档。

利用数字员工，业务人员可以一键获得包括政府网站在内的所有企业的完整资料，从而极大地提高入驻审核的效率，有效地控制风险，让业主安心。

数字员工也可以设定租金催缴、逾期通知等通知，对租客的预付款、租金、滞纳金等进行管理，从而提高顾客的使用体验，在帮助企业加速资金的流动的同时，提高客户的体验。

10.4.5　传统物业管理场景

传统物业管理中有许多可以改进为自动化的场景，比如：数字员工可以自动登录物业服务平台核算水电费用，向业主发送缴费短信；在供应商管理中，数字员工可以代替人工对新供应商进行资质查验。此外，在已经引进节能管理系统的物业中，数字员工还可以用于节能。例如，通过 7×24 小时的能源管理系统，数字员工可以根据设定的规则自动调整空调的温度和照明设备，从而降低建筑的能耗。

新冠肺炎疫情发生后，按照各地有关规定，物业公司每天都对租客、住户、园区人员、企事业单位人员进行个人健康数据采集、统计，并将其上报政府有关部门。数字员工可以实现这一工作的自动操作，从而极大地降低一线工作人员的工作量，提高工作效率，使其职责和任务更加明确。

10.4.6　成本月报编制场景

成本部要登录不同的合同 OA（办公自动化）系统、业务系统，对各种合同、签证等进行查询、记录，并制作每月的成本报表。数字员工可以获取合同流转信息（合同类型、金额等）、签证流转信息（合同编号、金额等），制作每月固定费用报表。这样既能节约人力，又能降低统计误差，还能有效地避免因各工程公司的统计数据标准不统一而造成的误差，既方便又有效。

10.4.7　回款管理场景

回款的传统流程是：财务部门对接销售人员，然后由销售人员追踪客户的回款情况并向客户发送催款函或合同解除函。在此过程中，数字员工可以实时追踪用户的回款进度，按照预定的时限要求客户及时回款，并对到期后的客户进行催款，当顾客逾期还未还款符合解约条件时，会自动发出解除合约的通知，然后由销售人员进行后续跟踪。这样既能节约人力，又能加快催款的速度。

10.4.8　供应商资质审核场景

该场景的传统流程是：采购部工作人员从第三方的渠道搜集到供应商的资料，并将其与供应商管理系统中的资料进行比对，并交主管审批。该流程可由数字员工取代人工，由数字员工自行登录供货商管理系统，输出所需审核的供货商，并登录第三方资讯渠道，获取企业信用报告等信息，并依规定自动比对供应商资料。利用数字员工可以减少信息收集、录入、审核人员的工作量，并防止差错的发生，保证数据的准确性。

10.4.9　数据集成场景

目前房地产业面临着"数据孤岛"和系统壁垒等难点，而传统的"数据孤岛"现象只能通过两种途径来解决：第一种是统一双方数据对接，第二种是人力手工操作跨系统跨应用的数据维护。但从安全性、效率和准确率等方面来说，人工进行海量数据的处理并不是最佳的选择。在这种情况下，数字员工可发挥巨大作用，它们扮演着解决企业信息化的"最后一公里"的角色，承担打通企业信息的"烟囱"和"断点"的责任。

数字员工的工作方式彻底跳出了传统的连接界面和数据连接的模式，从模拟人工的角度，实现了"信息烟囱"的贯通。数字员工的工作原理是基于计算机操作系统，能自动识别用户界面，完成预先设置的工作流程。数字员工以现有的用户接口为基础，快速部署，不受底层 IT 架构的制约。这种方法在安全性、效率、准确率等方面要好于人工操作，能更好地保证数据的传输质量。同时，数字员工还可以协助员工进行高重复性、固定流程、数据抓取、监控等工作，可降低工作压力，提高工作效率，平均节约95%的人力。

10.4.10　网签合同场景

在传统的网签过程中，要经过置业顾问的确认，然后按照合同输入系统中，再由销售助理进行线下登记，等待最终的审批。网签过程耗时长，重复劳动多，输入错误率高。而数字员工会自动抽取资料，填写表格，填写完毕后，会自动进行审核，确认无误后，会通过网签系统进行登记。

数字员工能够按照规则运行实现人、业务、信息等协同共生，有效地避免人为的风险，减少错误，实现预期的效果，只需要少量的人员就可以完成以前的工作。使用数字员工后，整体业务流程的效率提高了 80%，成本下降了 80%，数据的准确率达到了 100%，而且支持 7×24 小时不间断的工作。

10.5　房地产行业案例介绍

1. 数字员工赋能房地产行业——A 智能公司携手 B 置业有限公司达成战略合作

1）客户背景

B 置业有限公司自 2001 年成立以来，一直致力于高端写字楼的开发、运营和管理，在 2016 年开始了写字楼开发、写字楼运营和物业管理三大发展模式，目前业务范围已由郑州和长沙扩展到北京、上海、天津、西安。2020 年 4 月 8 日，A 智能公司与 B 置业有限公司达成战略合作。

2）需求及痛点

以此次合作中的财务场景为例，随着业务的增长，无论是物业公司还是客户公司，都会遇到许多人工操作困难的问题，例如：发票的识别，录入错误率高，效率低，数据利用率低，等等。

3）数字员工解决方案

未来，双方将利用 RPA+ AI 技术，为房地产企业提供自动化、数字化、智能化运营和数字化员工管理等一系列的服务，从而达到提高服务质量、降低运营成本、提高企业竞争力的目的。

此次合作部署了数字化人员，能够针对发票场景自动识别发票的内容（包括发票代码、发票号、发票日期、销售单位名称等），自动登录增值税发票综合服务平台，自动抵扣、查询发票信息、生成统计分析报告、发送邮件等，后期还可以实现自动报税。针对对账场景，可以实现自动读取和智能分析（包括三个表格、账套明细等），实现对账明细的自动核对和记录，并自动发出电子邮件报表。对于收款场景，可以根据每日报表自动筛选项目，按不同的收款类型进行数据分类，并对处理结果进行分析，自动发送邮件报告。

4）应用成效

对于普通员工来说，数字员工相当于其辅脑，通过辅助员工进行财务的一些核查、录入等操作，大大减少了人工操作工作量，使财务流程更加规范化，大大降低人为错误，提高了效率。另外，智能化流程为工作人员降低了任务量，使其可以投身于更多、更具创造性的工作，为公司带来更大的价值。

2. B公司开启数字化模式，寻求自身转型升级

1）客户背景

B公司的定位是"以技术为导向的新型居住服务提供商"，以推动居住服务产业数字化、智能化的进程，通过聚集、培养、助力优质服务者，为3亿中国家庭提供包括二手房、新房、租赁、装修等全方位高品质、高效率的居住服务，以达到"对消费者好，帮助服务者对消费者好"的目标。

2）需求及痛点

（1）重复性工作量大，占用员工过多时间，如报表下载，需要人工在200多个主体中进行重复性操作。

（2）部分业务需要经常加班且效率低下，如业务部分需要统计员工在岗时长，则需等待当天下班时间后统计昨天的全天时间。

（3）数据处理时难以规避经常性错误，大量的数据操作导致人为风险增加，而排查则需追根溯源，因而耗费大量时间。

3）数字员工解决方案

据 B 公司数字员工专项运营小组负责人介绍：在 2020 年 8 月启动数字员工项目后，B 公司便快速意识到数字员工需要多人参与和运维，随后成立数字员工专项运营小组即数字员工运营团队，目前小组由 13 人组成。从 2020 年 8 月开始部署，截至 2021 年 6 月，团队已经完成了 34 个数字员工的部署，用于 200 多个流程事项的处理。团队计划在 2021 年年底扩充到 15 人左右，并实现 1000 个流程的自主开发部署，预计每月将为公司节省 15 000 小时人工工作量，帮助公司降本增效，以最大程度地实现自动化，如图 10-1 所示。

13人——→15人　　流程事项200——→1000　　节约15 000小时

图 10-1　数字员工解决方案

数字员工运营团队组员多为没有技术背景的业务人员，团队中 80% 的组员均在 1～2 个月内通过了 L 科技公司数字员工工程师——中级认证。既懂数字员工又对业务流程有着深刻理解的组员无疑为 B 公司的数字员工部署增添了极大助益，平均每个成员每周都能完成 1～2 个流程的开发上线。

4）应用效果

B 公司的合作者有数十万经纪人，而巨大的人员规模背后就是庞大的数据量。原业务人员每天都需要在系统中对变更的人事信息进行更新操作，重复性高、工作量大，虽然对每条操作人工仅需 30 秒，但是每月的总操作量高达约 3 万条。在进行数字员工部署后，每条信息操作仅需 1 秒，在效率提高 30 倍的同时，可以完全释放该项工作的人工压力，如图 10-2 所示。

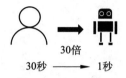

30倍

30秒　——→　1秒

图 10-2　数字员工应用成效

同样，在 B 公司 HRSSC（人力资源共享服务中心），针对在职人员数据也需要进行调转、入离职等信息整理更新。原业务人员需要每天从 HR 系统中导出在职人员的花名册，根据特定的规则进行清洗计算并形成分析报告；而通过 3 个数字员工协助，能够实现实时表格数据更新，每周可处理 5 000 ~ 6 000 条人员信息，每周可节省 58 小时人工。

10.6　小结

当前，各大房地产公司都在积极探讨数字化转型，而工业互联与智能技术的不断更新，也为房地产行业的发展带来了新的机会。现在，数字员工的使用已经显著地提高了公司的生产力。数字员工是由软件机器人参与实现的一种数字化劳动，它可以实现工作过程的自动化、流程化，从而帮助企业完成大量重复性的工作。利用数字员工协助人工工作，员工可以将更多的时间集中在高附加值、高创新度的工作上。

数字员工技术在房地产领域具有广泛的应用前景，尤其是在财务审计、物业管理、供应商管理等领域大有可为。可以预见，以数字员工为代表的数字技术将会是房地产领域的一个重要发展趋势。

第 11 章

数字员工落地

11.1　数字员工落地路径

11.1.1　系统规划

数字员工项目的系统规划，是指根据数字员工的战略目标和用户提出的需求，从用户的现状出发，经过调查，对所要开发的数字员工的技术方案、实施过程、阶段划分、开发组织和开发队伍、投资规模、资金来源及工作进度，用系统的、科学的、发展的观点进行全面规划。数字员工的系统规划要从数字员工落地机会的评估、工具选择、实施管理这三个阶段开展。

1. 数字员工落地机会评估

并不是所有的数字员工都能满足自动化的需求，有些过程需要推理、判断以及根据不同情景进行处理，因此在部署数字员工之前对场景进行调研和评估、选择正确的自动化流程是必不可少的。数字员工项目不仅要满足业务需求，也要获得利益相关者和高级管理层的认可。

数字员工项目组在项目落地之前，应该对整个项目的落地进行机会评估。评估时，通常从以下五个维度进行筛选，以确保获得最大的投资回报率。

数字员工落地机会评估参考的五个维度如图 11-1 所示。

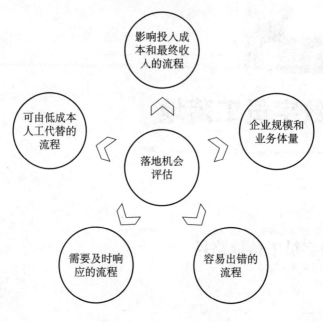

图 11-1　落地机会评估图

1）企业规模和业务体量

企业在部署数字员工之前，应先预估自身的最高容量，以判断自身是否需要进行数字员工的部署来减少人力成本。

2）影响投入成本和最终收入的流程

企业通过对项目流程实现自动化的投入成本和最后收入回报的预估来确定项目流程自动化是否会造成资源的浪费，是否会对整体利润造成损失。

3）容易出错的流程

在流程中，人工手动操作出现的错误越多，在使用数字员工后公司获得的收益就会越多。在直接面向客户的流程中，人工手动操作的错误可能会导致客户体验感降低和监管不严等问题的出现。

4）需要及时响应的流程

在需要立刻对客户进行响应、提供服务时，数字员工可以将整个流程的时间大大减少。

5）可由低成本人工代替的流程

在面对一些需求较高而收益较低的流程时，可以通过寻找成本较低的外包公司或临时工处理。数字员工在面对此类情况时，可以自由扩展或者缩小自身的流程范围，来保证对效益较高的需求的最大化服务。

2. 工具选择

企业通过 POC 测试对数字员工进行验证性测试，并就当前所有不同的技术和控制等因素对当前数字员工的可行性进行验证审查，以证明当前数字员工的可行性。

为了能让数字员工在后期的实际使用中顺利运行，要选择合适的数字员工工具，从数字员工的业务范围、开发测试、部署上线等方面，考虑最合适、效率最高的数字员工工具，实现数字员工的最终落地实施。

针对想自主开发数字员工的企业，需要组建专业的开发团队，根据需求进行定制开发。考虑到开发周期、开发和维护成本等主要原因，建议选择已经发展成熟的数字员工软件进行开发实施。不同的企业在面对不同的业务时，要根据自身需求选择最合适的数字员工工具。

除了从数字员工自身开发的角度考虑，当前业务的执行成本、预期收益和之后的维护所需成本也是重要的影响因素。在选择合适的数字员工工具之前，要对当前业务的执行成本、预期收益、和之后的维护所需成本进行明确量化，预估业务完成后所带来的投资回报率，来选择合适的数字员工工具。

3. 实施管理

数字员工的实施方法会影响其后续运行的稳定性和运行维护的成本。针对数字员工项目的实施与管理，要从框架、规范、效率、质量这几个方面进行考虑，如图 11-2 所示。

1）框架

对整体框架，不仅需要考虑到当前数字员工的实现和稳定，更要想到数字员工项目未来的可延展性和功能变更等问题。

图 11-2　实施管理四方面

2）规范

为了保证这个项目的成功实施，以及后续的维护工作，必须制定一系列的标准，这将会大大提高项目的效率和质量。

3）效率

原则上，数字员工相较于人工可以不间断地工作，但从实际的使用情况来看，很少有企业能够充分发挥数字员工不间断工作的特点。从设计、调度和通用性上来看，数字员工可以进行多个不同流程甚至不同部门的工作，最大程度地发挥功能特性。

4）质量

数字员工要能够自我检查。数字员工在自动完成流程时，若不能及时发现问题，就会造成严重的后果和损失。数字员工可以历史参照和多数据参照的方式自查。

11.1.2　场景试点

当对数字员工进行新的项目流程测试、优化和改进后，数字员工计划将正式启动。数字员工项目试点上线阶段需注意以下两个问题。

1. 标准作业程序文件的建立

建立一个规范的工作流程文档能够促进数字员工的操作规范化、稳定，并为以后的工作推广提供依据和借鉴。

SOP 文档（标准作业程序）中，除了对试点数字化员工各个环节的具体运行情况、人员配置等基本业务做详尽的记录，还应该考虑数字员工在试点上线后是否会出现相应的风险，对项目的整体影响是否能达到预期目标，怎样保持并推广数字员工的优势。

2. 组织管理模式的转型

在数字员工试点上线的过程中，我们还应该依据数字员工项目流程建立新的治理模式、管理机制、组织结构。

为了提升企业的治理水平以匹配企业先进的生产力，我们应该建立包括政策、人员和流程的更新和变化等在内的新的治理模式。

为了保障自动化应用的安全和持续运行，我们还要建立包括数字员工相关信息技术控制机制在内的新的管理机制。

为了引领企业不断推动自动化及智能化转型，我们还要建立新的组织结构，这个组织结构包括岗位架构的调整和人员技术及 KPI 的设置。

11.1.3　推广复制

数字员工的推广上线是基于试点的全流程、全范围的上线。在此基础上，要对企业目标有一个全面界定，要对过程自动化进行再评价，要有一个整体的部署路径，要有一个完善的数字员工管理模式。此外，还要加强对具备数字员工相关方面能力的员工的培训，完善相应的后续工作。这些工作可以分以下四步进行，如图 11-3 所示。

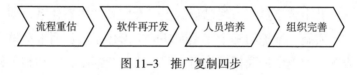

图 11-3　推广复制四步

1. 流程重估

数字员工的作用在于实现流程自动化，并从流程优化和自动化的视角考虑项目的执行。结合试点流程数字员工的运行效果，数字员工可在企业全范围内对业务流程进行再次评估，确定其优先次序，构建完整的数字员工推广实施部署蓝图。

2. 软件再开发

根据不同的流程项目对所需的软件进行评估。根据对成本和收益的预估，对需要的软件是否能自主研发进行评估。

相较于数字员工流程的试点阶段，一般企业会选择自主开发。这一方面是因为推广阶段的项目流程较多，时间期限长；另一方面则是因为企业在之前的试点阶段有了一定的经验。

3. 人员培养

由于数字员工具有外挂式部署的特点，在其他条件不变的情况下，数字员工可在人机界面层次代替人工。因此，在面向数字员工的商业过程中，企业需要更多的决策人员，同时也需要有相应的技术支持和相对应的开发管理和运维人员，企业更应致力于人才的培养。

4. 组织完善

在试点阶段，企业已经开始进行组织管理方式的转型变革。在接下来的实施过程中，企业要进一步完善数字化员工实施的组织管理方式，引入新的管理机制，实现数字员工项目的实施架构、团队人员的部署与优化。

11.1.4　生态体系建设

随着数字员工行业近些年来的不断发展，软件提供商不断增加，客户需求不断扩大，整个数字员工市场已形成了一套完整的生态体系，即从产品到服务、咨询、实施、维护的一个完整闭环的生态体系，从而带动整个数字员工行业的发展。上下游厂商根据自身条件解决客户问题，推动整个行业的良性发展。

数字员工生态体系主要包括三类参与者：软件提供商、技术合作方、咨询和实施服务提供商。一些规模较大的厂商也会跨界成为其他类别的参与者，如图 11-4 所示。

图 11-4　体系建设参与者

1. 软件提供商

软件提供商负责提供数字员工软件。按照不同的成熟度水平，软件提供商可以细化为以下三类。

第一类：该领域的先行者和领先者，是数字员工的专业厂商。

第二类：该领域的跟随者，也是数字员工的厂商。

第三类：传统软件厂商拓展了自身数字员工的产品线，将数字员工与传统的软件相结合，提供更完整的技术能力。

2. 技术合作方

技术合作方是指能够配合数字员工提供其他相关技术的软件厂商或者解决方案提供商，可细化为以下几类。

第一类：与数字员工相结合的人工智能相关技术的提供商。

第二类：流程管理和工作流相关技术的提供商。

第三类：数据分析和商业智能软件的提供商。

3. 咨询和实施服务提供商

咨询和实施服务提供商是指围绕数字员工软件平台，为企业提供数字员工相关的咨询服务、自动化流程的实施服务或运维服务的咨询公司或系统集成公司。

除了上述三类，参与者其实还包括数字员工的专业培训机构、商店中的组件或软件插件的提供者、专业的学者、市场研究机构和专业媒体等。这些参与者以不同的身份参与到整个数字员工生态环境中，推动整个数字员工市场不断发展。

11.2　数字员工实施方法

11.2.1　项目调研

数字员工的落地实施要从对项目的调研开始进行，项目调研质量的高低直接决定后期工作开展的顺利程度。通过项目调查，可充分了解项目信息和客户的需求，为后面的项目流程的梳理提供基础条件。在对项目进行调研时，要按照正确的执行思路进行，并最终形成相应的调研报告书。

1. 调研步骤

具体步骤：了解调研的需求→明确要解决的数字员工问题→确定调研目标→辨别相关资料类型→确定信息获取方法→选择调研方法→需求的收集和整理→调研报告。

2. 调研方法的选择

对于数字员工项目来说，数字员工的服务对象是企业，且要对企业是否适合进行数字员工的部署进行判断，对企业的需求进行收集。因此，在进行调研时，建议采用实地观察法和会议调查法，这样可以最直观地理解客户需求，对项目做出最正确的判断。

1）实地观察法

此法可直接对客户企业进行实地调研，对企业规模、基础设施等情况进行详细的考察、记录，以获得最直观的资料，了解企业当前所使用的系统、所处行业，提出需求的部门职能，并且分析企业的需求、痛点和预期目标。

2）会议调查法

此法可通过和客户企业进行交流沟通，为数字员工的实施落地搜集相关资料，并且收集对方的预算成本、具体需求，在减少后期财务人员工作量的同时，根据对方提供的资料理解对方最主要的需求，以确定以后项目部署实施的流程。

3. 需求的整理

通过上面的调研方法完成调研后，要根据对客户企业调研所获得资料和需求整理完整的需求情况，然后根据这些需求提出相应的流程，将客户提出的需求按照难易程度、紧急情况等因素划分优先级，并制作相应的需求表格进行完成时间的相应划分。

4. 调研报告

调研报告是项目调研的最终产物，也是整个项目调研最重要的部分。数字员工项目调研报告需要包括数字员工项目调研的计划、实施、收集、整理等一系列过程的总结。此报告需要对调研过程中所收集的企业需求进行整理、总结，完成对企业需求状况的整体梳理，并制作相应的需求表，根据当前企业能否开展数字员工项目进行评估判断，为之后的流程梳理等工作减少负担。

11.2.2　项目流程梳理和分析

1. 制定项目流程

数字员工项目需要与多个机构进行互动，其中包括业务中心、数据中心、信息技术中心和其他发展中心。更好的项目管理还需要进行精细的分工、明确的责任划分和减少项目过程中的干扰，在执行程序的基础上制订各个阶段的计划。每个计划要包括每一阶段的具体任务，并明确每一阶段所需的时间、责任和资源。

通常，一个项目流程需要流程开发工程师和业务顾问共同参与，同时开发人员应该承担业务顾问的角色，让实施人员理解需求，如果业务顾问需要经过多次沟通才能最终审查流程的可行性，这就会浪费大量的时间，产生较高的人力成本。由于业务人员缺乏 IT 开发思维，工程师就需要提出更好的实现方法，使数字员工轻便快速化。

2. 数字员工项目流程梳理

在数字员工项目开始之前，要对整个系统和业务进行了解，以及对整个流程进行分析、优化和改进，来理解项目流程，挖掘需求，并完成需求转化。

对项目的梳理，要对其中的原因进行挖掘并优化改进，面对复杂流程时，可将其完成拆分，在后期项目转化时，要对人为判断等部分进行优化，并细化流程细节，以便开发和维护。

1）项目沟通及确认

对于数字员工项目的需求，要在项目流程的梳理中进行详细记录。在了解客户可行性的过程中，要确认具体细节，这主要包括流程的基本信息、现有流程投入的人力、执行步骤、涉及系统、可行性分析以及适用度等，从而为后续的项目设计和实施提供足够的数据和信息支撑。

2）流程定义及确认

在对项目流程已经进行详细记录的情况下，我们需要在梳理项目流程的过程中将流程图画出来。流程图可以用于整个企业数字员工项目流程的梳理过程，可以直观地跟踪和了解项目流程的运作方式。

在理解项目流程的基础上，依据流程图编写项目流程定义文档，对流程的具体执行步骤、设计系统等进行详细描述。

3）文档说明

文档是工作成果的一种重要体现。与项目的各个阶段相对应的文档都要经过审核。审核时要考虑到对业务需求的理解是否有偏差、流程设计是否合理、各流程是否有更好的实施方法，如果在审核中发现了问题，就必须及时纠正。

3. 数字员工项目流程分析

对于企业投资者来说，项目流程设计的目的是带来最大化的投资回报。因此，效益分析是评估项目流程的重要条件。而对于效益分析来说，其中的财务数据很关键，但其他的一些分析不能够量化。

数字员工项目落地困难的原因往往是项目流程不适配，适用于数字员工的项目流程较少，需要选择专门的项目流程和部门。这往往需要开发人员对企业组织和业务架构有着较深的理解，明白各部门的业务需求及痛点。我们可以根据以下三点来评估，如图 11-5 所示。

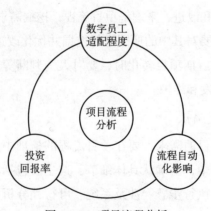

图 11-5　项目流程分析

1）数字员工适配程度

数字员工并不适合非常复杂的业务流程，其复杂的流程需要大量投资，如果把相同的资源投入到自动化过程中，效率会更高。

在数字员工项目的早期阶段，那些复杂程度较低或中等的流程是整个数字员工项目中最应该被关注的部分，而在数字员工技术成熟以后，企业可以开始对复杂过程进行扩展，一般从最有价值或者结构最简单的环节入手，逐渐提高流程的自动化。

数字员工的角色定位是辅助工具，用来完成基本流程操作，降低人力成本和时间成本，而在提升流程自动化的过程中应采取渐进的方式。

数字员工的应用范围应是效率较高、具有价值的工作，避免技术资源的浪费影响了项目流程。数字员工若执行过多效率较低且价值不高的任务，占用其他任务的资源时间，会对整个项目流程造成影响。

2）流程自动化影响

数字员工并不能使所有流程完成自动化，且在项目开始阶段，定位和交付过程会存在许多问题。

企业对数字员工的认知较少，往往忽视数字员工最终要把业务交给虚拟员工来完成这一点，因此建立一个以业务为导向的管理机制是非常有效的行为。完善的数字员工项目要以业务为主导，在所有部门之间建立紧密合作的关系。

3）投资回报率

数字员工通过降低成本，提高生产力、创新力和客户体验等来提高回报率，但回报率只是一个正常的期望值，并不会超出正常范围。

在具体实践中，可结合以上几个方面进行评估，再深入了解各部门的业务痛点，汇总主要业务的流程需求，最后组织各部门讨论和筛选出适用于数字员工的项目流程。

11.2.3　项目实施与部署

1. 数字员工设计、开发和单元测试

数字员工的设计、开发和单元测试是数字员工项目实施的核心阶段。这个实施过程遵循敏捷方法论，采用冲刺（sprint）和迭代增量（scrum）相结合

的方法。冲刺指一次冲刺迭代，通常是以最快的速度完成一次开发任务的时间周期。

在项目团队组织上，将实施团队划分成不同的工作小组，每个工作小组实现 1～2 个完整流程的自动化。

工作小组成员通常包括流程负责人、迭代增量教练、架构开发和测试人员。一个冲刺是从设计到开发，再到单元测试。当一个冲刺完成后，工作小组就可以将数字员工提交给 UAT 测试，进而转入下一个冲刺。项目经理和总架构师将工作范围进行划分并分配给不同的工作小组，跟踪任务进度。当多个工作小组同时工作时，现有资产可以被充分利用。

1）设计过程

在流程的设计阶段，每个流程都需要有一个独立的方案设计文档，来保证该流程实施的独立性，包括后续的开发、测试、部署上线工作。通常，在单流程设计前，数字员工架构师可将项目的整体架构设计、开发原则和指南、可复用组件等一切共性内容提炼到整体架构设计或解决方案设计文档中。

目前在业内缺乏一套标准格式的 SDD（软件描述文档），但基于之前一些项目的最佳实践，我们可以大致罗列出设计文档中的主要内容，如图 11-6 所示。

1	流程概述
2	涉及的应用系统/工具
3	现状项目流程
4	目标项目流程
5	数字员工处理流
6	文件目录结构
7	数字员工设计要点

图 11-6　SSD 设计文档

（1）流程概述。定义该流程的基本描述、运行情况以及业务用户需求，明确流程的业务负责人和沟通接口人、设计的前提假定、技术约束、环境依赖和所要求的服务水平协议等。

（2）涉及的应用系统 / 工具。描述该流程需要操作的应用系统、工具和技术。描述流程中所涉及系统的用户登录方式。

（3）现状项目流程。项目流程必须能够被设计人员所理解。

（4）目标项目流程。主要目的是清晰地告诉业务人员，引入数字员工之后的项目流程是如何运行的，包含数字员工处理的环节、人工处理的环节，以及双方的协作环节。那么，设计人员就需要收集、汇总该流程在业务层面的优化点，以及由于引入数字员工所带来的流程改进点，并将这些统一体现在目标项目流程的定义中。

（5）数字员工处理流。数字员工处理流是面向技术人员的。数字员工处理流可以拆分出该流程需要几个数字员工、几个自动化任务，以及这些自动化任务的执行时间是什么，任务之间是如何编排的。

（6）文件目录结构。为了区分不同项目流程的处理过程，数字员工通常需要拥有专属的文件目录。SDD 中应清晰地定义出数字员工程序的存储目录和所需处理文件的存储目录，避免出现不同流程输入、输出文件混用的问题。

（7）数字员工设计要点。体现数字员工程序之间的依赖关系，包括所需要复用的代码库、配置文件、数字员工的控制方式、数据安全和数据管理、业务连续性处理手段等一切需要重点说明的设计内容。

2）开发实施

数字员工的开发过程通常依据 SDD 中的设计成果，在整体架构设计的要求下，一步一步将项目流程步骤转化为自动化脚本、流程图或者自动化程序。对于 SDD 文档中不能清晰表达的业务操作过程，开发人员还需要邀请具体业务办理工作人员直接参与开发过程，以明确告知开发人员每个步骤的业务目的和处理方式。在实际开发过程中，开发人员经常会遇到之前流程分析过程中所没有考虑到的情况，比如某个界面元素抓取不到，或自动化操作不成功（手动操作成功），这就需要开发人员临时转换思路，换一种技术手段来实现自动化处理。这些技术手段通常与程序运行的稳定性有关，需要在开发过程中尝试那些稳定性更高的技术。按照自动化程序运行稳定性排序，由强到弱依次为捕获界面控件、快捷键操作、界面图像比对、界面坐标定位。如果各种自动化技术手段都无法解决这个技术障碍，那么就需要与该流程的负责人沟通，寻求业务层面的解决方案。

基于最佳实践，开发人员可以采取循序渐进、多次迭代的方式来实现代码的开发，这也符合敏捷开发的指导思想。数字员工软件的开发可按以下步骤进行，如图 11-7 所示。

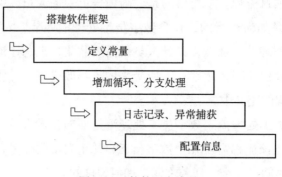

图 11-7　软件开发步骤

第一步，搭建软件框架。在编写代码前，先开发主辅程序的调用方式、配置文件的读取方式、预处理、中间处理和后续处理等环节，并预留异常处理和程序补偿机制的处理环节。

第二步，定义常量。以流程中某个业务实例的正常处理过程为基础开发程序，将业务数据以常量的方式表达，这样可以快速发现该流程中所需要的自动化技术，以及存在的技术障碍点，便于尽快寻找解决方案。

第三步，增加循环、分支处理。当正常处理流程可以自动化运行之后，按照业务处理要求，在数字员工中加入必要的循环处理、分支处理，并将原来程序中的业务数据常量转换为参数变量。这样，多个项目流程就可以实现自动化了。

第四步，日志记录、异常捕获。在满足正常情况的自动化处理之后，开发人员需要在数字员工程序中增加必要的日志跟踪和异常处理。异常处理需要覆盖可能出现的业务异常情况和系统异常情况，并设计相应的补偿机制。这样，当数字员工重启后，不会影响之前的操作成果。虽然这些异常在实际运行中很少出现，但在数字员工开发过程中却要花费大量的精力去设计。

第五步，配置信息。当程序开发完成之后，开发人员就需要为将来可能存在的横向扩展、环境变更等定义项配置文件，将程序中的部分参数改为读取配置文件的方式，为下一步最终用户的 UAT 测试做准备。这个过程和传统的自动化测试开发非常相似。

数字员工的开发过程和单元测试过程几乎是融合在一起的，即一边开发一边测试，开发完成后，基本单元测试也就完成了。开发人员需要基于一定量的样本数据对自己所编写的自动化脚本或程序进行测试。这里需要注意的是，所准备的样本数据应尽量贴近真实的业务数据，而且应具备可逆性或可重复性，避免一些数据在提交之后，下次再也不能重现之前的业务操作，导致技术无法利用，并反复地进行测试工作。

最后，开发人员完成一定规模的样本测试之后，就可以执行最终用户的 UAT 测试了。

2. 最终用户的 UAT 测试

和传统的应用系统工程类似，UAT 阶段的数字员工计划就像业务人员对数字员工执行的一个程序的确认和接收。数字员工只会在业务部门确认和签字后开始运行，这对于数字员工项目来说尤其重要。在系统上线的情况下，业务未上线，无业务用户，因为某些情况无法使用这个系统。数字员工的作用是替代人工操作，当数字员工投入市场后，若不能与业务人员操作保持一致，其后果将不堪设想。

实际上，终端用户的 UAT 测试流程和之前的开发人员的测试流程大同小异，就是提供一个与实际情况相符的商业数据样本，让数字员工进行操作，并由操作人员检验结果是否达到了业务需求。尽管它是一个黑盒试验，但是为了保证数字员工的操作可靠性，它需要同时考虑正例和反例。

同时，UAT 的测试人员还必须学会新的知识，改变原有的思维模式。由于测试人员无法根据传统的项目流程需求对这种新的自动化流程进行测试，而新的自动化流程取代了原有的部分或所有人工操作，这势必会对传统的业务人员的认知造成一定的挑战。因此，UAT 的测试员需要事先和数字员工的设计者以及开发者共同理解这种新的自动化过程，比如：数字员工是怎样开始的；中间有没有什么需要人机配合的环节；在出现异常之后，操作人员怎样重新开始操作；等等。对这些问题，都不能仅仅通过对最后的数据进行检验来判断。

数字员工的 UAT 测试过程通常分为以下几个步骤，如图 11-8 所示。

1）测试准入审核

判断前期的设计和开发工作是否完成，文档和代码是否齐全。

2）准备测试数据

这些测试数据作为提供给数字员工的输入数据，用于测试自动化处理过程。测试数据包含一些异常数据，以及可能出现的分支处理情况的业务数据。

3）编写测试案例

定义该案例的测试目的、输入数据和预期的处理结果。

4）执行测试

依据测试案例执行测试，检查测试结果是否符合预期的要求。

5）签收确认

认同通过数字员工自动化处理过程和处理结果，将该流程统一部署到生产环境。

图 11-8　UAT 测试

3. 数字员工的部署上线

在数字员工部署上线前，开发人员需要协助运营人员同步完成数字员工运营手册，这相当于从开发团队到运营团队的工作成果确认和工作交接过程。

数字员工部署上线的核心处理事项是将程序代码从测试环境迁移到生产环境。在迁移过程中，需要注意如下几点内容：

1）环境配置的参数调整

最理想的情况是测试环境和生产环境完全一样。如果不能满足这一点，则要采用读取配置文件的方式来适应运行环境的调整，不仅输入输出文件的目录要改变，还包括更新不同环境下的浏览器版本、应用版本等。

2）将自动化程序整体打包部署

由于数字员工所实现的自动化任务之间存在依赖关系，所以在数字员工部署上线时，需要将所有的自动化程序统一打包。

3）版本的管理和控制

由于数字员工具有敏捷实施的特性，自动化流程又经常出现变更的情况，而且每个流程的程序版本是分开管理的，导致 R 版本管理的复杂性增加。数字员工的管理平台可以与 SVN 等版本管理工具相结合。另外，应有专人负责版本的发布，管理所有在开发态、测试态和生产态的版本。

4）数字员工完成上线时的准备

数字员工完成上线时，企业应当配备好相应的运行和维护团队，明确各部门的工作职责，建立相应的数字员工管理程序，以确保数字员工上线之后正常运行。

11.2.4　项目验收

在项目结束阶段，依据项目的原始章程和合法变更行为，对项目成果和之前的全部活动过程进行审验和接收的行为，叫作项目验收。数字员工项目验收是从双方就数字员工的项目进行商务谈判开始，到最后的数字员工完成工作，通过与项目计划的对比判断是否按照计划进行，以确保客户的满意度。

项目验收的评判依据是项目成果和结果。首先要确定数字员工项目的工作结果与项目目标相符，并向用户提交结果报告。结果报告由三部分组成：验收报告、总结报告和顾客满意问卷调查。

验收报告包含项目基本情况、验收目的、验收范围、验收表等方面，由甲、乙双方负责编制，甲方检查乙方所完成的软件是否符合设计规范，并根据合同规定进行测试。

总结报告包括项目信息、项目背景和要求、项目总结。

顾客满意问卷调查是指在项目结束后，通过对甲方和甲方的客户企业的调研，从降低成本、提高业务效率等角度，对其所带来的经济效益进行评价，根据客户对服务的感受和对服务的好评程度，对服务数字员工的应用潜力进行评价。

11.2.5　系统运维及效果优化

由于数字员工在运行时会出现异常、中断、故障、业务数据非标准、案件超权限范围、规则未考虑到等情况，运营人员需要既具备系统管理员、业务监督员的能力，又具有能及时响应问题的速度。

企业应该基于企业原有的运维体系，再结合数字员工特性，对运维系统进行改良更新，来确保对运行问题和风险都能够主动监控和被动响应。

主动监控是指当运行的平台或者平台中某个自动化流程发生问题时，监控平台能够及时并主动地探测到这个问题，并发出警告，及时通知业务部门以及运维经理来解决。

被动响应是指当业务用户发现数字员工未按照预期提供工作成果，或者发现数字员工中断执行时，可以将问题及时上报给数字员工运维团队来解决问题。

不管是以主动还是被动的方式，运维团队都可以依据问题的重要程度或优先级安排技术人员解决，也可以采取问题逐步升级的方式，引入更多、更专业的技术资源。如果问题涉及原有的应用系统、操作系统、数据库、存储或网络等基础环境的调整，那么就应当引入更多的专业资源。除了发现问题和分析问题，运维人员还需要采用最敏捷的手段将程序补丁快速部署到生产环境中，将影响降到最低，并持续完善问题知识库、问题影响性分析、问题检查表等工作内容。

问题侦测、发现、分析、跟踪、解决的整个过程，既需要符合企业已有的 IT 服务管理流程，又需要满足数字员工所制定的特殊性管理要求。最终，运维服务情况和传统应用系统的服务管理信息应当形成统一的服务管理报告。

数字员工运维是保障自动化工具长期运作的至关重要的一环，对于数字员工运维来说，可以在降低成本的同时，让数字员工运维在自动化工具中长期服役。

根据数字员工的特点做运维。

特点一：流程逻辑基本简单明了，不存在大量代码，不存在各种常见代码中的回调函数导致时序复杂化的问题。

特点二：程序运行基本可视化，在不需要分析日志的情况下也可以看到问题产生的地方。并且异常栈各个工具都会被打印出来，很容易定位。

特点三：无侵入式的 UI 操作，第三方目标业务系统 UI 层面的迭代修改无法被大量预测，很小的元素变化可能会导致整个流程中断。

特点四：运行环境抗莽撞性差，软件弹窗或者网络不稳定可能会导致流程中断。

在流程的运维实践中，特点一和特点二非常重要，这与传统的软件运维完全不同。数字员工流程的运维不需要借助开发人员的帮助，再复杂的流程都应逻辑清晰，新运维工程师通过阅读流程文件本身就可以了解业务逻辑，通过对程序的运行，辅以开发流程工程师的思路文档，即可对流程有大概的掌握。从运维成本角度来看，可以采用成本更低的专业运维服务商来代替高额成本的流程开发服务商，并且不影响服务质量、服务等级协议。

特点三和特点四会导致一个流程每过一段时间就会出现一个无法被预测但可以被调试解决的问题，并且无法做到 100% 容错。这个流程在使用的过程中会不断地出问题。这就是数字员工上线的一个阻碍。

对于这个问题，在实践的过程中可以采用以下几种机制：

（1）标准化桌面。将所有部署数字员工的 PC 完全虚拟化，制作完全干净和标准化的桌面环境和网络环境，即"云桌面"。这样各种参数经一次配置即可供全公司使用，避免环境个体差异，杜绝机器个体差异导致的程序异常。

（2）模块化设计。和传统的 MVC 架构的程序一样，一个流程可以分解为流程模型和流程数据；一个大流程可以分解为多个小流程，并且流程可以直接实现跨文件调用。所以，我们最好把数据分解开来，把子模块也分解开来，即可以实现"改一处而修复所有"的最佳实践。

（3）异常报警机制。此机制可以使业务人员在业务中断之前完成流程的修复工作。

通过以上运维机制，企业数字员工在可用性较高的同时，也可以节约大量的预算，降低成本。通过标准化、模块化设计降低运维复杂度，最终降低总体工作量。通过异常报警机制，可降低全职运维工程师的工作量。

11.3 案例介绍

K 集团成立于 20 世纪 90 年代，是亚太地区知名的科技类上市企业。自成立以来，该集团一直从事高新技术的研究并保持了国际前沿技术水平，积极推动高新技术产品和行业应用落地。

1. 项目背景

近年来，互联网、大数据、云计算、人工智能、区块链等技术加速创新，日益融入经济社会发展各领域全过程。世界上的主要国家和地区纷纷加快数字化转型战略布局。加快推进数字化转型，是"十四五"时期建设网络强国、数字中国的重要战略任务。

构建新发展格局，以数据为关键要素，以数字技术与实体经济深度融合为主线，加强数字基础设施建设，完善数字经济治理体系，协同推进数字产业化和产业数字化，赋能传统产业转型升级，培育新产业、新业态、新模式，不断做强、做优、做大我国数字经济，为构建数字中国提供有力支撑。

经过调研，K 集团内部各个业务部门都存在大量有规则的、重复性的、高频的、可标准化的流程，由人工来执行，不仅效率低，而且数据处理易出错，遗漏的概率也大，此外，重复低价值的工作，员工的获得感也较弱，更无法把有限的精力投入更有价值的工作。

2. 项目调研

在项目开展前，调查人员采取相关调研方法对 K 集团进行了调研，并对 K 集团的市场规模、设施基础等进行了分析，收集整理了相应的需求，进行了相应的可行性分析，根据需求的优先级进行了排序并制作了相应的图表，如表 11-1 所示。

表 11-1　需求优先级表

序号	部门	需求收集	可行性分析	优先级		
				高	中	低
1	法律与知识产权部	7	6	1	1	4
2	消费者委员会客户服务部	10	2	1	0	1
3	业务财务部	10	7	3	2	2
4	审计与监察部	5	1	1	0	0
5	组织发展与人力资源部	15	9	2	4	3
6	供应链管理部供应商管理中心	11	11	5	4	2
7	档案室	2	0	0	0	0
	总计	60	36	13	11	12

3. 项目流程梳理

在对项目进行调研并对需求进行归类、划分之后，根据相关流程的优先级、难易程度、投入成本等因素，对相应流程的具体执行路径、预期投入、预期完成时间等进行了详细的安排，如表 11-2 所示。

表 11-2　预期完成时间表

	第一阶段	第二阶段	第三阶段
项目	数字员工实现、人才培养	数字员工实现、人才培养	数字员工实现、流程发现、流程挖掘、CoE 建设
优先级	高	中	低
预期完成时间	20××.6–20××.10	20××.11–20××.3	20××.4–20××.11

在预期完成时间表中，根据相应项目的优先级进行相应完成时间的划分。

表 11-3 项目预算表

	部门	项目名称	预算 / 万元
1	法律与知识产权部	合同审核数字员工	/
2	消费者委员会客户服务部	数据录入数字员工	/
3	业务财务部	重分类数字员工	/
		税金核算数字员工	/
		日报暂估模拟数字员工	/
4	审计与监察部	合同数据导出数字员工	/
5	组织发展与人力资源部	个税申报数字员工	/
		客户服务数字员工	/
		参保证明处理数字员工	/
6	供应链管理部供应商管理中心	SAP 供应商报销数字员工	/
		SAP 供应商付款数字员工	/
		费用物资申请对账数字员工	/
		费用物资申请报销数字员工	/

如表 11-3 所示，在项目预算表中，对不同部门的不同项目，根据需求的难易程度以及相应的项目优先级，对相应项目的预算进行划分。

表 11-4 项目计划表

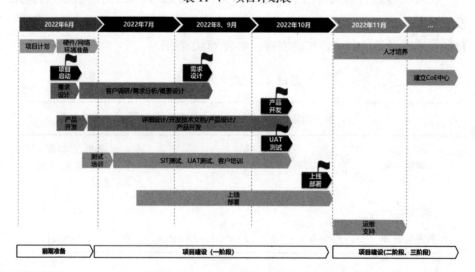

如表 11-4 所示，在项目计划表中，需要根据项目交付周期、进行整理的项目规划，合理设计各阶段交付周期、关键里程碑。

4. 项目实施和部署

1）项目实施

在项目进入正式的开发阶段后，由于项目较多、较复杂，所以技术人员需要将相应的大项目拆分为多个小流程并逐步进行开发，并就每个流程设计单独的解决方案文档，如图 11-9 所示。

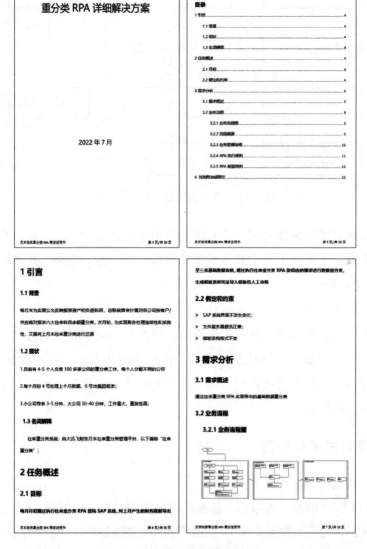

图 11-9　解决方案文档（示例）

数字员工的开发过程通常依据 SDD 中的设计成果，在整体架构设计的要求下，一步一步将项目流程步骤转化为自动化脚本、流程图或者自动化程序，如图 11-10 所示。

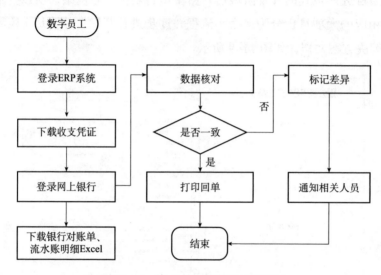

图 11-10　资金对账数字员工流程图

以上面的图示流程为例，在对所有的小流程进行开发后，将所有的小流程进行整合，就完成了这个数字员工项目的开发工作，当然，还需顺利完成后续的 UAT 测试。

2）项目部署

针对该项目的部署，开发人员帮助运营人员完成了相应的数字员工运营手册，并顺利完成了工作成果的交接。在后续的部署中，针对参数的调整、程序的打包、版本的管理控制等问题也都进行了相应解决，相应技术人员的培训也得到顺利进行。

5. 项目成果和价值

1）项目成果

如图 11-11 所示，通过第一阶段的项目实施，完成项目共 13 个，原先的人工共 8 272 人天（22.6 人年），在数字员工上线后将人工减少为 4 919 人天（13.5 人年），合计节约费用 322 万元人力费用（按 2 万元 / 人月）。

其中，优先级高的需求，数字员工上线后，合计约节约 1 770 人天（4.8 人年），合计约节约 116 万元人力费用。

序号	部门	项目名称	优先级	人工用时/（人天/年）	人工投入人数/个	预估节省/（人天/年，效率）
1	法律与知识产权部	合同审核数字员工	高	1887	11	63（3.33%）
2	消费者委员会客户服务部	数据录入数字员工	高	110	1	110（100%）
3	业务财务部	税金核算数字员工	高	108	9	86（80%）
		重分类小程序优化数字员工	高	57	25	46（80%）
		日报暂估模拟数字员工	高	60	1	48（80%）
4	审计与监察部	OA合同附件导出数字员工	高	25	10	23（90%）
5	组织发展与人力资源部	个税申报数字员工	高	168	2	134（80%）
		参保证明处理数字员工	高	100	1	90（90%）
6	供应链管理部供应商管理中心	SAP供应商报销数字员工	高	396	9	265（67%）
		SAP供应商付款数字员工	高	660	8	390（59%）
		007-2费用物资申请对账数字员工	高	317	4	203（64%）
		007-2费用物资申请报销数字员工	高	396	5	285（72%）
		物理签章合同归档数字员工	高	38	3	27（70%）
总计		共13个		4322人天（约11.8人年）	89	1770人天（4.8人年）约节省116万元人力费用

图 11-11　第一期建设范围和成效（优先级高）

如图 11-12 所示，通过第二阶段的项目实施，完成项目共 11 个，在数字员工上线后人工减少为 1 735 人天（4.7 人年）。

其中，优先级中的需求，数字员工上线后，合计约节约 1372 人天（3.8 人年），合计约节约 90.4 万元人力费用。

序号	部门	项目名称	优先级	人工用时（人天/年）	投入人数（个）	预估节省（人天/年，效率）
1	法律与知识产权部	逾期应收数据整理数字员工	中	18	3	14（80%）
2	业务财务部	软企、高企研发费用测算数字员工	中	22	2	17（80%）
		研发费用可加计核算数字员工	中	18	2	14（80%）
3	组织发展与人力资源部	PS数据维护数字员工	中	38	1	22（60%）
		教育经历校验数字员工	中	120	1	96（80%）
		试用期启动邮件发送数字员工	中	100	12	90（90%）
		入职材料预审核/缺失提醒数字员工	中	132	1	105（80%）
4	供应链管理部供应商管理中心	供应商邮件账号测试数字员工	中	/	1	/（80%）
		合规承诺函归档数字员工	中	13	2	5（40%）
		合规承诺应用数字员工	中	24	3	9（40%）
		订单批量出库数字员工	中	1250	5	1000（80%）
总计		共11个		1735人天（4.7人年）	33	1372人天（3.8人年）约节省90.4万元人力费用

图 11-12　第二期建设范围和成效（优先级中）

如图 11-13 所示，通过第三阶段的项目实施，完成项目共 12 个，在数字员工上线后人工减少为 2 215 人天（6.1 人年）。

其中，优先级低的需求，数字员工上线后，合计可节约 1774 人天，合计约 116 万元人力费用。

序号		项目名称	优先级	人工用时（人天/年）	投入人数（个）	预估节省（人天/年，效率）
1	法律与知识产权部	合规承诺函的归档和应用数字员工	低	14	2	11（80%）
		技术出口登记数字员工	低	/	1	/（80%）
		维权线索获取数字员工	低	6	1	5（80%）
		诉讼案件简报数字员工	低	12	1	9（80%）
2	消费者委员会客户服务部	项目数据整理数字员工	低	12	1	9（80%）
3	业务财务部流程信息化部	企业所得税汇算清缴统计表数字员工	低	10	2	8（80%）
		企业实缴税金表填写及核对数字员工	低	9	1	7（80%）
4	组织发展与人力资源部	工号牌及姓名牌制作数字员工	低	34	1	31（90%）
		入职材料追溯	低	25	1	20（80%）
		简历信息获取数字员工	低	2083	50	1666（80%）
5	供应链管理部供应商管理中心	供应商登记修改数字员工	低	10	10	8（80%）
		天眼查数据同步数字员工	低	/	10	/（80%）
总计		共12个		2215人天（6.1人年）	81	1774人天（4.8人年）约节省约116万元人力费用

图 11-13 第二期建设范围和成效（优先级低）

2）项目价值

（1）通过数字员工项目实施，结合客户需求做场景化落地，帮助企业内部流程实现自动化、智能化，提升了员工的办公效率，解放员工基础劳动力；在实施过程中通过培养自动化开发人才，为公司储备开发及运营人员；同时，通过项目实施，也能对产品进行不断打磨，从而赋能更多项目交付。

（2）通过不断提升自动化场景覆盖率，扩展到公司各子公司；提升企业的人才密度，推动人才向复合型人才转变；提升企业核心竞争力，助力企业实现价值创造，进一步推进企业数字化转型。

（3）通过自动化场景持续落地，以及对 CoE 的建立，实现业务流程持续扩展，企业自动化能力提升和深化。通过对公司需求和各项能力的共享和复用，持续优化产品，迭代平台技术架构，极大降低了公司各业务部门的研发成本和研发周期，加快了交付进度；同时，通过自动化流程的经验积累与流程发现和挖掘，可以让各组织的领导者全面了解业务流程，进而找到效率低下的根源并确定包括自动化在内的改进机会，能够为用户提供为长期业务增长做出基于战略数据的精确决策能力。

第 12 章

数字员工卓越中心（CoE）建设及运营

CoE（center of excellence）在学术界被称为"卓越中心"。CoE 是一个集合了各个领域高技术人才的团队，提供共享的设施和资源，在关键的区域提供领导力、最佳实践、研究、支持和培训。

卡内基梅隆大学的软件工程系为 CoE 下的定义是：在某一特定的专门领域，在技术、商业或政府的特定领域中，为其产品的特殊需求和性能提供卓越的产品或服务。卓越中心的主要目的是协助企业进入更高的成熟度模式，解决低效问题。

CoE 因行业、职能和领域的不同而表现出不同的特点。例如，面向 Java 或者 Python 的 CoE 是技术性的，在业务概念中有基于 BPM（业务流程优化）的 CoE；在科技企业中，CoE 的概念往往与新的软件工具、技术或相关的业务理念联系起来，例如面向服务的体系结构或商业智能 CoE、云计算 CoE、人工智能 CoE 等。再例如，来自不同产品系列的各种营销负责人集中到一个 CoE 里，为客户提供一流的服务、丰富的个性化定制内容和创建更多的相关内容。因此，CoE 的重点是为团队提供培训、实践和各种资源，并从各个团队中搜集数据和经验，创造一个良性的反馈循环。

无论在何种组织，CoE 都具有本领域领先的知识和能力，并具有较高的协调职能，可以在不同的业务部门、不同的产品线工作，并能根据标准的程序和组织人员的专业技能，确保各项战略和变革方案的执行。

12.1 数字员工 CoE 的概述

CoE 汇集了各个领域的人才，为大家提供了设施和资源。在学术界，学者们把这叫作"竞争力中心"或"能力中心"。在商业领域和营销方面，CoE 应当更进一步，达到 Gartner（高德纳咨询公司）所说的"把已有的专长和资源用于某一学科或能力上，以取得并保持世界一流的业绩和价值"。这些长期的团队将会在一个具体的领域内，通过学习与监管来促进企业跨多个领域的转变。

许多公司在初期会建立一个项目部门，这个部门利用数字员工或其他的工具技术，以及技术经验来识别和管理这些项目，这就是数字员工 CoE 的雏形。在数字员工部署的初期，建立多功能的 CoE 是支持数字员工部署的关键。

为了使业务流程优化，合理的架构、部署和稳健的程序操作是确保数字员工良好运行的基础。数字员工 CoE 不仅要确保项目的成功执行，还要确保其运作的质量，使决策人员能够更好地了解企业对数字员工的使用情况，从而为其提供更多的业务流程优化和经营战略，使其发挥最大的作用。

因此，一个成功的数字员工 CoE，不仅要确保其在技术层面上的执行，还要深入地融入运作架构，对其进行分析、挖掘和优化，以实现自动化优先的原则，释放人力资源，确保企业运营更加快速、高效，且失误更少。

CoE 的概述如图 12-1 所示。

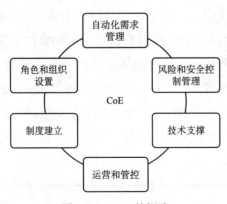

图 12-1　CoE 的概述

12.2　数字员工 CoE 的价值

要迅速、有效地部署数字员工，并为未来的数字员工部署提供一个良好的基础，就要有一个完整的研发中心或功能部门来实施自动化。该部门就是"数字员工卓越中心"，简称"卓越中心"（CoE）。其价值在于：在促进技术兼容性、整合和基础实践的同时，能够有效地解决各种业务问题。简而言之，CoE 的设立，就是要将数字员工的应用发挥到极致。CoE 的价值主要体现在以下几个方面。

（1）资源共享：当组织日益复杂化时，团队往往会在各自的空间工作，而不会分享自己的知识，尽管不同技术是并行发展的。CoE 可以识别这些区域，并把内部资源整合起来并分享，这样可以提高企业的组织效率，同时也在组织中创建一致的客户体验，从而使 B2B 和 B2C 企业的客户受益。

（2）目标导向：CoE 的设计目标是推动革新，所以一般 CoE 会建立一种激励各成员评估、试验并推动对方向前发展的组织架构。通过提高透明度和更多地分享成果，它可以作为一种强有力的方式去协调组织各业务目标。

（3）运营透明：CoE 通常是在企业内各个部门缺乏知识或者在技术上存在缺口时产生的。建立 CoE 的最简单的逻辑是可以了解公司的运营状况。通过 CoE 可以实现技术、技能、人员、管理以及业务等资源的重新配置，将内部资源集中起来，实现资源的有效共享，从而提高企业的运行效率。

（4）为数字员工服务：虽然数字员工在自动化系统中的应用更加快速和简单，但是在具体实施数字员工计划时，由于流程规范性不佳、流程与数字员工不匹配、不把数字员工视为业务主导、缺乏具体的数字员工案例、忽视 IT 系统设备等诸多因素，导致数字员工的具体部署和进度与最初计划相差甚远，阻碍了数字员工项目的实施。而 CoE 的建立很好地解决了这一问题，从表面上看，数字员工提供商帮助公司建立"数字员工卓越中心"，其目的是让客户在业务流程优化过程中充分利用数字员工的专业技能，保证数字员工的正常运转。

12.3 如何建设数字员工 CoE

12.3.1 建立高效 CoE 的四个最佳实践

1. 高管参与

要想 CoE 更好地发挥作用，必须有高层参与。有时，这也是一种挑战。在完成这些流程的过程中，设计人员需要与不同的人员进行大量交谈，以争取那些对数字员工抱有疑义的领导者的支持。不过，如果有管理层的支持，这是可以顺利完成的。

2. 跨领域团队成员

CoE 需要把不同领域的人聚集起来，这些人可以凭借经验通过不同的方式参与核心区域。对于数字员工卓越中心来说，其团队成员跨不同的业务领域、技术领域和不同管理职能，团结是不可或缺的。另外，尊重和运用这些不同领域的知识是至关重要的。

3. 一致性和治理规划

一致性和治理规划是高效 CoE 的另两个重要特征。在与客户一起实施 CoE 的过程中，设计人员通常会为 CoE 会议设定进度和架构，并决定团队中每个人的职责。比如，保证 CoE 有专门的人员负责组织会议，这似乎只是一项很小的工作，但如果该团队工作很忙碌，而且时间有限，就会使一切变得不同。

4. 资源共享

CoE 需要建立一个共享资源的体系。模板、工具、日程表和工作准则都应该为参与工作的每一个人完备提供，并且组织必须鼓励和监督所有的参与者遵守使用规则，以保证其一致性。如果仅仅有一两个人参加，那么整个流程就会失败，所以所有人都要坚持使用该体系。

12.3.2　创建 CoE 的步骤

CoE 的实施要有耐心，时间和全身心的投入是成功的关键。以下是推出 CoE 的四个步骤，如图 12-2 所示。

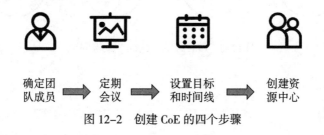

图 12-2　创建 CoE 的四个步骤

1. 确定团队成员

一旦定义了 CoE 的范围和性质，就必须确定哪些人是 CoE 的一员，多久开一次会议，每次会议都要分享达成一致的信息。

2. 定期会议

安排例会，并保证在开会前和全体成员分享议程，确保会议的有关报告及资料及时发放。

3. 设置目标和时间线

在 CoE 中，有必要建立具体的目标衡量指标和时间线，CoE 将根据这些指标和时间度量和评估，从而不断地改善。

4. 创建资源中心

建立一个资源中心，以共享有关 CoE 活动的工具、模板和更新——无论是 Slack 通道，还是项目管理工具的一部分。

12.3.3　CoE 应该解决的四个关键问题

在确定任务之后，CoE 必须解决以下四个问题以确保完成任务。必须先解决这些问题，尽管在目标上有一定的重叠，但它们是互补的。图 12-3 显示了这四个规程以及每个规程产生的责任和可交付成果的示例。

图 12-3　CoE 应解决的四个关键问题

1. 架构

架构建立了众所周知的"规则"，用于指导决策，并将实际的技术解决方案与业务优先级联系起来。架构包括组织的思想理念和技术推广。可交付成果将作为开发团队模型的概念和原型的证明，选择更加适合组织的技术，以及对从技术投资中获得的业务价值的详细理解。其最佳实践也可以开始初步成形，例如 Red Hat 公司解决方案架构师 Stephen Nimmo 在其发表的一篇文章中所阐述的将工作负载转移到 Kubernetes 平台之前要建立的七个标准。该职能应由 CoE 领导层执行。业务部门领导和架构师的组合确定了 CoE 和领导执行的总体方向。

2. 开发解决方案

即使大部分解决方案不是内部开发的，而是来自供应商，也必须注意确保以一致和可重复的方式实现业务功能。这些领域通常由负责了解技术的深层技术细节、部署和重用组件所涉及的最佳方法和有差别的开发团队来解决，并确保解决方案在组织使用之前经过良好的测试和实施。

CoE 专注于业务流程管理技术领域，那么开发人员将了解如何使用技术工具来映射业务流程，在系统和人员之间传递适当的业务信息，并了解所有应用程序集成详细信息(服务定义等)。架构和解决方案的开发团队应努力确保他们利用组织中已经存在的程序和文化。事实上，敏捷性可以确保 CoE 有效地交付价值。

3. 部署基础设施

部署基础设施包括为技术堆栈定义基础设施的安装和配置过程，以提供高可用性、可扩展性、可恢复性、高安全性的环境。这些职责将由了解容量规划和基础设施的管理人员（例如系统管理员）执行。他们将确保解决方案遵守既定的 IT 标准，并尽可能地重用现有的企业 IT 资源（包括服务器、网络、存储、数据库、应用程序服务器、中间件等）。

4. 支持解决方案

解决方案对于实现业务优先级至关重要，因此需要建立系统和人员以确保其发挥最佳功能。这其中包括从性能、可用性、功能等方面了解解决方案的能力，以及确保主动上报和解决任何问题。这一功能可能由负责基础设施的专业人员执行。同样，对于现有企业 IT 环境已经存在的任何监视、服务请求管理和升级系统也将用于新技术。

最后，CoE 的所有规程都要与供应商达成良好的合作关系。无论责任是由架构师、开发人员还是运营专业人员承担，支持构建新解决方案的基础设施以及确保其长期业务价值的交付至关重要。

从营造企业文化上来说，培训或教育员工学习新技术可以减少离职或跳槽的可能性。

与供应商建立良好合作关系时，组织希望在实施过程中获得更大的业务价值。这包括利用供应商的专业服务来确保组织任务成功实施和知识转移，以及与销售团队持续定期的对话。利用技术帮助客户解决业务问题是供应商的主要动机。

随着团队和解决方案的发展，团队成员将会获得更多的经验，这些经验可以提高企业业务价值和效率。一旦 CoE 实现了其最初的使命，并且已经将一些解决方案投入生产，那么架构和解决方案开发团队的人员将继续充当内部顾问和技术推广者的角色，以推动大规模的应用。而专注于基础设施和解决方案支持的专业人员可以成功地将新技术集成到企业的 IT 运营中。

虽然技术本身无法改变业务，但可以成为实现数字化转型的加速器。组织通过建立卓越中心，使开发人员能够专注于将特定技术应用于解决业务问题，将更好地使组织从对技术的投资中获得更多的收益。

12.4 数字员工 CoE 的职能

一个完整的数字员工 CoE 至少应该具备五大核心功能，如图 12-4 所示。

图 12-4 数字员工 CoE 的五大核心功能

1. 定义 CoE 组织

数字员工 CoE 的工作从定义组织架构开始，即确定内部和外部角色的职责，并对新的资源进行培训，进行无缝变更管理。强有力的组织内核保证了数字员工在公司内的整合集成。

2. 管理数字员工策略

管理数字员工策略包括：制定清晰的数字员工标准、流程和策略以及管理机构，升级路线和责任划分，保证所有的运营符合法律法规以及信息安全要求，同时决定任务的优先级为不同团队访问级别授权。

3. 保证技术应用

一个合格的数字员工 CoE 始终能正确地选择合适的自动化工具来执行任务，并在恰当的时间内进行维护和支持。技术要素涉及一个机器人运行环境的体系结构，它可以帮助数字员工整合集成到各个关键领域，比如 IT 服务管理和配置管理数据库等。

4. 部署业务流程

部署业务流程也就是设置数字员工应用的所在地，用于执行、监控和改变整个组织的生命周期。它的任务是评估自动化的机会，然后进行开发和测试，在适当的环境中部署稳定、可扩展的数字员工，并承担变更流程和事件管理的职责。

5. 监管运作方式（人与文化）

在成功地实施数字员工之后，企业内部将会发生结构性的改变。数字员工 CoE 能够分析数字员工对人类角色的影响，并即时修改职务说明，实现整体运营的改变。与此同时，该系统可随时监控数字员工，当组织机构发生变更时，提供相应的服务支持。挖掘这五个要素，不管是简单的 CoE 监督，还是严格的管理，都有助于企业数字员工运作模式的界定和维持。运作模式是一个循环体系，用于企业内数字员工的管理，着重发展和支持可实现其承诺收益的高品质机器人。

12.5　数字员工 CoE 的角色和组织设置

若把数字员工 CoE 当作一个舞台，将会有四大关键角色登场，即业务部门、人力资源部、IT 部门及中心总监。他们在各自的岗位上，通过突破企业内部的壁垒，为数字员工的自动部署和管理提供全面的统筹治理、沟通协作和支持。

在数字员工 CoE 里，四个部门专员的工作重点如下。

业务部门：负责业务流程改善。业务流程专家将帮助业务部门识别、分析和优先安排需要使用数字员工的工作流程。

人力资源部：主要任务是消除员工对数字员工的恐惧，提升员工的技能，评估员工的流失并制订招募方案。

IT 部门：主要任务是保证数字员工在技术层面顺利运作，涉及基础设施和操作性、数字员工安全性、软件机器人支持和维护、数字员工的一致性和扩展性。

中心总监：其对数字员工所涉及的工作流程最为熟悉，在实施数字员工相关业务用例方面最有发言权。他会主动寻求自动化的机会，指导和促进工具及流程的改变，制定变革的管理办法，监督数字员工的实施进度。

在数字员工 CoE 的工作职能上，部分数字员工制造商和研究机构认为，一个健全的数字员工 CoE 应至少设九个岗位，如表 12-1 所示。

表 12-1　数字员工 CoE 的九个岗位

岗位名称	岗位说明
数字员工赞助商	项目发起方，负责数字员工的技术战略
卓越中心主管	高级主管，负责 CoE 活动、业绩报告和运营
数字员工项目经理	根据 CoE 战略，保证机器人项目的投资回报率
数字员工和 CoE 业务分析师	主题专家，负责发掘潜在的收益，并对所需要的资源进行详细分析
数字员工解决方案架构师	管理数字员工的基本结构，并对 CoE 进行详细的设计和许可需求分析
CoE 开发人员	负责 CoE 的技术设计、开发、测试和项目的执行
运维工程师	负责解决问题和安装服务器，参与 CoE 的自动部署，为团队运行提供支持
CoE 监理	监视、调度和支持 CoE 的执行，确保业务顺利进行
服务支持专员	确保当 CoE 执行期间发生问题时，提供前端的支援

九个岗位的设置适用于包括数字员工和其他工具在内的自动化 CoE。值得注意的是，创建一个 CoE 并不一定要机械地遵循这种设置，而是要体现出一个 CoE 所应有的功能。

另外，关于数字员工 CoE 的功能作用在不同的企业中有着不同的定义，但是基本功能大致相同。例如，有些组织设定了八个数字员工 CoE 的角色，有些组织则划分成了七个。在建立 CoE 的初期，一些角色也许不是很完美，但只要能够保证数字员工正常执行和运作就可以了，之后可以根据需要逐渐添加。

从公司的组织结构来说，基于公司的行业、管理制度和业务特征的不同，数字员工 CoE 将会呈现出不同的结构和布局。当前，大多数公司采用以下三种组织结构模型，如图 12-5 所示。

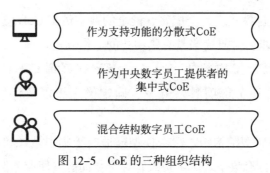

图 12-5　CoE 的三种组织结构

第一种，作为支持功能的分散式 CoE。

分布于组织各业务部门的分散式数字员工 CoE 可利用数字员工为员工提供完成业务目标的能力，并成功地实现组织业务的创新。该组织结构不会给组织内部的本地业务团队带来过多约束，有助于团队获得业务能力和专业技术。

这种组织结构管理比较松散，各个部门都有自己的 CoE 架构和标准，这使得不同数字员工 CoE 的重点功能不同。分散的架构是迅速开始数字员工项目的一种很好的方式，但由于缺乏集中管控，难以与IT组织进行扩展和联络。

第二种，作为中央数字员工提供者的集中式 CoE。

集中式 CoE 可以实现对组织各部门的数字员工职能和资源的整合，从而实现对数字员工资源的全面协同配置，避免资源浪费和人员冗余现象。由于集中式的结构管理都以整体战略为基础，所以可以在组织内部大力推进数字员工的建设。

CoE 为成功实施数字员工提供了必要的集体资源和技术，让负责人员可以清晰地查看所有的计划，从而增强对项目和重点的管理能力。与此同时，集中式 CoE 也会为过程变更设定一个端到端的视图，从而能够更迅速、更有效、更有力地识别出最佳的业务流程优化机会。

另外，中央管理可以为评估、交付、监控和维护数字员工项目制定标准的流程和法规，以方便地在组织中扩展数字员工的功能。当然，数字员工若无法快速使用，其成本也会很高，灵活性也欠佳。

第三种，混合结构数字员工 CoE。

目前，很少有组织会采用单一的数字员工 CoE，更多的组织选择了分散式和集中式的混合模式。一个成熟、健全的数字员工 CoE 应当能够满足分散的业务部门的需求，并且应当具有集中式的运作方式。

采用这种混合架构的数字员工 CoE 旨在确保 CoE 的交付与运营支持，同时也让各业务部门具备开发、确定优先级以及评估自动化流程的能力。

在上述三种模型结构中，混合模型最适应于集中模式和分散模式功能的成熟计划，并且具有集中式的可扩展特性，从而能够使业务发展不受约束。

由于企业管理要求和部门能力水平的差异，企业应根据自身情况，因地制宜地选择适合的产品。基于数字员工 CoE 的五个核心功能，应先对其自身的发展战略和需求进行评估，确定适合自己的模式架构，然后准备数字员工 CoE 的构建工作。

12.6 数字员工 CoE 的运营和管控

管控和运营是紧密联系在一起的，在数字员工的整个生命周期都是如此。实际上，管控和运营需要很多业务人员，这些人可能不是 CoE 的核心成员，但他们都会参与并促进项目的顺利执行。

1. 理解价值实现不同步

数字员工的优势之一就是能够迅速提高工作效率。通过 CoE 实现跨部门的流程自动化，可以加速这一进程，并在短期内给一些部门带来丰厚的收益。但是，由于业务、技术等特性的差异，企业内部各部门的价值实现常常不能同步。要衡量 CoE 的收益，就必须把每个部门的现实状况都考虑进去。

2. 避免短期心态

对于周期短、见效快的数字员工，企业往往会产生"短平快"的期望。但是，CoE 的建立需要组织内各部门间的协作与技术的整合集成，内外部的交流沟通是成功建立 CoE 的前提。同时，各部门之间的价值实现并不是同步的，因此在一定的周期内需要对 CoE 成效进行评估。从整体的数字员工战略来看，CoE 是一个能够带来长期回报的项目。

3. 建立控制机制

在已有的组织架构中嵌入 CoE，必须考虑到它对下游的影响，因为新的自动化工具对权限分配、路径汇报、劳资关系等方面都会产生新的挑战。尽管 CoE 是企业自动化战略的主要推动中心，可以将多台机器人所造成的管理问题有效简化，但核心团队还是需要灵活地处理各种可能出现的变化。为最大限度地降低与控制、隔离相关的风险，各组织应制定若干适当的控制机制，具体说明如下：

1）职责分离

数字员工的开发、部署和运营的职责应该适当地分开。首先要保证开发者只能访问开发环境而不可访问生产环境，当数字员工研发完毕后，将会在中心平台上部署，这时应该保证仅有一个人负责这项工作。当部署完成后，运营人员就可以对数字员工的运作和操作过程进行监测。由于数字员工的工作流不能被运营人员访问，所以观测到的问题都要根据标准向开发团队进行反馈。

2）对虚拟劳动力的任何访问都应该统一归口、集中管理

应集中管理各个数字员工平台的访问权限，可采取以下相应的措施：

◎ 由企业首席信息官控制生产平台的访问权限，并必须经过 CoE 经理同意。

◎ 数字员工开发人员不可访问生产环境。

◎ 生产环境可以创建不同访问权限的概要文件，如只可编辑、只能查看的数字员工。

3）数字员工审计追踪

在任何时刻都应该对任何数字员工的"数据事件"进行记录，以确保其可追溯。日志记录应能够恢复和重现有关创建、修改和删除相关数据的过程，并保留最初的输入和使用者 / 机器人 ID、行动的时间和理由等信息。日志会自动生成和存档，同时也要保证日志的内容是清楚的，这样方案架构师和审

计人员就可以追踪。日志必须有一个统一的标准，而且必须由内部程序来处理和检查日志。

4. 保持可扩展

功能齐全的数字员工 CoE 可以很容易地进行扩展。随着企业的发展，相应的需求也会发生变化，CoE 也会随之演化。为了确保自动化流程能正常运行，需要对系统和数字员工进行不定时的升级更新。当运行环境或第三方软件升级（例如 SAP）更新后，CoE 团队应当对数字员工工作时受到的影响进行分析，及时更新自动化软件，并在更新前对所有的数字员工执行回归测试。

与此同时，与招聘和培训新员工所需要的时间和资源相比，数字员工的工作效率要高得多。与把新员工安排到 IT 系统相比，把更多的数字员工安排在 IT 系统中更容易，所以公司必须不断提升自动化水平。

12.7 数字员工 CoE 制度建立

12.7.1 数字员工项目实践中遇到的问题

通常，企业在各个阶段都有先进的技术，随着各个环节的复杂性越来越高，各个部分经常会被困"孤岛"，团队经常在自己的"竖井"中工作，落实到具体的数字员工部署构成中，下列问题会相对突出：

1. 由 IT 部门主导而不是业务主导

在部署项目初期，数字员工常被普遍视为一个系统自动化项目，因此它就被确定为 IT 占主导地位，而不是业务主导，一些企业的领导仍停留在"让机器人先跑起来"的思维定式中。非业务主导就很难发挥各部门之间的整体性，常会出现规划不合理，拖延实施进程，或流程与数字员工不相适应，但又不知道该怎么处理等一系列问题。

2. 错把数字员工当项目，忽视其是一种能力建设

一些公司将数字员工项目组织放在财务部门，可人力资源部门也很需要

这些数字员工的支持，但是由于跨部门，数字员工的价值并不能完全体现出来。错就错在公司上下并没有充分意识到数字员工是一种能力建设，将其当作项目运行即意味着有了开始就有结束。其实，数字员工更依赖于 IT、网络、安全、风险、人力资源，并和其他职能部门形成紧密的结构性关系。

3. 人机关系对立，没有认识到机器实际是人的能力的延伸

数字员工是数字化虚拟员工，对其"员工"的认知，会让一些人陷入绝对的人和机器的二分关系之中，机器取代人即意味着拥有机器后不再需要人，人机对立关系的产生也会出现人机分化。事实上，当人与技术融为一体而非对立时，技术才能真正成为麦克卢汉意义上的"人的延伸"，才能最大程度地发挥技术的效用。

以上三点现象都反映出一个事实，即部分与部分之间的关系被割裂，缺乏一种整体性的运行方式。

12.7.2　数字员工 CoE 管理制度的构建理念

企业之所以能够发挥最大实力，依靠的是各个部门之间所形成的关系网络。任何一个部门，其意义之所以能够凸显，是因为其本身在结构之中，也就是说，脱离结构的部门，其本身是没有任何意义的。同时，任何一个部门都无法独立实现整体性价值。整体对于部分来说具有逻辑上优先的重要性。

在部署数字员工的过程中，不同部门之间因为各种因素无法完成高效的合作，例如业务部门负责需求提出，IT 部门负责数字员工的技术开发和场景落地，但由于各自工作重心不同，对需求、业务、技术的理解不同，难免会出现协作困难的情况。

1. 机器人实施指导

CoE 主要负责建立企业级的数字员工平台，编制数字员工的代码规范和设计指导原则，并对不同的数字员工开发小组进行指导；负责企业可复用的数字员工组件的开发；确保各工作小组协调一致，确保知识传递的连续性，

制定操作流程的规范指南；对项目执行中存在的问题及风险进行定期汇总，及时反馈并处理；负责对数字员工技术人员进行培训，并对他们的工作成果进行审查；在数字员工投产之前，制定一份检查清单，对每一项内容进行检查，包括流程信息、基础设施、控制台操作、运营审计与报告、测试和回滚机制、安全控制、异常控制方式、业务连续性、代码标准和架构等十个方面。

2. IT 基础设施和环境准备

CoE 负责提供数字员工相关的硬件资源，并对其进行合理分配，以防止浪费；负责软件环境（包括操作系统、应用软件和桌面工具）的安装，与桌面的整合集成以及界面变更管理；负责设定活动目录中的用户权限，并与数字员工平台相匹配；负责在网络或服务器上制定与数字员工相匹配的安全控制策略；负责机器人的扩展部署；负责不同机器人之间的连接；数字员工在部署后能推动运作环境的连贯性。

除了以上的工作职责，CoE 还可以在数字员工的推广使用中承担更多的职责，例如：重新设计数字员工的工作模式，不断评估企业业务价值收益；负责对业务流程自动化进行改进和重构；甚至还包括企业数字化转型、KPI 重新设计以及人力资源配置等。

12.8 数字员工 CoE 的技术支撑

在总体设计上，常见的数字员工产品包含三大部分：设计器（开发工具）、执行器（运行工具）和控制器（控制中心）。

对于数字员工的三个组成部分，尽管不同的厂商有不同的叫法，但设计器、执行器和控制器这"三件套"的功能得到广泛认可，如今已成为数字员工产品的标配。

1. 设计器（开发工具）

设计器是数字员工的设计生产工具，用来设计软件机器人。利用开发工具，开发人员可以为机器人执行指令和决策逻辑进行编程。目前业界的大部分设计器具备低代码 / 零代码的特性。

具体的设计器由以下几部分组成：

1）机器人脚本引擎（BotScript）

内建脚本语言 BotScript 执行引擎，具备词法分析、编译、运行等计算机语言的标准组件。内置 C++、Python、Lua，外置 .net 适配器，实现其他语言与 BotScript 数据类型的双向自动转换。

2）数字员工核心架构（数字员工 Core）

数字员工产品的界面识别器能识别 Desktop Application、Web、SAP、Java 等各种界面元素；能动态加载自定义识别器，配合抓取工具，可快速实现目标应用的选择与抓取。

3）图形用户界面（GUI）

GUI（graphical user interface）是一种用户接口，通过 IPC（inter-process communication，进程间通信）与相应的引擎进行通信。在数字员工产品中，GUI 承担流程的编写、开发、调试工作。另外，通过 GUI 与控制中心进行通信，结合 HTTP 与 FTP 协议实现流程的发布与上传。

4）记录仪

记录仪又名"录屏"，是用来对软件机器人进行配置的工具。与 Excel 中的宏功能一样，记录仪可以记录下用户界面中的每次鼠标动作和键盘输入。

5）插件 / 扩展

为了简化运行软件机器人，大部分的平台会提供很多插件和扩展程序应用。

2. 执行器（运行工具）

执行器是用来运行已有软件机器人或查阅运行结果的工具。

开发者首先需要在设计器中完成开发任务，生成机器人文件，之后将其放置在执行器中进行执行。

为了保证开发与执行的高度统一，执行器与设计器一般采用类似的架构。

以机器人脚本引擎与数字员工 Core 为基础，辅以不同的 GUI 交互，满足终端执行器常见的交互控制功能。执行器可与控制中心通过 Socket 接口方式建立长连接，接受控制中心下发的"流程执行""状态查看"等指令。在执行完成后，进程将运行的结果、日志与录制视频通过指定通信协议上报到控制中心，确保流程执行的完整性。

3. 控制器（控制中心）

控制器主要应用于软件机器人的部署和管理，包含：启动 / 停止机器人的运行，编写制作日程表，维护和发布代码，为机器人的各种任务进行重新部署，并对许可证和凭证进行管理。

1）管理调度

控制器本质上是一个管理平台，可以管控和调度无数个数字员工执行器；同时，设计完成的流程也可从数字员工控制中心管理平台下派至各个局域网内有权限的单机上进行执行。在多台 PC 上运行机器人时，还可以通过控制器实现对机器人的集中控制，例如统一分发流程、统一设定启动条件等。

2）用户管理

用户可通过用户名和密码登录数字员工控制中心。一般的控制中心会提供完备的用户管理功能，可对每个用户进行权限设定，保证数据安全。另外，控制中心还提供了类似于组织架构的功能，用户可以利用该功能定义数字员工的使用权限。

3）流程管理

控制器会提供"流程管理"界面，用户可以查看已有流程被哪些任务使用，以及流程的激活状况，等等，同时也可以新建流程。

4）机器人视图

机器人视图功能可以帮助用户查看所有的或某一部门下的数字员工流程。具体包括查看这些机器人是否在线以及到期时间，有权限的用户还可对相关机器人流程进行编辑或删除。

第 13 章

数字员工建设运营
常见的问题

前面的章节介绍了数字员工在不同行业场景中的若干落地应用及案例。从中可知，数字员工给企业带来的价值是可计算、可量化的。本章及以后各章将对数字员工落地实施方法论做详细介绍。

数字员工引入成本很低，引入之后的提效成果明显。但是，有了落地方案及运营，数字员工就一定能够平稳落地吗？答案是不一定。原因有以下几点：

一方面，企业对数字员工的认知程度最终决定数字员工在企业数字化转型过程中的服务程度，进而影响给企业带来的实际价值。

另一方面，数字员工在落地之后，一些日常管理、运营工作若开展不到位，会使已赋能的企业场景价值大打折扣，影响单场景或多场景的流程数字化线索持续挖掘流程数字化转型的动力和线索。

从本章开始，本书先从规划阶段、调研阶段、实施阶段、运维阶段、运营阶段五方面着重阐述数字员工落地过程中常见的问题，再分享在实际的数字员工建设过程中遇到的问题，深度剖析产生问题的原因，以及该如何改进与规划，期望避免给企业带来更多的沉没成本。

数字员工落地的各个阶段如图 13-1 所示。

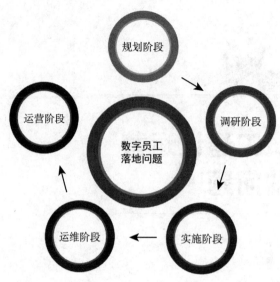

图 13-1　数字员工落地的各个阶段

13.1　数字员工规划阶段常见问题

13.1.1　对数字员工认知不全

1. 数字员工只关注流程

数字员工赋能的视角是企业员工日常办公的视角。从赋能的视角看，数字员工是以流程自动化为载体的。通常情况下，这些自动化流程在 IT 系统的功能模块展现，系统在服务器端进行部署。但是，这些工作在员工日常办公中的比例很低，绝大部分（例如与用户的交互等操作任务）需要人与系统交互触发完成，且触发上游的依赖条件是需要具有决策判断力且决策判断蕴含着逻辑核知识属性。并且，一些知识属性较强的任务需要与其他模块感知，才能推理出最终的结论，进而执行响应的动作。而信息系统在建设之初，就需要围绕目标设计单一职责模块。所以，仅凭借信息系统的功能模块就去处理灵活性高的任务，是不现实的，必须由人干预和控制，以保证整个流程顺利执行。

　　所以，数字员工要想实现员工日常办公自动化，应围绕流程自动化，同时还得关注一些软件界面变化带来的交互升级、按照逻辑推演的数据运算、具备行业知识属性的知识问答等方面，并非仅仅关注流程。

2. 数字员工会替代人的工作

　　一些人听到诞生了由代码实现自动化的数字员工后，总是担心这些数字员工要抢走原本应该由人拥有的工作机会。事实上，数字员工所处理的任务，基本上都是重复、无聊且烦琐的工作。原本有思想、有智慧的员工，在类似流水线的工作环境中工作，除了因为人的劳动力本身易出错外，员工的思考和思考方式也会变得更麻木，原先具备的行业知识也停留在先期水平。久而久之，员工的精力和思想就会被耗在琐碎的重复事项中，出现人岗不匹配的情况。

　　但是换个角度，当越来越多这样枯燥的工作由数字员工接管后，真正有思想的人会被解放出来，越来越多的人能够运用自己的智慧实现创新，并在创新探索的道路上创造更多的新岗位，去建设一个具有更高层次价值、更有活力的社会。这样看来，拿没有意识的机器人换一个能创新、有思考能力的人，就没有担心的必要了。

13.1.2　对数字员工思考不足

1. 数字员工只是一时的技术潮流

　　数字员工是企业内部以员工办公为视角的流程自动化技术，在本质上是自动化的一个细分场景。数字员工作为数字劳动力组成部分之一，已经存在了好几年，且在三四年前被人们认识并提出。也就是说，数字员工并不是一个停留在理论和报告中的虚幻概念。

　　数字员工在企业的重复性劳动上（见图 13-2）已获得应用，这种价值也在客户中得到了肯定。其次，数字员工也一直在发展中，现在更加完善的数字员工提高了系统的处理效率，也降低了人为的错误率。这些优点正在越来越多的项目上得以体现，由此，企业越来越多的日常工作也加入了敏捷性远高于人工的数字员工。除了流程处理，数字员工还包括机器学习、人工智能、聊天机器人等技术，这些技术让数字员工的处理流程不只局限于逻辑上，还能够与服务对象进行实在的交互处理，这些技术有着很大的需求，一定能创造很大的价值，并促进个人和企业的发展。

因此，数字员工不是一时的技术潮流，未来它会持续被用户接受，在企业内部赋能逐渐普及和推广后，场景赋能渗透率会不断提高。

图 13-2　数字员工可处理重复烦琐的工作

2. 数字员工只会给企业带来小范围的成本降低

首先，员工办公流程自动化一定可以减少企业在流程上的人力成本。因为公司可以通过把日常运营管理的重复性任务分派给数字员工来执行，这本身就会减少人力的投入。其次，数字员工能帮助本处于重复性劳动的员工摆脱无法思考的环境苦恼，让员工将自己宝贵的时间更多地聚焦在有价值和有创新性的工作中。

员工在这种工作机制的驱动下，能够创造更大的岗位价值。在人机协同的高效的劳动力组合新基建之上，企业经营、供应链、战略等都会产生涟漪效应，企业内部的流程运转会加速这个过程。所以，数字员工给企业带来的价值，不仅仅是一次小的成本降低的价值，这只是冰山一角。

3. 数字员工只是超级宏

提到重复性工作，一些经常使用 Excel 的人会第一时间想到用 VBA 宏来做这些事。在他们的意识中，数字员工做的事就是这些宏能处理的事，根本没有必要再提出"数字员工"这个概念。

其实，数字员工和宏的作用确实有类似的地方，但是它们之间的区别也很明显。宏只能在用户界面进行操作，不能调用 API。而数字员工不仅可以执行本地的 Web 系统和软件系统的功能，还可以调用 API 和 Web Service。而宏所缺少的这些功能可以让更多的重复性工作实现自动化。因此，宏能实现的功能仅仅是数字员工工作内容中一个很小的子集，而数字员工发挥的价值比宏更大、更广。

13.1.3　业务范围不明确

企业内部的信息和数据繁杂，各部门之间的业务和日常工作流程之间既相互独立，又相互联系和交融。不同业务之间的范围定义不明确，将会引发诸多问题。

业务范围不明确将导致在获得业务流程中关键节点信息或需求时存在信息长距离传递、业务与业务之间割裂、建立资源共享机制困难、各部门的发展不均衡等现象，造成业务需求信息的遗漏、偏差，并使部门间沟通的时效性降低且缺乏有效的互联互通，从而使数字员工部署困难。具体来说，将出现如下问题。

1. 目标不明确

目标不明确会造成后期无法在具体场景落实数字员工。业务范围不明确，会导致数字员工在设定目标时存在各种业务目标的杂糅现象，这使得数字员工的能力不能完全覆盖某个业务，最终无法落地具体场景。

2. 需求出现蔓延或重复性建设

对同一业务的范围不明确，会对数字员工产生超出业务边界的需求；对不同业务中相同流程的了解不明确，将导致对数字员工提出重复的需求和需求变形（见图 13-3）。

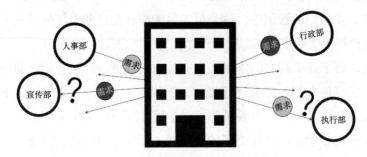

图 13-3　业务范围不明确可能导致需求变形

3. 缺乏验收边界

业务不明确会使验收阶段企业与用户间存在边界认知的偏差，可能使供应商与客户之间产生纠纷。

4. 数字员工能力与产出目标有偏差

数字员工的能力并不能满足预期产出目标的设置，这会导致客户对数字员工产品失望。

因此，在数字员工规划阶段，企业需要充分了解业务范围，将各部门的业务流程完整记录下来，从中找出并标记重复性高、有规律、规范性高的流程，从而找出赋能数字员工的机会，为后续合理高效地规划数字员工提供支持。

13.2　数字员工调研阶段常见问题

13.2.1　需求理解不透彻

需求调研是数字员工项目在启动前必须执行的工作。需求调研的完善与否，是决定数字员工能否成功落地的关键因素之一。前期如果没有充分了解企业的需求，未能合理规划数字员工，将会徒增成本，增加项目失败的风险。

1. 企业夸大对数字员工的需求

一些企业在数字化转型目标趋势下会因"病急乱投医"，期望"雇用"的数字员工群体在企业内的覆盖面大而广，并不是围绕企业战略和业务目标进行科学规划。在一定程度上，企业客户需求强度的大小直接决定数字员工工作价值变现的空间大小。例如，与需求相关性不强的数字员工无论系统技术多先进，功能多强大，宣传多热闹，其最终达到的效果都是微乎其微的。

2. 技术层面的知识存在差异可能造成需求的认知误差

专业知识门槛、用户需求表述等原因有：未深刻梳理清楚业务流程运作实际的场景以及业务流程实施后期望达到的成效，从而没能得出一条需求主干；未梳理清楚流程操作过程中关键的上游信息源数据、过程中需要的数据装载和清晰逻辑，以及下游录入的信息及标准和规范。它们会导致需求调研不全面，资源浪费，且验收周期被拉长，影响实际交付的速度与准确度。

因此，在数字员工调研阶段，调研人员应与企业用户充分沟通、多次确认具体需求目标以及由知识属性带来的疑惑，明晰需求边界，同时将企业用户的大目标分解为子目标，然后围绕每个子目标进行业务、组织或 IT 技术的优化、升级改造，精准把握数字员工的部署机会。

13.2.2　技术评估不到位

通过技术评估，不仅可以了解价值链上各个环节应用数字员工的深度、广度和效果，还可以预估出数字员工应用在流程的哪些节点会因为技术边界不可达、过程依赖不可达而导致的流程断点。然后将存在断点的流程与分支机构分享的案例进行比较，与行业标杆案例进行对标，分析出流程改进措施，并重新进行技术可达性分析，从而分析出企业进行数字员工部署时技术依赖的基础环境。因此，技术评估是数字员工调研阶段的一个复杂、关键且不可缺失的一环。现阶段对数字员工的技术评估并不到位，如图 13-4 所示。

图 13-4　技术评估中遇到的问题

◎　业务未清晰描述过程依赖的软件环境、信息数据；

◎　未能清晰描述过程中员工与流程关键节点的软件交互、判断逻辑和规则；

◎　未对技术所能够达到的指标进行全面对比，缺乏对评价技术可靠性的全面评估；

◎　缺乏对技术成本的比较分析；

◎　未能掌握数字员工包含的技术实施过程具体的落地时间。

这些问题都将使数字员工无法高效快捷地提供给客户应用。此外，由于企业已经应用了诸多信息系统，但是"孤岛"纵横，基础数据不准确，编码体系不统一，随意、不充分、不明确的技术评估将会导致企业在投资雇用数字员工的过程中出现过度投资或投资不足的情况，这将导致数字员工在企业各环节的均匀合理配置受限，降低投资回报率（ROI），同时阻碍企业数字化转型的预期和进展。因此，在数字员工调研阶段应细致地从技术的可行性、经济性、安全性等方面进行技术的全面评估，以保证数字员工能顺利落地实施，满足客户需求。

13.2.3　风险预判不全面

如果风险预判是不全面的，就会减弱企业对风险来临时的承受能力，这可能会给企业带来毁灭性的打击，导致数字员工无法在企业内正常运行，破坏企业数字化转型的预期和进展。具体的风险表现为：

1. 面对场景的技术不可达

技术层面的风险预判不充分会造成数字员工的能力未能达到预期，使企业用户无法在各个需求场景中高效利用数字员工。

2. 实施过程中缺少配套资源

配套资源的缺失将影响数字员工的工作环境，造成数字员工因依赖资源不足而无法正常运行。

3. 不合理的项目周期

较长的项目周期不仅会导致数字员工的研发人员心力交瘁，看不见有效成果，还会使企业用户无法预期应用数字员工，降低其投资回报率，对后期的合作具有消极影响。

4. 验收标准和边界没有收敛

如果调研阶段对验收标准和边界没有收敛，就会出现企业用户在验收过程中对数字员工产生超出前期调研阶段所确定的要求，从而使企业用户与供应商各执一词，无法正常完成验收。

因此，在调研阶段要将技术、环境、依赖的资源以及交付与验收的手册厘清，从而全面感知各个层面的风险，为数字员工的部署与运行做好充足准备。

13.3　数字员工实施阶段常见问题

实际上，数字员工并不能在所有流程、所有场景顺利实施，数字员工想要达到工作有效执行的最终目的，其中一个重要的先决要求就是：企业内所有想要利用数字员工增值提效的工作过程要形成相应的规范，且存在比较固定的标准，有些甚至须有专门的操作手册。依赖规划阶段和调研阶段的充分准备，数字员工在实施阶段通过对预设的编程，模拟人们在计算机上的自动操作，或通过与现存用户接口来实现更大规模、重复性流程的智能化目标。

然而，在数字员工的实施阶段，我们往往会遇到方案设计不合理、流程比预期更具动态性、缺乏连贯的平台以及流程测试不充分等问题。接下来，本书将针对以上问题进行具体阐述。

13.3.1 方案设计不合理

数字员工在企业实施落地时的第一个问题是流程方案设计不合理。这往往会发生在如下情形中：

1. 调研阶段产出不明晰

不充分不明晰的需求、技术以及风险调研结果将使方案制订者无法针对需求设计出合理的方案，最终使数字员工无法满足用户需求。

2. 咨询对象选择错误，造成误导

企业经理和技术负责人并未实际参与企业运转的众多业务流程，这就导致他们在实施数字员工之前，不知道具体应在哪个流程开始引入数字员工，且不清楚数字员工能否实现整个流程的数字化赋能，从而使流程方案在设计过程中得到了错误的指引，如图 13-5 所示。

图 13-5　一些技术负责人不清楚数字员工的使用场景

3. 供应商研发预判与技术储备不足

许多技术水平、管理水平不成熟的数字员工供应商对数字员工融入项目的过程没有进行合理的考虑与设计，未能从流程视角深刻地反推企业对数字员工的诉求，这将导致在引入数字员工过程中出现很多问题，比如操作复杂化、耗费大量技术资金等，这些都会给企业加重实施过程的成本，最终导致数字员工项目的好处大打折扣，严重影响上层对引入数字员工进行数字化转型的决心。更严重的结果是，不适当的工作过程或完全不相符的使用场景将导致目标几乎不可达，而失利从一开始就注定了，因为方案设计不合理。

因此，在方案设计的过程中要清楚地确定数字员工能力的边界，对方案设计进行多次评审，同时与客户及时确认后再进行方案的实施。

13.3.2　流程比预期更具动态性

流程比预期更具动态性是数字员工在实施阶段遇到的巨大挑战之一。这意味着企业在数字员工实施的过程中，仅专注于对自动化过程中的报错进行研判，却忽略了数字员工所依赖的环境会随着实施过程的进行而发生改变，这就造成数字员工在运行过程中出现问题，最终输出错误结果。

虽然业务环境比预期更具动态性，但是数字员工仍能在这种不断变化的环境中基本运行，同时仍能提供正确的结果。然而在一些需要创造性思维和头脑风暴的业务流程中，人类的作用是无法由数字员工替代的。这并不意味着不能将这部分流程实现自动化，因为工作流程自动化工具可以帮助企业以同样需要人工决策技能的方式处理这些重复步骤，进而提升数字员工的自适应能力。

13.3.3　缺乏连贯的平台

据了解，有一半以上的数字员工项目无法控制和管理10个以上的机器人，七成以上的数字员工项目少于 50 个机器人。由于缺乏连贯的平台，以及扩展模块和智能水平的不足，许多企业虽然雇用了一定数量的数字员工，但仍未能实现其目标。当数字员工技术与认知捕获等其他智能自动化工具未能有效地结合，以实现不同平台的串联及流程的贯通时，数字员工的部署使用将很难获得成功。

因此，在设置数字员工时，如果不同平台间存在断点，可以通过增加适量机器人并采用辅助软件将不连贯的平台串联起来。例如：在财务场景中，SAP 系统中的数据无法直接上传到 Web 平台，此时可以借用 Excel 作为数据的载体，从 SAP 中导出数据并填报到 Web 端，实现数据的连续性。

13.3.4 流程测试不充分

流程测试不充分可能导致的问题如图 13-6 所示。

图 13-6 流程测试不充分可能导致的问题

数字员工开发完成后，在推进部署过程中，为了达成可用的目标，时常会出现"走弯路"、成本花费高等现象。这就需要企业在实施数字员工前，首先对数字员工的功能及期望达到的效果与价值做出测试。然后，围绕目标结果进行充分的流程测试。然而对于数字员工的流程测试往往比较片面，主要体现在以下方面：

（1）流程测试对象选择错误。一些企业首先在上层进行测试，然而上层负责人离真正的项目需求较远，了解的需求不够充分，故测试成功的项目在真正投入使用时可能还会存在问题。为了更全面地完成对项目的测试，应先从基本的业务流程入手，比如管理、财务等，待测试稳定后，再逐步向更关键的环节延伸。

（2）流程测试验证完成后，未经过一段时间试运行，就直接投入生产，常会出现崩溃情况。数字员工在真正投入生产前需要进行较长时间的试运行，才能保证其稳定性。

（3）在项目的验收环节，因为数据样本不全，依赖的基础设施自身存在多版本等问题，导致数字员工在运行过程中容错能力差，一遇到与预期不符的因素就崩溃。所以，在流程测试验证之后，需要进入灰度阶段，充分进行数据边界和过程中的场景多样性测试，将崩溃率降到最低。

流程是一个基于需要的动态变更的过程，而数字员工的规则、认知是后置的，因此，即使将崩溃率降到很低，依然无法将崩溃率降为零。所以需要通过常态化运维方式，将生产的故障率控制到零，或将故障后的影响范围降到最低。具体如何做，参考前面章节即可。

13.4　数字员工运维阶段常见问题

数字员工正式投入生产环境提供服务后，系统必须有完善、清晰的常态化运维保障机制，才能支撑数字员工取得理想的效果。这是因为，在运维过程中，一些错误的做法或方式会导致异常崩溃，有时甚至会产生涟漪效应，给企业带来损失。接下来，从三大方面分析数字员工运维常见问题，如图 13-7 所示。

运维流程体系不健全

运维响应不及时

需求管理流程易混乱

图 13-7　数字员工运维阶段常见问题

13.4.1　运维流程体系不健全

全面的数字员工运维流程体系是数字员工在企业内正常高效运作的关键之一。然而，现实中，企业往往忽视对运维流程体系的建设与完善。

1. 体系建设存在不足

许多企业对于数字员工运维流程体系的建设存在不足，缺乏发现数字员工发生故障时的流程化、完整的跟踪记录和责任的划分与监督。一旦问题出现，很难快速、准确地找到根本原因，也无法及时找到相应的运维人员进行处理和修复。

2. 故障预警机制不完善

由于缺乏对数字员工发生故障的预警，所以运维人员往往是在数字员工发生故障后才进行处理，致使工作停滞，甚至出现严重故障，影响企业的业务稳定性，造成经济损失和难以补救的恶劣影响。

3. 缺乏对整个服务架构的梳理与设计

对服务架构的把控不及时会导致数字员工无法紧跟企业业务发展的步伐，难以为企业的发展变革持续提供有力支撑。

因此，目前，必须加强数字员工运维流程体系的系统巡检与跟踪记录能力，实现准确的故障预警功能，把握企业业务发展的现状，从而完善运维流程体系。

13.4.2 运维响应不及时

数字员工在运行阶段常常会因为运维不及时而遇到种种困难，有时甚至会导致数字员工运行中止，无法保证 7×24 小时高效运作。运维响应不及时一般由以下几个原因所致，如图 13-8 所示。

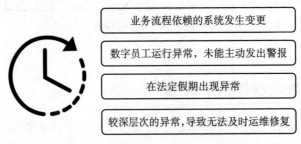

图 13-8 运维响应不及时的原因

1. 业务流程依赖的系统发生变更

业务人员未能提前告知这一点，导致在数字员工运行失败后才能感知到。一般这种情况，除了在实施项目之前加上容错机制，还需要在有系统升级前告知。针对外部系统升级，需要做好感知机制，判断是否有升级情况，然后进行后续的通知事项。

2. 数字员工运行异常，未能主动发出警报

主要由以下原因所致：第一，数字员工处于内网环境，无法告警。一般对于这种情况，建议在实施之前梳理清楚环境，同时需要在内网分配跳转机或告警收集中心，以实现告警上传。第二，数字员工未配置主动告警。数字员工一般按业务需求实现，但最好考虑到后期运维保障，在流程外部加上告警或巡检机制。同时，流程中也可以加上等待人工介入或重试机制来予以保障。

3. 在法定假期出现异常

一般对于这种情况，首先，建议在节假日安排好轮岗巡检；其次，可以提前部署完善远程运维系统，紧急情况发生后就可以做到进退有据，避免忙中出错；最后，可以通过线上运维把握设备状态，快速排障并保证数字员工稳定运行。

4. 较深层次的异常，导致无法及时运维修复

针对这种情况，首先，流程部署之前，需要设定好一些运行日志采集、上报机制。同时，本地也可以安装辅助监听工具，发现异常后可直接采集本机机器内核日志，避免因系统偶现的异常而触发崩溃现象。

13.4.3　需求管理流程易混乱

不同的业务部门对数字员工有不同的需求。一些企业没有对业务部门的需求进行相应的管理，往往会出现以下问题：是否可以自由地添加机器人客

户端？如果数字员工中止，应该如何继续上次的运行？如果业务流程发生了变动，那么之前的数字员工流程应如何进行修改和适配？需求分析未深入业务流程内部，会不会导致对数字员工的需求不符合业务流程？数字员工能否满足业务流程要求？不同业务流程之间无法共享数字员工能力，会不会是过多地部署数字员工，造成了资源浪费？如果未对这些需求管理流程进行清楚梳理，将会大幅度降低数字员工的使用效率。

针对系统运维阶段业务需求的增改，涉及需求梳理、设计开发、测试部署等工作，可以通过数字员工运行标准操作程序（standard operation procedure，SOP）手册来指导和规范运维操作，形成有效的需求及问题解决机制，并为数字员工的推广和实施奠定基础。此外，需求管理应该从规划阶段开始贯穿于数字员工项目的整个生命周期，力求实现数字员工同需求的最佳结合。

13.5 数字员工运营阶段常见问题

引入数字员工之后，企业内部的业务流程、经营模式都会发生相应的变化。前面的章节分别从规划、调研、实施和运维的视角分析了各环节可能出现的问题及影响。但有了前面四个动作，也未必能够给企业围绕流程数字化转型带来预期的价值。

下面从企业运营的视角分享企业运营环节如果出现问题，可能会给数字员工赋能带来哪些影响，如图13-9所示。

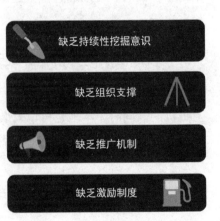

图13-9 运营阶段可能遇到的问题

284

13.5.1　缺乏持续性挖掘意识

有些企业职能部门为了完成上层指派的任务，随意引入几个数字员工，然而这种短期行为最优的结果仅仅是实现了场景提效的目标。还有一些企业部门因为组织协同或岗位认知及职责原因，导致只关注到单点的工作目标，无法从更高的视角去感知流程数字化转型给岗位之上的部门带来的影响。这种情况极容易造成流程的数字化转型是残缺且割裂的，虽然部分企业部署了足够多的数字员工，但是企业的效率无法提高，甚至会降低工作效率。因为对于一个企业来说，数字员工引入的数量和给企业的提效并非属于线性关系。

此外，一些因使用数字员工而从繁杂的业务中解放出来的员工存在"躺平思想"，这其实是一种人才资源的浪费。作为数字员工的直接受益者，这部分员工应该保持创造性思维与头脑风暴，进一步深入挖掘数字员工的应用场景，助力数字员工的运营，推动企业数字化转型。

所以，要想真正地提升效率，实现彻底的流程数字化转型，就必须以终为始。企业要同时将短期业务目标与长期战略目标纳入思考范围，来推动整个组织或职能部门对当前的数字化机会进行持续性挖掘。过程可以是单点形式，也可以是模块化的，但最终还是要从战略目标的角度审视模块化的周边是否仍可持续利用数字员工赋能。

13.5.2　缺乏组织支撑

数字员工在运营过程中会涉及各类角色与各类部门。但企业各部门往往高筑壁垒墙，各自为营，这直接造成数字员工在运营阶段缺乏组织支撑，如图 13-10 所示。许多企业并未完全掌握经营、管理、运营等岗位的职责，不知该如何协同合作，就一头扎进数字化运营中，其结果往往不尽如人意。如何解决这一问题？简言之，企业需要通过自下而上与自上而下来对数字员工的运营提供支撑。

图 13-10　企业不同部门存在"壁垒墙"

1. 一线业务员自下而上提出需求

企业第一线的业务人员可提出引入数字员工的需求，因为他们更熟悉工作流程，更了解要对什么业务部署数字员工。具体流程是：从单点需求出发，自下而上告知企业，从而推动数字员工的应用向模块化发展，进一步实现全企业覆盖，推动企业数字化转型。

2. 企业自上而下地提供支持

企业在一开始下定决心进行流程数字化改造，引入数字员工项目时，就必须时刻围绕战略目标谋划全局，然后自上而下推动整个企业去实施，并以后面提到的激励机制为动力实现终极目标。

3. 数字员工的配套资源不可或缺

首先，要确保岗位角色划分明确和职责分工明晰。其次，要思考引入数字员工（虚拟劳动力）之后，人、财、物应如何合理配备，从而为数字员工提供全方位的有效支持。

13.5.3　缺乏推广机制

数字员工顶层设计、数字员工战略规划、数字员工基础建设，这几大维度能从根本上决定组织中的数字员工成功与否和数字员工的应用水平。数字员工内部的推广是实现数字员工全企业覆盖的重要途径，然而现阶段却存在诸多推广机制缺失的状况：仅将少量业务人员纳入数字员工的需求设计；企业层面的数字员工科普培训工作不足；未开展企业层面的数字员工体验活动；未组织数字员工使用交流平台，使不同业务中数字员工的使用者无法互相沟通。

企业内部缺乏推广机制，会造成数字员工赋能企业停留在单点赋能场景，仅仅满足企业内部极小范围效率提升的结果。虽然企业内部单点应用场景的实施是成功的，但其实这只是企业流程运转的一个片段，无法触达全局，更不用谈如何触达深层的流程挖掘，用数字化手段助力企业进行流程重塑。

因此，要想实现更大范围的赋能，想要达到以点带面进而全域覆盖，就必须在单点或模块实施成功后，在企业内部推广传递，让同职能部门或其他职能部门的同事共同参与。

13.5.4　缺乏激励制度

有了持续挖掘意识和推广机制，却缺乏激励机制作保障，仍然会使企业内部数字员工的实际落地缺乏强驱动力。这样，易造成数字员工只停留于形式，无法真正实现降本提效、优化流程，阻碍了使劳动力从低价值工作转向高价值工作的终极目标达成。缺乏激励机制的常见表现形式有：期望达成的目标制订缺失、价值考核方式缺失、考核评价系统单一、对数字员工资产管理无序等。

1. 期望达成的目标制订缺失

常见的问题是：企业在管理过程中，对数字员工运营激励没有明确的目标，比如引入数字员工的原始诉求不清楚，期望的达成的目标不明晰。这会造成两个极端问题：一，企业不知道具体达成什么目标，易因担心与实际诉求不符造成的资源浪费而停滞不前；二，推广的数字员工与实际诉求不符，职能部门仅是期望获取相应的奖励，不断引入实际工作中并不需要的数字员工。这些都与实际目标无关。

2. 价值考核方式缺失

在运营阶段，如果缺乏价值考核方式，也会给运营结果带来较大的影响。缺乏考核方式，一方面，会让积极推进流程数字化转型的员工未得到及时奖励，影响后续推进的积极性；另一方面，会造成后期推进数字员工运营奖惩制度无据可依。只有确定好考核方式，制定出明确的奖罚机制，推进阶梯式的差异化考核，才能够助力数字员工在企业内部推进运营。

3. 考核评价系统单一

考核方式缺失，会造成运营过程无据可依。但考核评价单一，也会给运营带来影响。过于单一的考核评价易造成能够带来实际价值的数字员工因未达到单一的指标，而被否定实际的价值。同时，单一的考核评价可能会存在偏差，也容易给企业的数字员工引入和赋能形式造成"发展畸形"的不良影响。一个评价系统考核应该是多面、多维度的。只有对数字员工进行多维度考核，才可保证数字员工价值评定公平。

4. 对数字员工资产管理无序

数字员工是企业的数字化资产，如果对其管理无序，则很难在组织中得到复用。运营人员对无序的数字员工无法实现高效管理，会造成部分数字员工被遗落在数字资产角落，无法在流程中实现赋能，造成数字资产浪费。同时，数字员工的无序管理也容易造成重复性建设问题。如企业内部在人力资源、财务、供应链等不同的场景中出现相似需求时，无法将通用的数字员工赋能到业务流程中。这会给企业造成多次引入的资产浪费。所以，企业在对数字员工的日常管理中，需要像人力资源资产管理一样，从企业经营管理的视角出发，把在流程中赋能的数字员工盘点清楚，使实际的赋能价值量化，将投入产出比计算清楚，才能量化出企业在数字员工项目上投入的资产。

综合以上问题分析，数字员工在企业日常运营阶段的管理须做到：首先要制订期望达成的目标；然后制定出明晰的考核评价体系，在整个运营过程中可以对引入的数字员工进行多维考核，为流程赋能价值的量化奠定基础；同时，还需要对数字员工以数字资产的形式进行合理、有序的管理。只有这样，才能保障数字员工在运营阶段的管理流畅且高效。

第14章

数字员工未来发展趋势

本章以展望的视角，分享数字员工的未来发展趋势。首先，立足于当下的信息化技术和人工智能技术演进以及企业管理现状，分享对数字员工未来发展趋势的展望。其次，随着数字员工在企业内经营管理的渗透率逐步提升，赋能的场景不断丰富，未来企业变革中可能涉及数字员工的领域包括人力资源、资产管理等。最后，基于数字员工虚拟劳动力与现实世界人类劳动力紧密协作，畅想现实世界数字化与数字世界现实化的深度融合，将会给人类的工作、生活带来怎样的改变和影响，如图14-1所示。

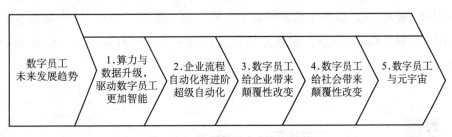

图14-1　数字员工未来发展趋势

14.1　算力与数据升级，驱动数字员工更加智能

企业与社会的信息化、数字化变革离不开科技的进步。伴随着三次信息化浪潮的推广普及，企业日常运营管理，社会的民生、服务都发生了翻天覆

地的变化。在变化过程中，数据积累呈现出几何式"爆炸"增长，这些堆积的数据如同一座座金矿。如何获取、提炼有价值的信息，就如同在金矿中的掘金工作。

在信息化浪潮中，以英特尔（Intel）、安谋控股（ARM）等为代表的高科技公司不断升级优化处理器架构，使CPU（中央处理器）算力得到大幅提升。以英伟达为代表的图形处理器（GPU）公司推出多版本显卡，加速了浮点数运算能力。而这些技术工具就如同采矿机，助力企业加速开采数据金矿。

数字员工作为信息浪潮中的产物，有了数据和算力作为进阶的基石，会加速从数据中挖掘知识，不断优化模型，驱动企业迈入智能化新阶段。

14.1.1　信息化技术升级，加速企业数据变革

1. 信息化浪潮

首先，回顾一下信息化浪潮的历史。1980年前后，个人（家用）计算机的出现解决了信息处理的问题。这些计算机不再局限于为当时的科学、工程等用途服务，设计的台式计算机更适合家居使用，主要用在学习、信息处理和游戏等场景，从而使计算机的发展进入"惠民"阶段。1995年左右，互联网技术横空出现，解决了信息传输的问题。这一阶段，个人、企业开始与外界产生类似网状的联系，在信息传输的过程中大量的数据产生，如图14-2所示。

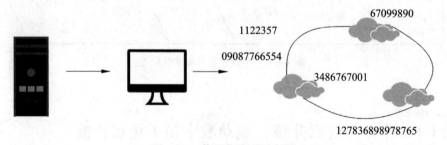

图14-2　信息化浪潮示意图

伴随互联网软件呈现百花齐放的态势，2010年前后，信息量级也开始呈现几何式增长。这一阶段，一些企业针对如何对海量数据进行处理还无从下

手。随后，业界推出了云计算、大数据和人工智能等技术。它们分别解决了数据的存储、计算、挖掘等问题。根据已经发布的《数据时代 2025》，2025年数据的总量将比 2016 年全球产生的数据总量增长 10 倍多，总的数据量可以达到 163 ZB 大小，具体而言，163 ZB 数据中便于数据分析和应用的数据将达到 5.2 ZB，而这个数据相比 2016 年将增加 50 倍，即便于分析和应用的数据总量相比 2016 年将增加 50 倍，属于认知系统的数据总量将达到 100 倍之多。这一阶段，标志着整个社会正式进入海量数据时代。

2. 信息化升级

企业的信息化发展历程大致如下：第一个阶段是企业信息化转型。企业开始逐步使用软件管理企业日常运营中的工作，形成了一系列办公自动化、流程自动化的系统，同时基于信息化对企业运营进行了初步规范。这个阶段企业开始积累大量的数据。第二阶段是企业数据转型。基于大量的数据，运用大数据技术重新定义了信息化过程中数据在企业的价值定位。

在未来，通过不断升级，信息化发展可能从内部网延伸到互联网，这将打破信息隔离的围墙，使供应商、客户和企业内部不再是相互分割的个体，企业的所有办公和业务流转都能在互联网上进行，从而促进上下游和企业内部的融合，大幅度地减少运营的成本。企业信息化发展从标准产品到个性化服务，企业的信息化需要因地制宜，不再是固化流程，根据每个企业节奏的快慢、企业规模的大小、企业文化的不同、企业业务环节的不同等，构建灵活的、个性化的企业信息化。企业信息化发展从流程驱动到数据驱动，其运转不再固定围绕着业务流程，而是数据驱动的发展，数据不断积累。不断增多的信息量能为业务提供更加全面的分析、更加智能的决策。数据驱动的信息化将推进企业从事后管理转变为现场管理，促进工作的效率，提高客户服务的满意度。信息持续运营有利于为企业提供个性化支撑方案，以快速地应对当前变化的环境，优化业务流程和提高服务质量。

3. 企业未来数字化变革

当前阶段，随着物联网、5G、NFT（non fungible token，非同质化代币）、元宇宙（metaverse）、AIGC（AI generated content，人工智能创造内容）、量

子计算等新兴技术的产生，可以推测，未来的企业将采用数字化营销、财务共享、智能制造来打造数字化、信息化的企业，如图 14-3 所示。

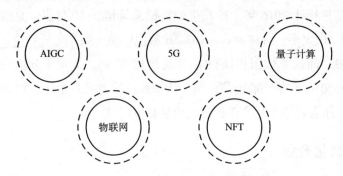

图 14-3　未来企业数字化变革

变革将拓展企业的业务渠道，企业能够为客户提供多触点的客户体验。变革将为企业带来颠覆性创新，促进企业业务流程的数字化、信息化和智能化。智能化将渗入运营的所有环节，贯穿在企业内部的招聘、业绩考核、团建等日常运行中，贯穿在企业外部的吸引顾客、提供智能化个性化服务、形成订单、产品的智能设计生产、智能物流和客户服务这一企业的整个业务流程中。企业将采用大量的数字员工，企业的应用逐渐具备平台化、数字化、信息化、协作化、智能化等特点。因此，可以继续推测，未来的一些企业将架设在虚拟的数字化基建之上，建设与现实世界孪生的虚拟化企业。企业的组织、供应链、人力资源甚至产物和服务的对象，都有可能是虚拟的。

因此，信息化技术升级驱动的企业信息化建设与传统企业的信息化建设完全不同。与此同时，在企业的信息化建设过程中，不仅涉及大量系统软件记录在册的结构性数据，也将更多地涉及非结构化数据。而数字员工在未来也会面临诸多非结构化信息的处理。

什么是非结构化数据？企业的非结构化数据一般指文档、图片、视频、音频等。与结构化数据相比，企业的非结构化数据的资源更多。合理有效地利用非结构化数据，促进非结构化数据的利用效率，对企业的发展有着重要影响。从社会行为学的角度来看，人与人之间的社会行为包含听、说、看等。其中说和听的载体是语音，看的载体是文档、图片、视频等，这些都统称为非结构化数据，如图 14-4 所示。

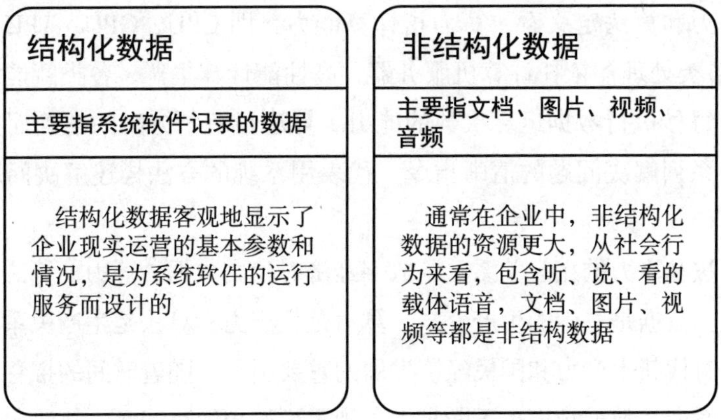

结构化数据	非结构化数据
主要指系统软件记录的数据	主要指文档、图片、视频、音频
结构化数据客观地显示了企业现实运营的基本参数和情况，是为系统软件的运行服务而设计的	通常在企业中，非结构化数据的资源更大，从社会行为来看，包含听、说、看的载体语音，文档、图片、视频等都是非结构数据

图 14-4　结构化与非结构化数据对比

对于未来企业运行过程中产生的大量、多样性的结构化数据和非结构化数据，可能都会交由数字员工处理。数字员工处理企业运行过程中的数据，有利于解决各部门之间的"信息孤岛"问题，加强各部门之间的互联互通，减少企业的沟通成本，提升事务的处理效率。数字员工处理和分析大量数据有利于挖掘数据背后的潜在价值，帮助企业稳固和拓展相关业务，帮助企业更好、更快地发展。未来的数字员工更有可能在孪生的虚拟世界中与数据共存，并与相应的数据或另一个企业的数字员工进行交互对接，实现企业与信息的链接、数字员工与企业的连接。

14.1.2　算力和算法升级优化，驱动数字员工智能升级

1. 算力和算法的重要性

如果将数据比作金矿，算力就是将数据开采出来的矿机。随着基建设施的完善，各种应用、系统层出不穷，数据呈现出指数级爆炸趋势。不断进化的 AI 技术在运行过程中也会生成数据（如 AIGC），这也在加速"金矿"资产的不断丰富。数据的内容值得去深度挖掘，就像开采金矿一样。而算力的普及，就是加速开采的矿机。"矿机"挖掘出"金矿"，输送给 AI，给数字员工智能驱动提供强劲动力。随着技术和基建的升级，这一过程也在不断转变。下面从不同方面对数字员工未来面对的工作环境、自身演进等进行阐述。

从算力和算法定义看，算力指计算能力，即 CPU、GPU、TPU、FPGA、ASIC 等各类处理器依托计算机服务器、高性能计算集群、各类智能终端等承载设备，每秒执行数据运算次数的能力。算法指解题方案的准确而完整的描述，即一系列解决问题的清晰指令，代表用系统的方法描述解决问题的策略机制。

从算法和算力的相互关系看，数字经济时代由数据、算力、算法三个关键因素组成：数据是基础的生产资料，算力是生产力，算法是生产关系。算力是数字经济时代新生产力和国民经济发展的重要引擎。随着时间的推移，智能化应用不断发展，数据规模也不断扩大，为了更好地解决问题，算法也越来越复杂。在这两方因素的快速发展下，需要更多的算力支持现在的人工智能技术，甚至能够解决原来因计算能力不足而不能解决的问题，如图 14-5 所示。

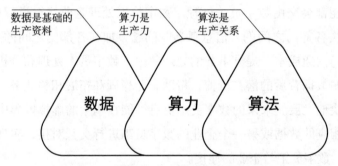

图 14-5 数字经济时代关键因素的组成

2. 算力算法优化升级

在数字经济时代，科技的发展日新月异，应用场景越来越复杂，而算力作为生产力，其越强大越有利于应用场景的落地，从而促进经济的发展。目前各国、各企业都在提升算力，加速算力的升级优化。对于国内，2019 年，核芯互联推出璇玑 CLE 系列，它是基于夸克 Q 系列，且拥有 32 位 RISC-V 内核的通用嵌入式 MCU 处理器。2020 年，沁恒微电子推出 CH 32V103 系列芯片，它是以 RISC-V3A 处理器为核心的 32 位通用微控制器，该处理器有多通道的转换模块、多组定时器等丰富的外设资源。对于国外，高通于 2022 年 5 月推出骁龙 7Gen1，这个芯片采用了 4 纳米制程工艺。骁龙 7Gen1 CPU 主频为 1804 MHz，GPU 为 Adreno 662。苹果公司于 2022 年 6 月推出最新自研芯片 M2，并搭载在苹果公司的新型笔记本电脑。而未来，按照规划，英特尔将计划在四年时间内跨过五个制程节点：2022 年下半年投产 Intel4 制程的芯片，2023 年下半年投产 Intel3 芯片，而埃米级的 22Intel20A 制程和 Intel18A 的芯片将在 2024 年推出。

面对科技发展的日新月异，算法作为数字经济时代的生产关系，也在不断地迭代优化。以谷歌的 SEO（search engine optimization，搜索引擎优化）算法为例，近几年，谷歌的重大算法更新主要有：2019 年推出伯特算法，2020 年推出特色片段算法，2021 年 2 月推出段落排名算法，2021 年 4 月推出产品评论算法，2021 年 6 月推出页面体验算法。伯特算法（bidirectional encoder representations from transformers，BERT）是在搜索引擎上使用的强大的 BERT 预训练模型，可以让搜索引擎结合语境理解用户的搜索意图。搜索引擎不仅仅关注关键词，与关键词相互关联的语境也影响着搜索的结果。特色片段更新（featured snippets）算法使得在谷歌的精选片段中显示的网页将不再第二次出现在搜索引擎结果页面（SERP）的第一页。段落排名更新（passage ranking）算法对于依据关键词搜索到的网页，只要网页的部分段落内容跟搜索词匹配，网页的排名就会得到相应的提升。产品评论更新（product reviews）算法做真实的产品评价，在评价中鼓励有实物产品图片，鼓励评价者写出产品的优缺点，提供客观真实的评价。在评价中可以引用制造商的话，并做出评价，可以比较制造商以前的产品，做出对比。2022 年谷歌 SEO 最新算法使网站在搜索结果中显示出更高的艺术性和科学性。随着谷歌对其算法进行调整，谷歌会尽最大努力优先考虑高质量、信息丰富且相关的内容，考虑页面速度、图像和视频以及用户位置等信息，努力为客户带来良好的搜索体验。

在企业运行过程中，数据员工分析相关数据、处理有关业务的背后也离不开算力和算法的有力支撑。越来越强大的算力为数字员工准确地分析大量、多样、多维度的数据提供了基础，为数字员工有效应对数据的快速增长提供了先决条件，为数据员工实时响应并快速处理相关业务需求提供了可能性。与此同时，越来越优化的算法为数字员工的正常运行提供了巨大的动力，为数据员工适应复杂多变的环境奠定了坚实的基础，如图 14-6 所示。数字员工利用不同的算法模型分析当前所处的情境，根据合理的情境推演结果，选择出恰当的算法模型，对当前情境下的业务做出有效处理，对涉及的相关业务需求进行及时响应。

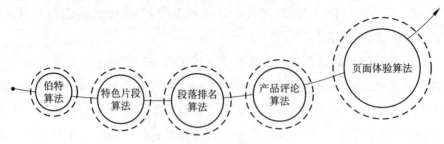

图 14-6 谷歌的搜索引擎优化算法

3. 算力算法的发展，驱动数字员工更加智能

算力和算法的升级优化，支持着人工智能技术的发展。到目前为止，人工智能技术一直在充满未知的道路探索。人工智能技术在不同时代、不同学科背景的学者的研究中得到了飞速发展，这些学者对人工智能的解读和人工智能技术实现途径也持不同想法。正是因为这些思想的碰撞和交融，人工智能从理论概念成为现实。现在的人工智能已经逐渐成熟，涉及自然语言处理、语音识别、计算机视觉、专家系统以及交叉领域。

CMU 和 Google Brain 团队在 2019 年 6 月发布的自然语言处理模型 XLNet 在多个场景和任务中取得了较好的效果。XLNet 在情感分析和文档排序、自然语言推断、机器的问答等场景中都有着较好的应用。以计算机视觉为例，随着算力和算法的优化升级，未来的计算机视觉可能形成边缘节点的计算机视觉。边缘计算允许在收集数据的地方（或更接近于）处理和分析数据，解决了计算机视觉中网络可访问性、带宽和延迟的问题，将计算机视觉更好地应用在自动驾驶汽车、无人机需要实时数据处理的项目中。计算机视觉即服务也越来越受到关注，计算机视觉即服务可应用于图像处理、数据标注和数据管理等领域，帮助人们节省时间。

算力和算法的发展促进人工智能技术的发展，驱动数字员工更加智能。人工智能赋予数字员工以人的智慧，数字员工在自然语言处理、语音识别、计算机视觉、专家系统等人工智能领域都有着良好的表现。这使得数字员工不再是企业运行过程中人们所使用的工具，而是和人一样成为整个企业运转过程中重要的人力资源；数字员工不再仅仅被动、固化地处理简单事务，而是与人和事务有着不断沟通、交互的过程，并在这个过程中利用自身优势快速处理相关事务。

14.2　企业流程自动化将进阶超级自动化

企业流程自动化是通过技术简化运营的一种方式，它基于企业的业务逻辑，让一系列重复性任务实现简单自动化。随着科学技术的进一步发展，业务流程越来越庞大、繁杂，简单的流程自动化将难以满足发展需求，难以适应数字化、信息化时代的发展节奏，企业流程自动化将进阶超级自动化。

超级自动化将融合多种技术，对传统企业流程自动化进行延伸和拓展。在包含企业流程自动化步骤的基础上，超级自动化与人工智能和 RPA 等相结合，赋予自动化更多的灵活性，加速了复杂工作的处理速度，推进了复杂业务流程自动化，拓展了自动化的应用场景。开展超级自动化有利于减少各业务之间的信息不对称问题，减少业务处理过程中获得信息、交流信息的时间；有利于满足各行各业的信息化和数字化转型的需要，打造环节无缝衔接业务处理模式，达到降本增效的目的，如图 14-7 所示。

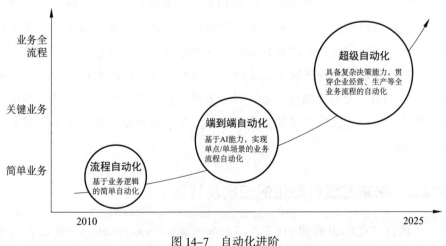

图 14-7　自动化进阶

14.2.1　未来端到端自动化转向超级自动化

端到端自动化是指生产线上的每个流程都基于 AI 能力，使用各种机器和机器人流程，实现单点/单场景的业务流程自动化。随着数据中台、AI 中台与云平台等数智基建的进一步建设，人工智能的持续突破，人机耦合的更深化发展，人们将迈入超级自动化新纪元。

什么是超级自动化？"超级自动化"第一次被提出是在《2020 年十大战略科技发展趋势》报告中，在随后一年发布的各大科技趋势报告中，"超级自动化"仍然保持着较高的热度。

超级自动化是多种技术能力和软件工具的组合，即多种机器学习、人工智能、机器人流程自动化（RPA）、套装软件、低代码/无代码工具，其他类型的决策、过程和任务自动化工具等也是超级自动化必不可少的组成部分，是超级自动化更好地完成工作任务的基础。而超级自动化不仅含有丰富的工具组合，自动化应用中的所有步骤也是超级自动化必不可分的部分——它融合了人工智能、流程挖掘等数字转型技术，其重点在于了解自动化机制的范畴，以流程自动化为核心实现复杂流程自动化。与此同时，超级自动化也包含自动化本身的所有步骤，包括发现、分析、设计、自动化、监测、智能分析等。超级自动化旨在减少业务流程中的人为干预，并将其完全自动化，以优化效率和生产力。

超级自动化包含多种先进的技术和工具，是多种技术、工具、平台的协调使用。超级自动化和数字员工相互影响：一方面，超级自动化强调将可自动化的事务都自动化，在超级自动化推进的过程中会涉及数字员工，超级自动化的推进促进多种先进技术的落地，而这些落地的技术大都与数字员工相关联，如 RPA、人工智能技术等；另一方面，数字员工的落地使得这些技术不断优化升级，而这些技术的优化升级都为超级自动化的推广和应用奠定了坚实基础。

14.2.2　未来超级自动化的组成及特征

超级自动化的组成包括：RPA（robotic process automation，机器人流程自动化）、IBPMS（intelligence business process management，智能业务管理）、

AI（artificial intelligence，人工智能）及 AA（advanced analytics，高级分析）。具体而言，RPA 指的是机器人流程自动化；RPA 通过模拟人类在计算机界面上进行操作的技术，按规则和预定义的活动编排，自动执行相应重复、烦琐、大批量的流程任务。IBPMS 即智能业务管理，是人工智能技术和传统的业务管理的融合。智能业务管理通过整合、完善现有信息化应用，实现端到端工作流程的整套方案，促进企业信息化建设的协同一致性。AI 指人工智能，它是用计算机来模拟人类智力活动的有关理论技术。在超级自动化体系中，人工智能指企业生产实践中的一系列智能过程。而 AA 指高级分析，对于现在生产生活中存在的大量、多样、实时的数据，高级分析使用技术和工具检查并分析数据，以便推进超级自动化进程的实施，为各种决策提供有利的依据，产生更大的商业价值。

超级自动化的三个特征分别为：超级自动化可以适应复杂场景，超级自动化为数字员工的推广提供了基础，超级自动化推动企业业务流程自动化。

通过结合人工智能和高级分析等多种技术和工具，超级自动化赋予自动化过程智能，通过对收集到的信息和环境的检查和实时分析，减少业务流程中的人为干预，使其更好地适应复杂多变的环境。与此同时，通过与人工智能等工具技术的结合，对于传统的非结构数据多、复杂度高的环境，超级自动化感知和处理非结构化数据的能力得到大大提高；通过和 RPA 等技术结合，超级自动化极大地拓展了数字员工的应用场景，推广了数字员工的应用。对于现实生活中重复、烦琐、大批量的工作任务，超级自动化实现发现、分析、设计、自动化、监测、智能分析等步骤，按规则自动执行相应的流程任务，减少工作量，提高企业的生产力，优化企业的生产效率。

14.2.3　以 RPA+AI 为抓手，助力企业向超级自动化演进

超级自动化使用多种工具和技术实现端到端的业务流程和操作自动化，而不仅仅是任务级别的自动化。其中最重要的要素是 AI、RPA。所谓 AI+RPA 为抓手，即：RPA 能够执行重复的、结构化的任务，解决企业的各部门之间、不同业务之间的信息阻塞、信息不流通问题；而 RPA 助力企业实现超级自动化，促进企业的信息流动和减少企业的沟通成本，为整个自动化过程提供正确的推动力，可有效地用于以合理的准确度模拟人类决策的情况。

人工智能使机器能够通过模仿人类逻辑做出决策并解决问题，教会计算机执行复杂的任务。人工智能领域的自然语言处理、计算机视觉和机器学习算法通常与 RPA 等相结合，以创建可以查看、读取和处理图像、视频、文档中的信息并执行所需工作的数字工作者。而人工智能对 RPA 的赋能促进了 RPA 场景的延伸，促进了各个业务流程的信息流动和交互，使自动化可以适应更为复杂多变的环境，促进数字员工有更多的应用场景。以 AI+RPA 为抓手，助力企业实现超级自动化，有助于释放巨大的自动化机会。

以 RPA+AI 为抓手，助力企业向超级自动化演进。企业实现超级自动化为数字员工的部署和推广应用奠定了坚实的基础。当企业实现超级自动化后，整个企业的组织、流程、业务逻辑、需求的传递等都是高度有序、规则明晰的，这为数字员工的部署打通了内部的通道，所有规则明晰的高度自动化场景都能很好地交付数字员工进行工作，并且数字员工具有超级自动化所不具备的人机交互的优点，它可以更好地适应当前场景，面对当前环境和实时情境，及时反馈、交互并调整自动化过程，人与数字员工的配合将更加默契，工作效率将得到更大幅度的提高，整个企业的运转将更加智能高效。

14.2.4 超级自动化的应用场景与案例

超级自动化可以应用在银行与保险、医疗保健、零售数字化和客户服务等多个场景中，如图 14-8 所示。

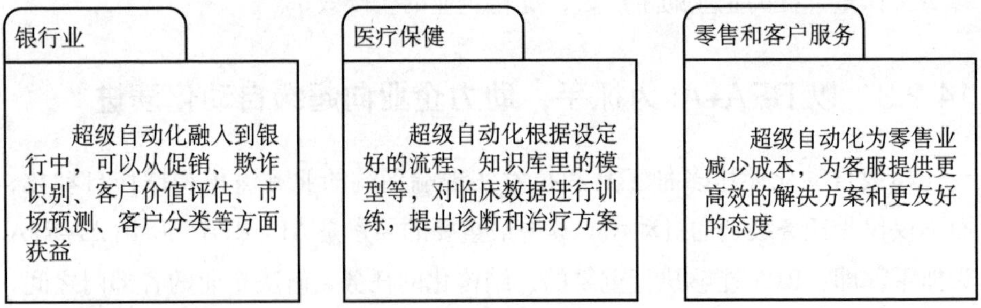

银行业	医疗保健	零售和客户服务
超级自动化融入到银行中，可以从促销、欺诈识别、客户价值评估、市场预测、客户分类等方面获益	超级自动化根据设定好的流程、知识库里的模型等，对临床数据进行训练，提出诊断和治疗方案	超级自动化为零售业减少成本，为客服提供更高效的解决方案和更友好的态度

图 14-8 超级自动化应用场景图

1. 超级自动化与银行业

在内有开放银行驱动、外有新金融业态竞争的双重压力下，银行业自身的数字化变革必须加速和高效，将 RPA 和人工智能技术融入到商业实践中成为可能。以往银行业苦于遗留系统的拖累，无法快速应用当下的人工智能新技术。而现在，将 RPA 和人工智能技术融入到商业实践中的银行，可以从促销、欺诈识别、客户价值评估、应收账款智能对账、市场预测、客户分类等方面获益。

在银行工作中，除了流程性工作，还存在大量的知识型工作需要员工进行决策。比如：对客户授信的政策如何制定，某产品的费率该如何设计，应该给某个客户推荐哪种产品，构建怎样的资产组合才能对冲现有头寸面临的风险或者实现既定的收益，股票期货采用怎样的策略能实现最大收益，当前各项指标是否满足监管要求及如何调整，该使用怎样的营销手段实现最大利润，等等。

超级自动化可以通过各种方式（例如 RPA、API）获取上述的结构化信息、非结构化信息，使用 AI 转化成标准化的数据，并通过调用合适的由机器学习算法构造的模型进行计算，给客户经理一个可靠的决策结论。此外，财务报表的科目变动中也存在客户与本行进行新业务合作的可能。最后，如果需要书面报告，还可以通过自然语言生成（NLG）技术生成报告。这一切由有人监督的半自动机器人完成，客户经理检查完毕确认没有问题后，全自动机器人就可以在各关联系统中进行归档工作了。

2. 超级自动化与医疗保健、零售数字化和客户服务

对于医疗健康，超级自动化可根据设定好的流程输入大量的医学报告样本和临床试验的结果，训练模型，学习医学知识，从而对患者进行有效的医学诊断并提出治疗建议。电子商务的出现推动了零售业的数字化转型，而在数字化转型的过程中，超级自动化占据着重要的地位，发挥着重要的作用，是数字化转型过程中必不可分的组成部分。零售业引入超级自动化，可大大提高现实生活中人为重复、烦琐、大批量工作的效率，可以帮助零售商实现订单管理、仓储和库存、数据监控等零售业多个模块的互联互通，最大程度

地减少成本，优化效率。像近几年，阿里、京东等平台相继推出全流程无人仓、无人货车，为消费者提供更加便捷的物流服务。超级自动化有利于打造智能客服系统，释放人工客服等人力资源，有利于服务流程的优化，有助于给客户提供 24 小时客户服务、智能客服准确的问题查询和答复有利于节省客户的时间，为金融机构与客户之间的沟通提供更加高效的解决方案和更加友好的服务态度。

14.3　数字员工给企业带来颠覆性改变

现阶段的企业从研发到生产、从销售到服务、从人事到财务存在频次高、重复度高的必要工作，需要大量员工去处理，例如人员招聘、资源统计和信息整合等。但人本身的精力十分有限，因此造成了任务处理的低效和流程的漫长，创造的价值十分低。

在数字化时代，随着企业活动的规模、频次与复杂程度呈指数级上升，让人工去执行这些工作只会付出更大的代价。为了降低人工成本，解放具有智慧的劳动力，现在一些企业开始引入数字员工来负责机械性的工作。在数字员工繁盛的未来，甚至可以创造一个虚拟的企业处理虚拟世界的数据并负责与现实世界沟通。其中，数字员工还将在由数字孪生思想建立的元宇宙中，负责虚拟世界的企业战略的实施；数字员工将负责人力资源的底层重复性工作，转变传统人力资源的模式；通过引入数字员工，大大降低劳动力获取的困难性；等等。下面从三个比较有代表性的方面更详细地展开叙述。

14.3.1　企业的战略管理将会进化

在未来的数字经济时代，数字员工成为企业重要的生产要素，企业要为构建数字化战略场景模型投入大量成本。即使这样，也未必能较好地还原复杂的现实状态。这就需要企业将开展数字化劳动力转型布局，将智能制造的数字孪生思想和生产活动全面融合，构建更加完善的经营制度和企业战略管理目标。数字孪生系统的诞生为企业构建战略模型提供了创新型的理论基础和大数据的实践校正平台。而想要使数字孪生平台发挥作用，就需要由数字员工进行指令的传递以及与现实世界的交互。数字孪生驱动的战略场景模型在企业中充当第三方的决策支持角色，通过数字员工的信息传递影响战略管理的进程。随着场景模型不断优化，企业的战略管理从参照点决策模式和管理团队群决策模式进化为企业家、管理团队和场景模型决策互相参照的决策模式，从而使企业对不同环境与战略管理过程之间的关系进行更好的考察，进而构建更加完善的经营制度和企业战略管理目标，更好地优化业务流程、组织机构，发现新的商机，以前所未有的方式创造新的价值，提高市场竞争力。

14.3.2　传统人力资源的颠覆性改变

传统人力资源的颠覆性改变主要表现在：数字员工是生产力中必不可少的要素，数字员工将改变传统人力资源管理的生态，以及数字员工与人之间的基本策略是"友好相处"。

传统人力资源的组成部分仅包含员工。而数字员工的引入打破了传统的人力资源结构。这使得人力资源在规划和配置的过程中，不仅要考虑员工的特性，更要考虑新引入的数字员工的特性和环境。一些传统的、高复制性工作，例如新员工的入职、工资单的处理、福利的设置等，需要在考虑员工和数字员工特性的情况下，合理分配员工与数字员工的工作，提升人力资源配置的科学性和精准性。数字员工的引入直接减少了具有高复制性及大量计算的工作岗位，并改进机构的人员结构。同时，数字员工的引入直接减少现有的员工数量，并驱动机构的体制改革。大量烦琐的微观任务由数字员工完成，日常流程被大幅压缩，人力资源经理可以拥有更多的时间去应对更具战略性的工作，进而使企业人力资源服务一体化进程加快，实现更加高效专业的人力资源管理，促进公司的发展，如图 14-9 所示。

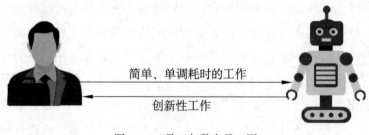

简单、单调耗时的工作

创新性工作

图 14-9　员工与数字员工图

14.3.3　数字劳动力简易生成，推动企业创新力提升

数字劳动力是自动化工具的综合，每一种工具都具有巨大的价值，可以推动人类劳动能力的增强。数字劳动力作为智能自动化的前沿技术，可以将自动化和人工智能结合在一起，从而打造出可直接部署到工作环境中的数字员工。

传统劳动力的获取要经过招聘、考核和劳资双方同意，员工确认上岗后还需要对员工进行培训，需要对员工的身体和心理情况定期检查和疏导。这些过程会耗费大量人力、物力和时间，在工作期间还随时伴有劳动力流失的风险。而引入了数字员工后，情况大有改观。数字员工生成后不需要进行招聘、考核和等待确认，其工作流程可以通过代码的形式制定，并自动化完成，也不会存在没有预兆离职的问题。因此，引入数字员工可以大大减少获取劳动力的成本，释放更多的员工资源，使人们从大量单调枯燥重复的劳动中解放出来，促进自然人员工从事更加具有创造性的工作，营造更加浓厚的企业创新氛围，促进企业的创新创造，释放企业的潜能。

14.4　数字员工给社会带来颠覆性改变

人类使用工具可达到提升效率和改造社会的目的。在新时代，数字员工会像蒸汽机械、电力工具等一样，推动新的工业革命，给整个社会带来颠覆性的改变。数字员工的引入将给整个社会提供新的人力资源，在一定程度上缓解人口老龄化和劳动力减少的危机；数字员工的引入将改变传统就业市场的人力资源结构，为社会和企业用工提供新思路，也会为自然人就业提供新的选择；数字员工的引入也将便利和丰富人们的生活，工作、看病、娱乐甚至可以远程完成，大大提高人们的生活幸福度。并且，越来越多的人能够从重复性劳动中解放出来，投入更深入的思考和学习，这又能让数字员工更加高效智能，形成良好的正反馈，促进整个社会的颠覆和创新，进一步推动整个社会的发展和变革。数字员工慢慢渗入人类生产生活中，人机协作将会成为趋势，那就必然会让人类的工作、生产及生活的方式发生改变。

14.4.1 人机协作改变工作方式

人机协作改变了传统的工作环境并重塑现有工作方式。一方面，人机协作可以减少人们从事大量可重复、危险系数高的工作，将人们从这类工作中解放出来，使人们能够更好地着力于创新工作，从而优化整个工作的分工和资源配置。另一方面，相较于传统的工业机器人的引入，人机协作没有将机器和人分割开来，这不仅缩短了人与机器物理空间的距离，也使得人与机器能更好地配合并使机器更加智能化。

比如，相较于传统的人工电话客服，引入部分机器人电话客服，可进行重复性问题应答，有利于实现 24 小时人工服务并更好地为客户解决个性化问题，使得员工可以关注于更复杂的问题，有利于节省成本，促进资源的合理配置，创新了传统的电话客服的工作方式。人机协作改变了以往的工作方式，使人们更好地适应不同的工作环境，节省了人力成本，提高了工作效率，如图 14-10 所示。

图 14-10 数字员工给社会带来的颠覆

14.4.2 人机协作改变生产方式

人机协作可推动生产方式的转变和产业结构的调整。对于传统制造业，机器人和人类协作生产，机器人负责一些高负重的自动化任务，人类完成前期的设计、自动化环节后的灵活细小组件的组装等任务，实现了人与机器协作的生产方式，提高了生产线的效率。对于新闻制造业，编辑、记者与机器人进行合作，可增加新闻产品的数量，提高新闻产品的质量。对于一般常规性新闻稿，采用机器人自动编稿，可极大地提高出稿的效率，编辑、记者从这类事务中解放出来，有利于更好地了解受众的需求，进行编辑创新，从而改变传统新闻行业的生产方式。

人与智能机器通过系统频繁交互，充分发挥人的主观创造性和智能机器的可重复性，在智能优势互补、混合智能、增强智能的过程中，涌现出新的生产关系和创新主导设计。总之，人机协作可以优化人类的劳动成果。

14.4.3 人机协作改变生活方式

人机协作可改变生活方式，在生活中的医疗、安防、金融投资和智能家居等方面发挥重要的作用。

在今天的医疗领域，人机协作已经深入多个领域，例如：肢体机器人，通过和人类肢体融合协作，帮助有需要的人感知运动意图和操作肢体。人机协作在安防领域的应用表现在：通过对输入的视频、图像等海量数据匹配相应的模型进行训练，为后期的安防人员提供人脸识别功能和可追踪的信息，便于安防人员的前期安防部署和后期安防追踪，有利于构建智能楼宇，对安防区域内的人员进行实时智能监控。根据客户设定的收益目标、年龄、收入，人工智能匹配相应的机器学习算法、训练模型，并根据训练好的模型给出较优的金融投资组合。理财投资专业人员根据客户的当前资产和风险偏好，结合专业知识和人工智能给出的投资组合建议，为用户做出合理的金融投资选择。以物联网和互联网为基础，构建智能家居，可实现家电之间的互相连通,家居信息的互相共享,人与智能家居之间的信息沟通,进行有效的用户行为分析,并构建个性化的用户画像。在人机协作下,智能家居为人们的个性化服务提供了渠道。智能家居方便人们的日常生活,提高人们居住的便捷性和舒适性。

14.5 数字员工与元宇宙——虚拟世界与现实世界融合

元宇宙第一次提出,是在科幻小说《雪崩》中。在这本书中,元宇宙被描述成一个庞大的虚拟现实世界,人们通过数字化虚拟自身在这个世界生活。到了科学技术发展到一定水平的今天,元宇宙变得更加火热,并为各行各业数字化转型提供了不同的创意和新的路径。而想要在元宇宙中得到企业提供的服务,就离不开数字员工,因为数字员工连接着虚拟和现实世界,让人们的生活更加便利。数字员工在元宇宙中有两种驱动方式:智能驱动和真人驱动。智能驱动一般是指企业或组织在建立的现实场景模型下的元宇宙中引入数字员工来做各种性质的服务工作。真人驱动意味着现实世界的人建立自己在元宇宙中的模型进行活动。通过结合两种驱动形式,实现现实世界的人在虚拟世界中进行活动,期间所产生的结果、情绪再反馈到现实世界的新型模式中。

14.5.1 浅谈元宇宙

元宇宙是一个虚拟世界,它是在计算机里面形成的一个世界。元宇宙平行于现实世界,既基于现实世界,又独立于现实世界。元宇宙把现实的世界映射到计算机这个网络世界里,虚拟与现实之间互相融合,虚拟世界与现实世界之间相互影响。在元宇宙概念中,人们可以根据需要随时切换身份,穿梭在现实世界和虚拟世界中,进行接近于现实感受的沉浸式工作、学习和娱乐,如图 14-11 所示。

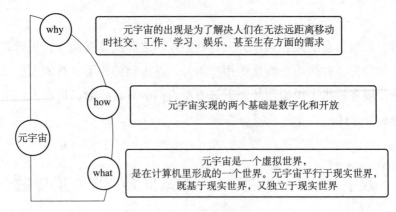

图 14-11　元宇宙图

元宇宙的出现是为了解决人们在无法远距离移动或不愿远距离移动时社交、工作、学习、娱乐、甚至生存方面的需求。元宇宙的出现是对多种新兴技术的颠覆性想象，为现实叠加虚拟打开了更广阔的商业潜能，而元宇宙作为一个可编辑的数字化开放世界，使用户可以从中得到不同的新体验。

元宇宙实现的两个基础是数字化和开放。数字化是实现快速远距离信息传输的方法，对于不同的输入输出设备和传输通道，将各种信息（甚至包括人体感觉）进行数字化编码后再进行交互是元宇宙实现的基础。开放包括开放的身份、开放的社交、开放的经济、开放的治理和开放的体验。每个实体（人、机构、物）在元宇宙中都会有多个数字化化身，可以在不同的场景中切换，掌握和控制不同的资产。开放的社交是指人们在进入元宇宙后，人与人甚至人与物的交流不应受到地域、语言、设备的限制，而开放的经济模型是指对财富分配的可编程化。

14.5.2　数字员工与元宇宙的联系

元宇宙需要与现实世界进行融合与互动，即实现现实世界与虚拟世界的持续双向数据传输和互动交流。在数据传输交互过程中，为了能提供更好的沉浸感，需要有较多的人机交互，而在这个过程中有大量的简单重复性劳动，引入数字员工进行这些简单重复性的劳动，能极大地提高工作效率，简化业务流程。引入数字员工，能较大程度消除"数据孤岛"，优化业务流程，便于元宇宙架构中各层之间的信息流动,有利于元宇宙的构建和推广。除了负责重复性的劳动,虚拟的数字员工也可处理元宇宙中的虚拟信息。现实世界的人通过对自身建模,以虚拟形象出现在元宇宙中,只有通过数字员工才能享受虚拟世界中各种各样的服务。所以说数字员工是元宇宙发展的重要切入点和核心交互载体,是各行业初步探索元宇宙的媒介。数字员工对元宇宙的意义如此之大,它促使各个公司通过推出数字员工对元宇宙进行不懈探索并有效结合现实,促使各行业拥抱新事物,为进行数字化、信息化建设做出努力。